Uwe Böschemeyer
Worauf es ankommt

PIPER

Zu diesem Buch

Immer mehr Menschen erleben heute existentielle Frustrationen, ein Leben ohne Werte und schließlich auch ohne Sinn. Der Psychotherapeut Uwe Böschemeyer hat ein Konzept entwickelt, das Menschen hilft, wieder zu sich selbst und zu einem bejahenden Leben zu finden, das Konzept der »wertorientierten Persönlichkeitsbildung«. Seit Jahren arbeitet er erfolgreich auf diesem »dritten Weg« neben der Therapie und der Lebensberatung und spricht vor allem Menschen an, die sich in einer Sinnkrise befinden und Gefahr laufen, an Körper und Seele zu erkranken. Anhand aktueller Lebensthemen – wie Verantwortung als Eltern, Glück, Selbstvertrauen, Streß, Lebensangst, Verlassensein oder Alter – zeigt Böschemeyer, ein Schüler Viktor E. Frankls, in diesem Buch konkret, worauf es ankommt, vor allem aber, wie wichtig Werte für ein geglücktes Leben sind.

Uwe Böschemeyer, geboren 1939 in Oranienburg, studierte Evangelische Theologie, Psychologie und Philosophie. 1974 Promotion mit einer Arbeit über Viktor E. Frankl. 1982 gründete er das »Hamburger Institut für Existenzanalyse und Logotherapie« in Lüneburg, das er bis heute leitet. Seit 1975 auch freier Mitarbeiter des Hamburger Abendblatts. Im Jahr 2000 erhielt er das »Europäische Zertifikat für Psychotherapie (ECP)«. Seit 2006 Rektor der »Europäischen Akademie für werteorientierte Persönlichkeitsbildung« in Salzburg/St. Georgen a. W.

www.boeschemeyer.de

Uwe Böschemeyer

Worauf es ankommt

Werte als Wegweiser

PIPER

München Berlin Zürich

Mehr über unsere Autoren und Bücher:
www.piper.de

MIX
Papier aus verantwor-
tungsvollen Quellen
FSC® C083411

Ungekürzte Taschenbuchausgabe
1. Auflage April 2005
10. Auflage Dezember 2016
© Piper Verlag GmbH, München / Berlin 2003
Umschlaggestaltung: semper smile, München
Umschlagabbildung: Haunreiter / Mauritius Images
Satz: EDV-Fotosatz Huber / Verlagsservice G. Pfeifer, Germering
Gesetzt aus der Stempel Garamond
Druck und Bindung: CPI books GmbH, Leck
Printed in Germany   ISBN 978-3-492-24385-8

INHALT

Keine Zeit hat so viel und so Mannigfaltiges vom Menschen gewußt wie die heutige – und keine Zeit wußte weniger, was der Mensch sei, als die unsrige. *(Martin Heidegger)*

Das Wissen, die intellektuelle Beherrschung, nimmt ständig zu. Das Begreifen aus dem Ganzen heraus wird immer schwächer. Das Wissen wächst, die Weisheit wird weniger.

(Romano Guardini)

Wir müssen heute fürchten, daß der Mensch die Weisheit nicht hat, seine eigene Intelligenz zu steuern, daß er also zu töricht ist, seine Klugheit vor Torheit zu bewahren. Er muß endlich lernen, Weisheit zu gewinnen, statt seinen Verstand anzubeten und ihm hirnlos zum Opfer zu fallen. *(Jörg Zink)*

Wir leben im Zeitalter der Überarbeitung und der Unterbildung; das Zeitalter, in dem Menschen so fleißig sind, daß sie verdummen. *(Oscar Wilde)*

Das spezielle Problem unserer Zeit ist aber das des Menschen selbst; das Problem der Rettung der menschlichen Persönlichkeit vom inneren Zerfall, das Problem der Bestimmung und der Berufung des Menschen. *(Nikolai Berdjajew)*

Ohne eine feste Vorstellung davon, wozu er leben soll, wird der Mensch gar nicht leben wollen, und er wird sich eher vernichten, als daß er auf Erden leben bliebe – selbst dann nicht, wenn um ihn herum Brote in Fülle wären.

(Fjodor Michailowitsch Dostojewski)

VORWORT

Wanderungen haben Ziele. Ziele muß man kennen, wenn man ankommen will. Wer keine Ziele kennt oder sie aus den Augen verliert, kann in Not geraten. Auf manchen Wanderungen stellen sich uns Hindernisse und Widerstände in den Weg. Sie fordern uns heraus, sie zu beseitigen oder zu umgehen, damit wir unseren Weg fortsetzen können. Auf keinen Fall aber darf die Beschäftigung mit den Hindernissen dazu führen, daß wir unser Ziel aus dem Blick verlieren.

Mit unserem Leben, das einer Wanderung gleicht, ist das nicht anders. Die Ziele im Leben nenne ich Werte. Werte sind Gründe für Sinn. Und nichts ist wichtiger als die Erfahrung von Sinn. Deshalb ist die Suche nach Sinn das Menschlichste im Menschen.

Die Widerstände auf dem Weg zur Sinnerfahrung nenne ich Sinnfindungsbarrieren. Manche von ihnen liegen in der äußeren, die meisten jedoch in der inneren Welt. Manche der inneren Widerstände sind neurotisch und daher krankhaft zu nennen, viele dagegen menschlich, weil sie Ausdruck des Mangels an Sinnerfahrung sind. Wer auf seinem Lebensweg solche Barrieren vorfindet, ist daher herausgefordert, seinen Weg freizumachen. Wichtiger noch ist es, auf seine Ziele und Werte ausgerichtet zu bleiben.

Sucht nicht jeder Mensch seine *eigenen* Ziele und Werte? Ich spreche nicht von verordneten Werten, die in Büchern nachzulesen sind, sondern von denen, die unsere eigene Seele kennt. Denn sie kennt »Gründe zum Leben, die der Verstand nicht kennt« (Pascal). Die Seele kennt diese Gründe? Ja, denn die Pfade der Seele sind nicht nur dunkel, sondern auch hell.

In diesem Buch ist weniger von ihren Abgründen die Rede, mehr von ihrer Mitte, dem »unbewußten Geist«, den der berühmte Wiener Psychiater und Neurologe Viktor E. Frankl als Dreh- und Angelpunkt seines Menschenbildes gesehen hat. »Unbewußter Geist« meint das jedem Menschen potentiell zugängliche Wissen von den großen und kleinen Zusammenhängen des eigenen und des großen Lebens. Er ist die Quelle jener Wertgefühle, die ein sinnvolles Leben ermöglichen. Darüber hinaus stellt er das stärkste Energiezentrum dar, zu dem wir Zugang haben können.

Haben wir Zugang zu diesem Zentrum, dann haben wir Zugang zu uns selbst. Haben wir Zugang zu uns selbst, dann bilden wir unsere Persönlichkeit weiter. Bilden wir unsere Persönlichkeit weiter, dann haben wir die besten Voraussetzungen für ein starkes Leben.

Diese Gedanken werden in der Einführung des Buches entfaltet. Sie stellen zugleich die Grundlagen eines neuen »dritten Weges« neben Psychotherapie und Lebensberatung dar, der gesunden Menschen behilflich sein soll, den Weg zu sich und zu einem bejahenden Leben in dieser Zeit zu finden. Diesen »dritten« Weg – ich nenne ihn »Wertorientierte Persönlichkeitsbildung« – brauchen wir dringend, denn wir leben in einer »Epoche grandioser Unübersichtlichkeit der geistigen Strömungen, die gegeneinander wirken und nebeneinander herlaufen.«[1]

Im Hauptteil werde ich eine Reihe wichtiger Themen aus der »Schule des Lebens« behandeln. Diese »Schule« ist Teil des Konzepts der Wertorientierten Persönlichkeitsbildung und findet in der Praxis in Seminaren statt. Die beglückenden Reaktionen auf die bisherigen Veranstaltungen waren Anlaß, einige ihrer wichtigsten Inhalte zu veröffentlichen.

Teile dieses Buches hatte ich zunächst bei »Books on Demand« erscheinen lassen. Die Weiterentwicklung des

Gesamtkonzeptes machte allerdings so rasche Fortschritte, daß ich an eine Neuauflage denken konnte. Einige Abschnitte sind geblieben, jedoch gründlich überarbeitet und ergänzt worden, andere sind neu hinzugekommen.

Vorläufer dieser »Schule« waren »Leben-lernen-Seminare«, die ich in den achtziger Jahren im »Hamburger Institut für Existenzanalyse und Logotherapie« hielt. Sie waren thematisch und zeitlich weniger intensiv als die heute laufenden Veranstaltungen. Am Ende eines dieser Seminare bat ich die Teilnehmer um Rückmeldungen. Einige wenige davon möchte ich wiedergeben:

> Das Seminar bringt Bewegung in mein Leben, denn es hilft mir, Zusammenhänge des Lebens zu erkennen. – Es hat mich angespornt, geistig zu arbeiten. – Dinge, die ich gehört habe, kann ich ausprobieren und anwenden. – Viele Ängste habe ich abgelegt. – Ich habe gelernt, »ja« zum Leben zu sagen. – Liebe, Glaube, Hoffnung, wenn diese Fragen sterben, dann stirbt auch die Welt. Das habe ich begriffen. – Das Seminar hat meine pseudo-intellektuelle Distanz zum Leben erschüttert, weil ich in diesem Seminar über urmenschliche Anliegen als ganzer Mensch betroffen und angesprochen wurde. – Leben geht! Trotz oder gerade wegen meiner Sorgen. – Ich habe mich verändert. – Das Seminar ist eine »Präventivmaßnahme«, die mir hilft, gar nicht erst in ein neurotisches Leben hineinzugeraten.

Ermutigt zur Gründung einer »Schule des Lebens« wurde ich auch von C. G. Jung, der mehrfach »Schulen für Erwachsene« forderte. So sagte er z.B. am 17. Juli 1960 in einem Interview mit der Londoner »Sunday Times« anläßlich seines nahenden 85. Geburtstages: »Wir geben uns alle Mühe, den jungen Menschen eine Ausbildung zu geben, die ihnen den Aufbau einer erfolgreichen sozialen Existenz ermöglicht. Diese Art der Ausbildung behält ihre Gültigkeit, ihren Wert bis ungefähr zur Lebensmitte. ... Wir haben aber heute die Chance, doppelt so lang zu leben wie früher, und die zweite Lebenshälfte weist bei vielen Menschen eine Struktur auf, die sich von Grund auf von der ersten unterscheidet. Aber diese Tatsache bleibt vielen unbewußt. ... Wenn aber die verhängnisvolle Zeit um das vierzigste Lebensjahr erreicht ist, beginnt man Rückschau zu halten, und stumme Fragen drängen sich immer mehr auf ...«[2]

Ich hoffe allerdings, daß nicht nur Ältere die »Schule des Lebens« lesen oder besuchen werden, denn die zunehmende Orientierungslosigkeit betrifft inzwischen Erwachsene jedweden Alters.

Ich habe dieses Buch für Menschen geschrieben,
• die ihre Persönlichkeit weiterbilden wollen,
• die wissen möchten, was Werte sind und wie sie sie leben können,
• die Hunger nach Sinn haben,
• die Leben tiefer verstehen möchten,
• die neu beginnen müssen,
• die nach einem günstigen Umgang mit Krisen suchen,
• die möglichen Erkrankungen vorbeugen wollen,
• die mit Menschen arbeiten und für neue Anregungen offen sind.

Noch drei Bemerkungen:

An einigen Stellen des Buches werden Sie Wiederholungen finden. Da jedoch die Seele in ihrer Vielfalt nicht teilbar ist und manche Aspekte für mehrere Themen bedeutsam sind, ließen sich die Wiederholungen nicht vermeiden.

Auf vielen Seiten ist von »er« und »ihm« die Rede. Selbstverständlich meine ich damit den Menschen, die Frau und den Mann.

Frankl folgend schreibe ich existenziell mit »z«.

Einführung in die
Wertorientierte Persönlichkeitsbildung

Das Kernproblem unserer Zeit

In keiner Zeit haben Menschen so vielfältige Veränderungen erfahren wie in unserer. Die Veränderungen beglücken und bedrücken uns. Wir sind Zeugen einer rasant verlaufenden technologischen Entwicklung, eines umfassenden Wandels unserer Gesellschaft in eine »Informationsgesellschaft«, einer Internationalisierung des Lebens, einer radikalen Veränderung in der Wirtschafts- und Arbeitswelt. Diese und andere Entwicklungen sind eine nie dagewesene Herausforderung, Leben neu zu begreifen und sich neu darauf einzustellen. Darüber hinaus hat der 11. September 2001, an dem die Türme von New York fielen, das Daseinsgefühl der Menschen weltweit verändert. Unverhohlener denn je zieht die Angst mit ihren unterschiedlichen Ausdrucksformen durch die Länder. Die Träume sprechen davon eine deutliche Sprache.

Mit dieser Entwicklung geht einher – wie sollte das anders sein? – ein tiefgreifender Wandel des Werteverständnisses. Nicht wenige bedauern einen *Werteverlust*. Sie beklagen, das fand das Allensbacher Institut[3] heraus, den Verlust der Bindung an die Religion, den Mangel an Anerkennung von Normen, Hierarchien und Autoritäten, den Verlust traditioneller Tugenden wie z. B. Höflichkeit, Ordentlichkeit, Sauberkeit, Sparsamkeit, den Mangel an Gemeinsinn und die sinkende Bereitschaft zu politischem Engagement. Gleichzeitig entwickelt sich eine Freizeitmentalität (Freizeit statt Leistung) und wachsen die Ansprüche an den Staat.

Andere dagegen sprechen fast euphorisch vom *Wertewandel*, von neu gewachsenen Werten, vom Wachsen der Bereitschaft, sich auch außerhalb der politischen Parteien, etwa in Bürgerinitiativen, zu engagieren, von der zunehmenden Toleranz gegenüber Randgruppen, von der Zunahme kreativer Selbstentfaltung, von zunehmendem Selbstbewußtsein der Menschen und ihren Tendenzen zur Emanzipation, von sich verbreiterndem Interesse an der Kultur, von wachsender Hilfsbereitschaft.

Was ist das Kernproblem dieser Zeit? Sind es die vielfältigen Veränderungen selbst? Ist es die Angst als Folge der Veränderungen oder gar die vor neuen Terroranschlägen? Was bedeutet es, daß Menschen mehr denn je Fragen stellen wie diese: Welche Werte gelten (noch)? Wie finde ich Sinn für mein Leben? Wonach kann ich mich richten? Welche Wegweiser für Leben gibt es? Wie kann ich in dieser Zeit leben? Wie kann ich eine veränderte Beziehung zu dem sich verändernden Leben finden?

Der Wiener Psychiater und Neurologe Viktor E. Frankl, der sich wie kein anderer Seelenarzt des 20. Jahrhunderts mit der Sinnfrage befaßte, sah als Kernproblem dieser Zeit weder die Umwälzungen selbst noch die daraus resultierende Angst, sondern die »existenzielle Frustration« – als Folge »eines weltweit um sich greifenden Sinnlosigkeitsgefühls«[4]. Angebahnt wurde diese Entwicklung seiner Auffassung nach vor allem in der ersten Hälfte des 20. Jahrhunderts durch die in der Biologie, Psychologie und Soziologie sich ausbreitende Tendenz, das Menschenbild um die geistige Dimension zu reduzieren. Diese Reduzierung führte, so Frankl, zunächst zum »gelehrten Nihilismus«, dann zum »gelebten Nihilismus«[5]. Nihilismus aber bedeutet Verleugnung des Sinns menschlichen Lebens,

Degradierung des Menschen zum bloßen Produkt physiologischer, psychologischer und soziologischer Fakten und zugleich Relativierung jener Werte, die sinnvolles Leben begründen.

Mag sein, daß der streitbare Wiener in seiner leidenschaftlichen Auseinandersetzung mit dem Reduktionismus deren Urheber nicht immer differenziert genug sah oder sehen wollte – insgesamt scheint er einen bedeutsamen Schlüssel zum Gesamtverständnis der Probleme unserer Zeit gefunden zu haben.

Was ist Geist?

Geist ist eine Erfahrungstatsache, die sich nicht begründen läßt. Er ist im Menschen erfahrbar, aber nicht erklärbar. Er geht in ihm nicht auf.

Geist ist die wichtigste Dimension des Menschen, das spezifisch Menschliche, denn Geist bewirkt Erkenntnis des Lebens und Liebe zum Leben. Er ist die Mitte der Seele.

Geist ist die schöpferische Gestaltungskraft, die ihn befähigt, sein inneres und äußeres Leben innerhalb bestimmter Grenzen frei gestalten zu können. Er ist die Fähigkeit, sich nicht nur gehen, sondern auch stehen zu lassen.

Das Spezifische des Geistes liegt in seiner Intentionalität, d.h. in seinem Gerichtetsein auf solche Werte im Leben, die Sinn begründen. Zugleich ist der unbewußte Geist die Quelle der spezifisch menschlichen Werte, z.B. der Freiheit, Verantwortlichkeit, Liebe, Hoffnung, des Mutes, Vertrauens, der Religiosität, Kreativität und damit der Grund der Sinnerfahrung. Nichts aber ist dem Menschen wichtiger als diese Erfahrung, und deshalb ist die Suche nach Sinn sein wichtigster Beweggrund, sein primäres Motiv zum Leben und daher für Leib, Seele und Geist entscheidend.

Was sind Werte?

Werte sind allgemeine Leitlinien zur Orientierung auf der Suche nach Sinn. Darüber hinaus sind Werte »dynamische Größen, Brenngläsern gleich, die die Lebenskraft der Person bündeln«. Sie sind »der Nährstoff der Person, das Bewegende im Leben, das, was das Herz zu erwärmen vermag«[6]. Werte sind Energiezentren mit hoher Anziehungskraft.

Alles, was einen Menschen motiviert, sinnvoll zu leben, ist ein geistiger Wert. Setzt er sich mit einem dieser Werte in Beziehung, denkt er, fühlt er, träumt er sich in ihn hinein, dann zieht der Wert ihn an. Dann wird der Wert zum Magneten. Dann beeinflußt und bestimmt er sein Denken, Fühlen und Handeln. Dann motiviert er ihn zu Veränderungen. Dann bewirkt er in ihm neue Erfahrungen.

Werte sind also Gründe für *Sinnerkenntnis* und Gründe für *Sinnerfahrung*.

Zwei einfache Beispiele

Das erste:

Sie sind auf einer Wanderung. Ihr Ziel ist eine Barockkirche. Sie haben sie in einem Buch entdeckt und freuen sich darauf, dieses herrliche Kunstwerk kennenzulernen und zu erleben.

Sie sind schon lange unterwegs. Irgendwann bemerken Sie, daß Sie sich verlaufen haben. Sie sind inzwischen müde und setzen sich an den Wegrand. Zu allem Überfluß haben Sie sich zwei Blasen erwandert. Ihre gute Stimmung ist verflogen. Sie ärgern sich, daß Sie den Weg verfehlt haben. Sie bleiben einfach sitzen.

Dann schauen Sie durch ein Gebüsch. Und was sehen Sie? Den Turm »Ihres« ersehnten Bauwerks. Innerhalb von Sekunden stehen Sie auf. Daß neben der Kirche ein feines Restaurant sein soll, beflügelt zusätzlich Ihren inzwischen raschen Schritt. Vergessen ist die Enttäuschung über Ihren scheinbar verfehlten Weg, vergessen sind die Blasen und die Müdigkeit. Sie lassen den Turm nicht mehr aus den Augen. Fast magisch zieht er Sie an. Dann stehen Sie in dem wunderbaren Bau. Sie lassen sich von seiner einmaligen Ausstrahlung gefangennehmen. Sie sind angefüllt von seinem Geist. Sie staunen.

Das zweite:

Ob Sie einmal die Augen schließen und sich einige Minuten Einfälle zu der Frage kommen lassen: *Was wäre, wenn ich freier wäre?* (Diese »Übung« nimmt reale Möglichkeiten als Vision vorweg. Sie hat sich in der Praxis als äußerst hilfreich erwiesen). Sie würden unter anderen diese Antworten finden:

Ich hätte weniger Angst.

Ich wäre nicht so gehemmt.

Ich wäre nicht so empfindlich.

Ich wäre sicherer.

Ich hätte mehr Selbstvertrauen.

Ich würde mehr auf Menschen zugehen.

Ich wäre versöhnter.

Ich würde Dinge tun, die ich bisher nicht getan habe.

Ich würde mehr lachen etc. ...

Sollten Sie sich wirklich auf diese Frage einlassen, würden Sie nicht nur deutlicher als bisher erkennen, was Ihnen fehlt – Sie würden auch die ersten Wirkungen Ihrer Einfälle erfahren.[7]

Geist und Werte gehören untrennbar zusammen. Der Geist des Menschen ist nur dann lebendig, er entwickelt nur dann Erkenntnis und Kraft, wenn er auf Werte bezogen ist. Die Werte wiederum werden nur dann erkennbar und wirksam, wenn sich der Geist auf sie ausrichtet. Ohne das Zusammenspiel von Geist und Wert gibt es keinen Sinn. Ohne dieses Zusammenspiel gibt es keine Zufuhr von Leben und keine Bejahung für Leben.

Was ist existenzielle Frustration und wie wirkt sie sich aus?

Was existenzielle Frustration bedeutet, zeigt eindrucksvoll die folgende Tagebuchaufzeichnung des französischen Dramatikers Eugène Ionesco, einem der Hauptvertreter des »absurden Theaters«:

»Was hätte ich alles machen, was hätte ich alles hervorbringen können, wenn nicht diese unvorstellbare, enorme Müdigkeit gewesen wäre, die seit ungefähr fünfzehn Jahren oder vielleicht noch länger auf mir lastet. Eine Müdigkeit, die mir das Arbeiten, aber auch das Ausruhen verwehrt, die mich das Leben nicht genießen läßt, die mich hindert, mich zu freuen, mich zu entspannen, und die es mir unmöglich macht, mich mehr den anderen zuzuwenden, so wie ich es gern gewollt hätte, statt mein eigener Gefangener zu sein, Gefangener meiner Müdigkeit, dieser Last, dieser Bürde, die die Bürde meiner selbst ist: Wie sich andern zuwenden, überwältigt vom eigenen Ich? Kein Arzt unter den dreißig oder vierzig, die ich konsultiert habe, keiner hat es verstanden oder vermocht, diese unendliche Mattigkeit zu heilen, wahrscheinlich weil keiner von ihnen dem Übel auf den Grund gegangen ist, seinen Ursprung erforscht hat. Ich begreife von Mal zu Mal besser, was die Ursache dieser Erschöpfung ist: Es ist der Zweifel, es ist die ewige Frage »Wozu?«, die von jeher in meinem Geist Wurzeln geschlagen hat und die ich nicht ausreißen kann. Ach, wenn das »Wozu?« in meiner Seele nicht gekeimt hätte, wenn es später nicht gewachsen wäre, bis es alles andere überwuchert und die anderen Pflanzen erstickt hat, dann wäre ich wohl ein anderer Mensch geworden, wie man so sagt.«[8]

Je weniger ein Mensch auf diese Frage Antworten weiß und lebt, je weniger er Sinn erfährt, desto beziehungsloser ist er – sich selbst, anderen und anderem gegenüber. Je beziehungsloser er ist, desto mehr kreist er um das, was er nicht ist, nicht kann und nicht hat. Je mehr er um seine Mängel kreist, desto frustrierter ist er. Je frustrierter er ist, desto mehr entwickelt sich in ihm innere Leere. Je größer dieses Vakuum ist, desto kraftloser wird sein Geist und desto weniger findet er Beziehung zu Werten. Je weniger Beziehung er zu Werten findet, desto mehr öffnet sich seine »leere« Seele für Angst, Aggressivität, Depressivität, Stress, Lebensmüdigkeit, Sucht, psychosomatische Störungen und all das, was Sinnerfahrungen und beglückendes Leben behindert oder verhindert. Je mehr seine Seele angefüllt ist von sinnverweigernden Gefühlen, desto mehr stagniert die Weiterbildung seiner Persönlichkeit. Je mehr die Weiterbildung seiner Persönlichkeit stagniert, desto frustrierter ist er. Hier schließt sich der Kreis.

Das Fazit:

Wertleeres Leben erzeugt Sinnkrisen und, wenn sie andauern, möglicherweise Krankheiten an Körper und Seele. Die Folge ist Lebensverneinung. Lebensverneinung aber behindert oder verhindert Sinnsuche und Sinnfindung.

Wert- und sinnvolles Leben dagegen ist erfülltes Leben und daher der Grund für Lebensbejahung. Lebensbejahung aber ist die primäre Voraussetzung für Sinnfindung und deshalb für Prävention von Konflikten, Störungen und Erkrankungen.

Wenn existenziell frustrierte Menschen in die Praxis kommen, sagen sie über ihre Befindlichkeit z. B. dieses:

Irgend etwas stimmt nicht mit mir. Irgend etwas habe ich verloren. Ich bin unzufrieden. Ich bin zerstreut. Ich bin initiativlos und interesselos. Ich langweile mich. Ich bin so schwer geworden. Es gibt für mich nichts Besonderes mehr. Ich funktioniere zwar noch, aber in mir ist es leer. Ich habe keine Schlüssel mehr, um neue Türen zu öffnen. Nichts verändert sich mehr. Ich sehe die Sonne, aber sie wärmt mich nicht mehr. Ich weiß nicht, wann ich das letzte Mal gelacht habe. Ich gleiche einem Menschen, der in einem gläsernen Fahrstuhl zwischen zwei Etagen hängt, und um ihn her tobt das Leben. Ich bin mir selbst fremd geworden. Ich bin bei mir nicht mehr zu Hause. Das soll mein Leben sein? Wer bin ich nur? Was will ich denn? Ich bin irgendwie vom Leben beleidigt. Ich wandere nicht, ich irre durchs Leben. Ich kenne keine Ziele mehr. Ich suche mein verschüttetes Ich. Ich suche meine verborgene Seele. Ich suche Halt. Ich suche nach neuen Ideen, nach Wegweisern für mein Leben. Ich bin weit davon entfernt, mich selbst zu bestimmen. So habe ich mein Leben nicht gewollt. So will ich nicht weiterleben. Mein Leben braucht eine Wende.

Ich fühle mich niedergeschlagen, kraftlos, deprimiert, freudlos, müde vom Leben, bin wie gelähmt. Ich sehe und empfinde nichts mehr. Ich bin nur noch ein Schatten meiner selbst. Ich habe Lebensängste, die ich bisher nicht kannte. Ich bin krankheitsanfälliger als in vergangenen Zeiten, ich bin auch irgendwie krank. Ich kenne keine Wünsche mehr. Ich weiß kaum noch Antworten auf die Frage, was wert ist zu leben und was nicht. Ich bin orientierungslos, bin ratlos. Ich habe nur noch wenig Hoffnung auf Veränderungen. Ich werde immer aggressiver, spöttischer, zynischer. Ich weiß nicht mehr, wozu ich da bin. Ich fühle kaum noch Sinn. Ich habe das Gefühl für Sinn vergessen. Ich bin verzweifelt. Ich bin verloren.

Kommen existenziell frustrierte Menschen mit einem konkreten Problem in die Praxis, mit einem Partnerschafts- oder Berufskonflikt, zeigt sich häufig, daß dessen Auslöser zwar in erklärbaren psychischen und sozialen Schwierigkeiten besteht, der Grund aber in ihrer geistig bedingten existenziellen Frustration. Es trifft zu, was Einstein gesagt hat: »Wer sein eigenes Leben und das seiner Mitmenschen als sinnlos empfindet, der ist nicht nur unglücklich, sondern auch kaum lebensfähig.«[9]

Ein typisches Beispiel:

Eine etwa fünfzigjährige Frau kam zu mir mit der Klage, ihr Freund habe ihr vor längerer Zeit die Ehe versprochen und halte sich nun nicht an sein Versprechen. Zwar gehe die Beziehung »irgendwie« weiter, doch mache dieser Zustand sie unglücklich.

Der Freund habe ihr in wenigen Monaten all das gegeben, was sie in langen Ehejahren von ihrem inzwischen verstorbenen Mann nicht bekommen habe.

Bald stellte sich heraus, daß sie nicht nur unglücklich, sondern auch lebensmüde war, doch hatte dieses Gefühl nur vordergründig mit ihrem Freund zu tun. Zwar hatte sie – außer der gewünschten Beziehung – alles, was Glück zu versprechen scheint: Luxus, interessante Menschen, die Möglichkeit, weit zu reisen, die Freiheit, mit ihrer Zeit tun und lassen zu können, was sie wollte. Trotzdem fand sie kaum Sinn in ihrem Dasein.

Mehr und mehr ging ihr auf, daß der eigentliche Grund ihres desolaten Lebensgefühls nicht der unwillige Freund war, sondern ihre »leere Seele«. Sie begriff, daß sie die Leere viel zu lange schon überdeckt hatte – in der Ehe mit Äußerlichkeiten, danach mit ihrer Leidenschaft zu ihrem neuen Partner. Deshalb sagte sie – und der Satz wirkte keineswegs als Formel: »Ich weiß nicht, wer ich bin. Ich weiß nicht, was ich will. Ich weiß auch nicht, wofür ich leben könnte.«

Merkwürdig ist, daß zunehmend Menschen über Sinnmangel klagen, die äußerlich »alles« haben, und doch mit ihrem Leben nicht einverstanden sind. Bei näherem Hinsehen stellt sich heraus, daß sie hauptsächlich Werte anstreben, die ihre Seele nicht als Hauptsachen anerkennt.

Ein weiteres Beispiel:

Ein 40-jähriger Mann, verheiratet, Vater von zwei liebenswerten Kindern, beruflich erfolgreich, beklagte im Gespräch, er habe »eigentlich« Anlaß, laut zu jubeln, doch sei ihm danach keineswegs zumute, im Gegenteil: Seine Freude am Leben nehme seit Monaten ab. Er sei bedrückt und befürchte, krank zu werden. Er habe nichts dagegen, wenn sein Leben bald zu Ende sei.

Im Verlauf der Gespräche zeigten ihm seine Träume, daß er schon lange nicht mehr danach gefragt hatte, wer er sei, was seine Seele von ihm wolle, welche Ziele zu seiner Persönlichkeit gehörten und ob sein innerer und äußerer Weg durchs Leben ihr entsprächen. Ihm ging auf, daß er viel zu einseitig lebte, daß das Streben nach Erfolg zur Hauptsache in seinem Leben geworden und das, was ihm in jüngeren Jahren einmal wichtig gewesen war – die Liebe, das Spiel, die Kunst, das Fragen nach den Zusammenhängen des Lebens etc. – für ihn an Bedeutung verloren hatte.

Er begann zu begreifen, daß die Sachzwänge der »Welt« zwar stark sind, die eigene Seele jedoch unbeirrt an den für sie wichtigen Werten festhält und ihre Wünsche geltend macht.

Diese Beispiele bedeuten nun nicht, daß nur wohlhabende oder erfolgreiche Zeitgenossen unter existenzieller Frustration leiden. Das Problem zeigt sich vielmehr in allen Gesellschaftsschichten. Die Beispiele sollen lediglich darauf hinweisen, daß die zur Zeit in den Medien und anderenorts gepriesenen Werte (Werte?) wie Geld oder Geltung keineswegs die Voraussetzung für ein wertvolles Leben sind.

»Nicht in allem, wo Krankheit draufsteht, ist auch Krankheit drin,« sagte kürzlich jemand, der viel Erfahrung mit seelischen Störungen hat. Er wollte sagen: Nicht alle Ausdrucksformen von Leid oder Bedrückung sind Depressionen im klinischen Sinne. Es gibt auch Formen von Niedergeschlagenheit und Traurigkeit, die »menschlich« zu nennen sind, dann nämlich, wenn sie unmittelbarer, sensibler Ausdruck von Leiden am Leben sind, wenn also Fragen nach Wert, Sinn und Halt aufbrechen, die zu den wichtigsten im Leben gehören.

Es ist daher an der Zeit, die Frage zuzulassen, ob ein erheblicher Teil der immer häufiger auftretenden »Depressionen« tatsächlich als Krankheit einzustufen ist, ob nicht manchem Leidenden das Beste genommen wird, wenn man seine innere Dunkelheit pathologisch mißdeutet. Gewiß, der Grat zwischen krankhafter Depression und »menschlichem« Leiden ist schmal. Würden jedoch die unterschiedlichen Ursachen und Gründe dieser beiden Leidensformen mehr als bisher beachtet, würde man nach unterschiedlichen Lösungswegen suchen.

In vielem jedoch, »wo Krankheit draufsteht, ist auch Krankheit drin«. Nachdenklich macht mich ein »Zeit«-Artikel[10], in dem der Journalist und Arzt Werner Bartens auf zwei Phänomene aufmerksam macht:

- Einerseits würden die Menschen immer gesünder, so daß der gesundheitliche Zustand der Bevölkerung erfreulicher denn je sei und die Lebenserwartung kontinuierlich steige.

- Andererseits leide jeder zweite Patient an Krankheiten, die sich weder organisch noch infektiös noch biochemisch nachweisen ließen, z. B. Allergien, Erschöpfungssyndrome, Tinnitus, Schmerzen in allen Muskeln und Gelenken, Reizdarm, Kopfschmerz, Atemnot, Herzrasen, Rückenprobleme etc.

Das Fazit des Autors: »Mit dem Wandel der Krankheitsbilder steigen auch die Erwartungen an die Medizin. Zugleich sinkt die Bereitschaft, *Leid und Entbehrung als Teil der Existenz* [Hervorhebung vom Autor] wahrzunehmen. Doch ein Rundum-sorglos-Paket wird es nie geben. Auch wenn wir eines Tages die genetischen Grundlagen des Lebens vollständig entschlüsselt haben sollten.«

Kann es sein, daß die Entwicklung eines Großteils der nicht begründbaren Störungen und Krankheiten von existenzieller Frustration begünstigt wird? Denn Sinnmangel trifft den Kern des Menschen und damit seine Ganzheit. Doch selbst dann, wenn die Entstehung jener Erkrankungen nichts mit existenzieller Frustration zu tun haben sollte, gilt, daß ein sinnerfüllter Mensch weit besser mit Leid und Entbehrung umgehen kann als ein frustrierter.[11]

Viktor E. Frankls Neuansatz

Das Problem dieser Zeit besteht nicht im Mangel an Werten und Sinn, sondern in den *Zugängen* zu Werten und Sinn.[12] Sie scheinen für viele Zeitgenossen verengt oder verschüttet zu sein. Sie öffnen sich jedoch in dem Maße, in dem der Geist sie öffnet. Daher ist die Auseinandersetzung mit der geistigen Dimension und die in ihr gründenden Wertgefühle und -kräfte eine *not-wendende* Aufgabe dieser Zeit, wichtig für Therapie und Beratung, vor allem für die Prävention von Störungen. Diese Aufgabe stellt sich nicht nur Ärzten und Psychologen, sondern allen, die Menschen begleiten und leiten.

Wir haben im 20. Jahrhundert mehr als in anderen Zeiten gelernt, Probleme analytisch zu durchdenken. Wir haben weniger gelernt, nach Gründen für sinnvolles Leben zu fragen. Wir haben gesehen, daß sich die therapeutischen und beratenden Einrichtungen für seelisch und körperlich erkrankte Menschen in erfreulicher Weise ausgeweitet haben. Doch darf man sich nicht auf die Betreuung, Beratung und Therapie erkrankter oder problembeladener Menschen beschränken. Notwendig wäre, sie auch auf jene auszuweiten, die nach gelingendem Leben fragen und darauf keine ausreichenden oder gar keine Antworten finden.

Frankl zog aus seiner Diagnose, das Sinnlosigkeitsgefühl sei das Kernproblem unserer Zeit, die Konsequenz und entwickelte eine neue, nämlich sinnzentrierte Psychotherapie: die Logotherapie (Logos = Geist, Sinn), die inzwischen weltweit praktiziert wird. Darüber hinaus forderte er, die Gründe für Sinnmangel, die zu Erkrankungen führen können, so weit wie möglich zu reduzieren. In vielen seiner Schriften wies er auf die Notwendigkeit einer solchen, nämlich präventiven Arbeit hin. Er gab dazu wichtige Hinweise. Ein konkretes Konzept zur Vorbeugung von Erkrankungen entwickelte er nicht. Gerade das Menschenbild der Logotherapie aber könnte die Basis für ein geistig orientiertes Präventionskonzept sein.

Wertorientierte Persönlichkeitsbildung

Seit etwa zehn Jahren arbeite ich an einem solchen Konzept. Seit kurzem liegt es vor. Ich nenne es die »*Wertorientierte Persönlichkeitsbildung*«. Ich sehe sie als einen eigenständigen, einen dritten Weg neben krankheits- und konfliktorientierter Psychotherapie und Beratung. Sie ist gedacht als geistig-emotionale Begleitung *gesunder* Men-

31

schen auf dem Weg zu sich und anderem Leben und daher zum Sinn. *»Persönlichkeitsmentor«* nenne ich den, der die Begleitung übernimmt.

Das Konzept der *Wertorientierten Persönlichkeitsbildung* läßt sich in acht Thesen zusammenfassen:

1. Menschsein ist Herausforderung zur Menschwerdung, die erst im Tod endet. Daher ist *Wertorientierte Persönlichkeitsbildung* mehr als die persönliche Arbeit an Entwicklungsdefiziten, mehr auch als die Hilfe zur Aneignung überlieferter Werte. Sie zielt vor allem darauf ab, die spezifisch menschlichen Wertgefühle, die in der »Dimension der Tiefe« (Tillich), d. h. im unbewußten Geist ihren Grund haben, so individuell und so weit wie möglich verwirklichen zu helfen. In dem Maße jedoch, in dem ein Mensch diesen Grund erfährt, sieht er über sich hinaus – nicht nur auf andere, sondern auch auf die Welt in der Vielfalt ihrer Erscheinungsformen, und weiß sich für sie mitverantwortlich.

2. *»Der Mensch ›ist‹ Person und ›wird‹ Persönlichkeit«*[13]. »Person« ist Geist, und Geist ist dasjenige im Menschen, das immer auch anders sein, sich anders einstellen und sich anders verhalten kann, das nicht festgelegt, sondern frei ist und weltoffen. »Persönlichkeit« meint nicht ein Zusammenspiel bestimmter angeborener Eigenschaften, auch nicht einen herausragenden Menschen, sondern das, was diese Person im Rahmen des ihr Möglichen aus sich gemacht, aus sich heraus gelebt hat.

3. *Grundlage* der Wertorientierten Persönlichkeitsbildung ist das Menschenbild der Logotherapie (Betonung von Geist, Freiheit, Verantwortlichkeit, Liebe, Werten, Sinn), erweitert um die in Wertimaginationen gewonnenen Einsichten.[14]

4. Die *wichtigsten Methoden* der Wertorientierten Persönlichkeitsbildung sind

- das wertorientierte (»dichte«) Gespräch,[15]
- die wertorientierte Interpretation des Ennea-gramms,[16]
- die Wertimagination.

5. Ihre *konkreten Aufgaben* sieht die Wertorientierte Persönlichkeitsbildung
   - in der Weiterbildung und Entfaltung der Persönlichkeit und damit zugleich
   - in der Prävention (Vorbeugung) von seelischen und körperlichen Störungen,
   - in der supportiven (unterstützenden) Begleitung in Lebenskrisen,
   - in der Auseinandersetzung um die Werte, durch die das Leben der Menschen sinnvoller als bisher gestaltet werden könnte.

6. *Ziel* der Wertorientierten Persönlichkeitsbildung ist die Hilfe zur Erfahrung der Ganzheit, die nie erreicht, doch immer intendiert werden kann. »Ganz« geworden wäre ein Mensch, der zu sich selbst gekommen wäre. Und zu sich selbst gekommen wäre er, wenn er das Leben in und trotz seiner Ambivalenz grundsätzlich bejahte.

7. *Allgemeine Zielgruppe* sind *gesunde* Menschen, die wissen, daß nicht nur der Körper der Pflege bedarf, sondern auch die Seele, daß die Seele keineswegs vom Entspanntsein allein lebt, sondern auch und vor allem von einem lebendigen Geist. Denn die ständig wechselnden Situationen im Leben und die natürlichen Lebenskrisen wie z. B. die Pubertät, die Lebensmitte, das Alter, verlangen immer wieder neue Ein- und Umstellungen. Die *spezifische* Zielgruppe sind existenziell frustrierte, aber noch nicht erkrankte Menschen, die nicht mehr oder nicht mehr genügend Sinn im Leben erfahren.

8. *Praktiziert* wird die Wertorientierte Persönlichkeitsbildung in

- Einzelgesprächen
- Sinnerfahrungsgruppen
- der »Schule des Lebens«
- der Erwachsenenbildung im weitesten Sinne
- der Personalberatung.

Die »Dimension der Tiefe« und ihre Bedeutung

Mit »Dimension der Tiefe« meine ich das Unbewußte, im besonderen den unbewußten Geist mit seinen emotionalen Kräften, der tiefsichtig genug ist, um zu erkennen, wer der Mensch ist und was er zu einem wertvollen Leben braucht, und stark genug, die Erkenntnisse in die Tat umsetzen zu helfen.

Das Unbewußte ist der seelische Bereich in uns, zu dem unser Bewußtsein keinen unmittelbaren Zugang hat. Das Unbewußte ist die innere Welt, die der Verstand nicht ergreifen, geschweige denn begreifen kann, weil sie sich rationaler Logik entzieht. Man kann sie weder messen noch erklären, man kann sie allenfalls – und das nur nach reichlicher Selbsterfahrung – zu verstehen beginnen. Das Unbewußte ist das, was unserem Bewußtsein in Gedankenblitzen und Einfällen, Ahnungen und Visionen, Stimmungen und inneren Schmerzen, über Erinnerungen, Träume und innere Wanderungen nahekommt. Es ist die uns nicht bewußte Welt der Seele, deren Mitte der unbewußte Geist und in dem die »Logik des Herzens« (Pascal) zu Hause ist.

Jedes Land hat seine eigene Sprache. Wer ein fremdes Land kennenlernen will, tut gut daran, sich mit dessen Sprache vertraut zu machen. Das gilt auch und insbesondere für das uns unbewußte Land. Wer es näher kennenlernen möchte, sollte sich deshalb so weit wie möglich mit

dessen Sprache vertraut machen. Von der Bewußtseinssprache hat Alfons Rosenberg gesagt: »Zu arm ist die
menschliche Sprache, um die Fülle der Ahnungen, welche
der Wechsel zwischen Leben und Tod wachruft, zu klei-
den. Nur das Symbol und der sich ihm anschließende
Mythos können diesen Bedürfnissen genügen. Das Symbol weckt Ahnungen, die Sprache kann nur erklären. Das
Symbol schlägt alle Saiten des menschlichen Geistes zugleich an, die Sprache ist genötigt, sich immer nur einem
einzigen Gedanken hinzugeben. Bis in die tiefsten Ge-
heimnisse der Seele treibt das Symbol seine Wurzel, die
Sprache hingegen berührt wie ein leichter Windhauch die
Oberfläche des Verständnisses ... Nur dem Symbol gelingt es, das Verschiedene zu einem einheitlichen Gesamt-
eindruck zu verbinden. Die Sprache reiht Einzelnes an-
einander und bringt (das Unsagbare) immer nur
stückweise zu Bewußtsein.«[17]

Die Menge an Büchern, die auf die Frage nach dem Unbewußten eine Antwort zu geben versuchen, läßt sich nicht
mehr messen. Die meisten von ihnen sind von der Empore des Bewußtseins aus, also in der Bewußtseinssprache
geschrieben worden. Dagegen ist nichts einzuwenden,
denn wissenschaftliche Forschungen verlangen auch wissenschaftliche Sprache. Die Frage ist nur, ob diese Sprache
dem Leser das Wesen des Unbewußten – mit seinen Abgründen ebenso wie mit seinem Reichtum – nahebringen
kann.

Nicht so lang sind die Regale mit jener Literatur, die versucht, das unbewußte Land in dessen eigener Sprache,
also der Bildersprache zu beschreiben. Ob sie jedoch
ebenso differenzierte Aussagen machen kann wie die Bewußtseinssprache? Gewiß nicht. Zweifellos haben beide
Literaturformen ihr Recht und ihre Begründung. Die Bewußtseinssprache klärt und ordnet, was wir vom Unbe-

wußten wissen. Die Bildersprache macht mit seinen geheimnisvollen Erscheinungen vertraut. Sie ist berührende Sprache und schafft daher existenzielle Beziehungen zum Unbewußten. Gerade deshalb aber ist sie in unserer Zeit, in der die Berührungen mit der tieferen Dimension des Lebens verloren zu gehen drohen, wichtig. Erlauben Sie mir daher, Ihnen das Unbewußte in dieser Sprache vorzustellen:

Die Seele gleicht einer Stadt am Strom, die im Lauf der Zeit an jenem Berge hochgewachsen ist, durch dessen Tal ein Strom fließt. Die Häuser in der Oberstadt – auf ihrem Ortsschild steht der Name »Bewußtsein« – sind also jünger als die der Unterstadt. Deren Bewohner haben ihrem Ort keinen Namen gegeben. Die Oberstädter nennen ihn »Das Unbewußte«.

Je tiefer nun ein Wanderer in die Stadt wandert, desto mehr staunt er über die alte Bauweise. Doch obwohl ihm vieles fremd erscheint, gewinnt er allmählich den Eindruck – sofern er sich mit den Örtlichkeiten ausreichend vertraut gemacht hat – , dort unten zu Hause zu sein, vor allem dann, wenn er sich dem großen Strom nähert, dessen Wasser klar ist wie der junge Morgen. Weise Bewohner der Oberstadt haben ihn das »Wasser des Lebens« genannt, andere den »Grenzfluß zwischen beiden Welten«.

Fragt man den Wanderer, warum er sich in der Tiefe der Stadt und besonders am Strom zu Hause fühle, antwortet er, von hier aus könne er besonders weit sehen: sowohl nach oben in die Oberstadt als auch über den Strom hinweg in jenes grenzenlose Land, das jenseits des Stromes liege. Für dieses Land hätten die Oberstädter den Namen »Transzendenz«, für das Gebiet am Strom selbst den Namen »Geist« gefunden. Nur wenige schienen jedoch berührt zu sein, wenn sie diese Wörter in den Mund nähmen.

Fragt man den Wanderer der Tiefe, was er empfinde, wenn er am Strom stehe, fällt ihm die Antwort nicht leicht. Denn das, wovon er berichten möchte, muß für den Fragenden recht fremd klingen. Dann erzählt er von hellen Gestalten, die ihm Wärme, Klarheit, Freiheit, Weite, Kraft und anderes mehr entgegen bringen, und von denen er sich getragen, geborgen und geliebt fühle. Und noch etwas fällt dem Wanderer ein, wenn er danach gefragt wird, warum er so gern in die Tiefe wandere: Das Gebiet am Strom sei gar nicht dunkel, darum habe er dort keine Angst. Man brauche sich auch nicht zu verstecken (wie so oft in der Oberstadt). Man könne so sein, wie man nun einmal sei.

Nun darf nicht der Eindruck entstehen, als seien alle Unterstädter Glücksbringer. Das ist keinesfalls so. Denn es gibt unter ihnen solche, die die Stadt empfindlich stören können. (Es versteht sich von selbst, daß sie nicht in der Nähe des Stromes wohnen). Manche von ihnen sind oft wütend oder boshaft, manche niedergeschlagen. Andere sind schrecklich eitel. Wieder andere gebärden sich wie die Angsthasen. Einige sind brutal, einige sind einfach nicht da, wenn sie gebraucht werden. Es gibt auch Bewohner der Unterstadt, die jede Schwierigkeit leugnen, und solche, die jede Schwierigkeit in etwas ganz Phantastisches uminterpretieren, wie die Oberstädter sagen. Nein, nicht alle Unterstädter sind liebenswert. Man sollte jedoch jene, die aus dem dunklen Bereich kommen, kennen, um zu verhindern, daß sie irgendwann einmal der ganzen Stadt am Berg zu schaffen machen.

Die Oberstädter sind schon seit langem der Auffassung, daß sie vom ganzen Berg des Lebens mehr verstehen als die Unterstädter. Das ist zweifellos richtig und doch wieder nicht. Recht haben sie darin, daß sie den Gipfel des Berges (»Denken« oder »Wissen« genannt) leichter sehen und erreichen können als die Unterstädter. Von dort aus haben sie einen besseren Überblick und können daher vieles besser erklären und in Zusammenhang bringen als jene. Wir haben ja schon mehrfach davon gehört, daß sie für alle Dinge des Berges auch Namen finden können. In einem jedoch täuschen sich die Oberstädter: Der Gipfel des Berges ist nicht wichtiger als sein Fuß mit dem dazugehörigen Gebiet. Sie begreifen nur schwer, daß Gipfel und Fuß gemeinsam den Berg ausmachen. Was wäre auch ein Berg ohne Gipfel, was wäre ein Gipfel ohne den tragenden Sockel?

Zu den die ganze Stadt bereichernden Tatsachen gehört, daß es eine *Brücke* zwischen der Ober- und der Unterstadt gibt. Bisher jedoch warten vor allem die Bewohner der Unterstadt darauf, daß sie breiter, viel breiter werde, so daß es zu einer regen Beziehung (ein Wort der Oberstädter) zwischen beiden Stadtteilen kommen könne. Diesen Wunsch teilen leider nur wenige der dem Gipfel nahen Bewohner. Woran mag das liegen? Offenbar an ihrer Angst vor den Unterstädtern. Obwohl sie so stolz darauf sind, daß sie dem Gipfel näher wohnen als diese? Angst also wovor?

Die Oberstädter haben Angst vor der Unübersichtlichkeit der Unterstadt. Da haben sie keinen Überblick. Besondere Angst aber haben sie vor den dunklen Gestalten, von denen eben die Rede war. Sie fürchten, diese finsteren Gesellen könnten ihren Stadtteil besetzen und sie ihrer Macht berauben. Wenn sie nur wüßten, woran die Wanderer der Tiefe nicht zweifeln: daß die dunklen Gestalten darauf warten, endlich von ihrer Feindschaft gegen das Leben befreit zu werden.

Das ist schon fast tragisch zu nennen: Vor lauter Angst und Fixierung (wieder ein Wort der Oberen) auf das, was sie nicht überblicken und »regeln« können, lernen sie das Zentrum der Unterstadt nicht kennen, also nicht das Land am Strom, in dem die Bewohner leben, die reich sind an Erkenntnis, Gestaltungskraft, Liebe und Frieden, die viel Phantasie für die Belange der ganzen Stadt haben und viele Ideen, sie schöner und reicher zu gestalten. Und weil die Oberstädter so viel Angst haben, hören sie nicht auf jene Wanderer, die mit der Unterstadt vertraut sind.

Da ist noch etwas, was man wissen muß: Die Stadt ist so geplant, daß sie irgendwann einmal eine werden soll. Woher man das weiß? Wann immer es passiert, daß sich die Brücke zwischen oben und unten verbreitert hat, – das kommt bekanntlich so oft nicht vor – herrscht Jubel sowohl in der Unter- als auch in der Oberstadt. Dann treffen sich die unterschiedlichen Bewohner mitten auf der Brücke. Sie wird deshalb von den Oberen »Mitte« genannt. Wenn sie dann beieinander sind, hat keiner von ihnen mehr Sehnsucht, weder nach dem Gipfel noch nach dem Fuß. Dann freuen sie sich – freuen sich darüber, daß sie da sind, hier sind und gemeinsam den Lebensberg erleben und genießen. Dann sind sie glücklich darüber, daß das, was sie getrennt hat, überwunden ist. Oberstadt und Unterstadt, die bewußte und die unbewußte Welt, gehören nun einmal zusammen.

Werte, die das Unbewußte kennt

Nicht darum kann es gehen, den gewaltigen Veränderungsprozeß unserer Zeit rückläufig zu gestalten. Wer daran denkt, verkennt, daß Leben Geschichte und daher Veränderung bewirkt. Es kann nur darum gehen, die mit diesem Prozeß verbundene Gefahr der Selbstentfremdung zu erkennen und die »Dimension der Tiefe« wieder zu entdecken.

Was ist Selbstentfremdung? Wer sich selbst entfremdet ist, erkennt sich selbst nicht und daher weder sein Sein noch seinen Sinn. Er weiß nicht, wer er in Wirklichkeit ist, wozu er in Wirklichkeit da ist und was er in Wirklichkeit will. Ihm fehlt der Orientierungssinn. Ihm fehlen deshalb echte Beziehungen zum Leben. Weil er sich selbst fremd ist, ist ihm auch die Realität fremd. Dann fühlt er sich im Leben nicht zu Hause. Dann lebt er als Fremder in seiner eigenen Welt.

Wer meint, die Wiederentdeckung der Tiefendimension sei ein weltfremder Ansatz zur Lösung der Probleme dieser Zeit, erfahre selbst die innere Welt und deren zentrale Aussagen über den Menschen, wie sie in den Wertimaginationen deutlich werden. Dann würde er die Wirkungen erleben, die von den Begegnungen mit der eigenen Seele ausgehen. Dann würde er begreifen, daß Bewußtsein und Unbewußtes zusammengehören wie Berg und Tal, Land und Meer, Licht und Schatten.

Mit Hilfe der Wertimaginationen ließe sich sogar eine umfassende »Wertphilosophie des unbewußten Geistes« entwickeln. Sie hätte gegenüber einer traditionellen Wertethik den entscheidenden Vorteil, daß die Werte dem Geist unserer Zeit entsprechend nicht von außen, sondern von innen her erfahren und daher existenziell begründet werden können.

Zwanzig wertvolle Aussagen, die ich in Wertimaginationen gefunden habe, möchte ich hier vorstellen. Grundlage dieser subjektiven Empirie sind etwa 15 000 Imaginationen, die ich bislang studieren konnte. Die folgenden Aussagen sind zugleich die *Leitlinien der Wertorientierten Persönlichkeitsbildung*. Bevor ich auf sie eingehe, möchte ich in aller Kürze beschreiben, was man unter *Wertimaginationen* zu verstehen hat.

Exkurs: Was sind Wertimaginationen?[18]

In vielen Märchen ist die Rede vom Prinzen, der sich auf den Weg macht, um in einem fernen Schloß seine Prinzessin, also seinen Schatz, sein Glück, seinen Sinn zu finden. Das Schloß, in dem die Prinzessin auf den Prinzen wartet, ist nicht leicht erreichbar. Nur aus der Ferne scheint es, als führe der Weg geradewegs ins Innerste.

Die Märchen sprechen von gefährdenden und von hilfreichen Wegbegleitern des Prinzen. Die ihn gefährdenden unternehmen alles, um ihn von seinem Weg zum Glück abzubringen. Die hilfreichen dagegen bieten ihm ihre Weisheit, Liebe und Tatkraft an, damit er sein Ziel erreicht. Es liegt an ihm, welchen dieser Begleiter er sich zuwendet. Zum Ziel gelangt er, wenn er die ihn gefährdenden Gestalten zur Kenntnis nimmt, sie prüft, sich jedoch nicht auf sie einläßt, sondern die hilfreichen bemerkt, sie prüft und sich ihnen anvertraut.

Märchen sind Spiegelungen der inneren Welt, die sich uns auch in den Bildern (Symbolen) von Träumen und Imaginationen zeigen. Die Bilder sind die »Gesichter« der Gefühle und Gefühlskräfte. Sie sind zugleich die Brücke zwischen der unbewußten und der bewußten Welt. Sie spiegeln das Spannungsfeld der Polaritäten wider, in dem die Seele lebt: das Spannungsfeld zwischen *Lebensverneinung* einerseits und *Lebensbejahung* andererseits.

Die lebensverneinenden Gefühlskräfte, die die Sinnfindung behindern oder verhindern, haben konkrete Namen wie: Aggression, Überheblichkeit, Unwahrhaftigkeit, Melancholie, innere Leere, Angst, Maßlosigkeit, Machtlust, Antriebsarmut. Auch die lebensbejahenden, sinnstiftenden Gefühlskräfte, die spezifisch menschlichen Werte, haben konkrete Namen wie: Geduld, Liebe, Wahrhaftigkeit, Echtheit, Freiheit, Mut, Heiterkeit, Güte, Verantwortung.

Mehr oder weniger sind alle lebensbejahenden und alle lebensverneinenden Gefühlskräfte in jedem Menschen vorhanden. Doch ob er sein Ziel erreicht – die Selbstwerdung und Sinnfindung – hängt davon ab, wofür er *selbst* sich entscheidet, mit welcher Macht sie sich verbindet.

Wertimaginationen sind behutsam geführte Gespräche zwischen dem Imaginanden und seinem Begleiter auf »Wanderungen« in die innere Welt, die der Imaginand bewußt erlebt. Sie sind »Wanderungen« zu bestimmten Zielen, insbesondere zu den Quellen der Wertgefühle, die im unbewußten Geist ihren Grund haben. Die den Werten entsprechenden Sinn-Bilder des Imaginanden sind zwar persönlich »eingefärbt« und subjektiv beeinflußt, doch zeigt die Vielzahl der Imaginationen, daß sie zugleich *überpersönlicher, transsubjektiver* Art sind. Daher sind sie Leitlinien nicht nur für einzelne, sondern für alle Menschen.

Die Bilder sind farbig, plastisch und gefühlvoll. Der Imaginand kommt seinen unbewußten Vorgängen so nahe, daß er von ihnen zur Stellungnahme herausgefordert wird. Wer diese Sinnbilder sieht und erlebt, wird von ihnen berührt, bewegt, angezogen und entwickelt den starken Wunsch, sie auch zu leben. Sie wirken weit stärker als das gesprochene Wort. Daher verdichtet sich die Motivation, sie auch leben zu wollen.

Ein Beispiel einer inneren Wanderung zur »Freiheit gegenüber den Dingen«, die eine in Wertimaginationen bereits erfahrene Frau erlebte:

Auf einem Hochplateau über einer weiten Landschaft begegne ich ›meinem‹ Indianer (Symbol für das Zusammenspiel von Natur und Geist). Er sagt: »Wende dich nach Osten!« Ich wende mich nach Osten und erlebe dort den Sonnenaufgang. Ich spüre diesen Sonnenaufgang als Symbol für das Leben, für den Beginn des biologischen Lebens.

Dann sagt der Indianer: »Wende dich nach Westen!« Ich wende mich nach Westen und erlebe dort den Sonnenuntergang. Ich empfinde diesen Sonnenuntergang als Symbol für den Tod, als das Ende des biologischen Lebens.

Der Indianer sagt: »Wende dich nach Norden!« Ich wende mich nach Norden und empfinde dort den Tod als Starre, als Kälte: Dieser Tod hat die Qualität des »Todes mitten im Leben«.

Dann sagt der Indianer: »Wende dich nach Süden!« Ich wende mich nach Süden und empfinde dort das Leben als Wärme und Fülle des Lebens.

Dann sagt der Indianer: »Wende dich nach oben!« Ich wende mich nach oben und empfinde dort das Leben als Liebe, als göttliches Leben, als Ewigkeit.

Nun sagt der Indianer: »Wende dich nach unten!« Ich wende mich nach unten und empfinde dort den Tod als Finsternis und Vernichtung.

Alle diese Richtungen zeigen sich mir als Achsen, die mitten durch die Erdkugel gehen. Der Indianer sagt: »Verlier’ dein Herz an keine dieser Richtungen. Wenn du dein Herz bewahrst, bist du in deiner Mitte und frei, dein Leben zu gestalten.«

Nun zeigt sich der Schnittpunkt der Achsen als leuchtende Kugel, von der Stärke und Energie ausgeht. Ich werde von dieser Mitte angezogen und spüre ihre Ausstrahlung in meinem Herzen. Ich bin zentriert und fühle, dort ist meine Kraft.

Die unbewußten Gefühle haben die Tendenz, sich nicht nur in Bildern, sondern auch in bildhaften Gestalten zu zeigen. So habe ich im Lauf der Zeit den Mutigen, den Freien, den Verantwortlichen, den Liebenden, den Versöhner, den Lebenskünstler, den Arzt (die Personifizierung der Selbstheilungskräfte) kennengelernt, einen Gestaltkreis von etwa zwanzig Personen.

Von besonderer Bedeutung aber sind die Gestalten des Inneren Verbündeten, der die Lebensbejahung personifiziert, und die des Inneren Gegenspielers, der die Lebensverneinung symbolisiert. Beide Gestalten spiegeln jeweils die Fülle der unterschiedlichen Aspekte der sinnstiftenden und sinnverweigernden Kräfte wider. Wendet sich ein Mensch mit ganzem Herzen dem Inneren Verbündeten zu, wird er die Erfahrung machen – das zeigen zahlreiche Imaginationen mit Teilnehmern unterschiedlichster Art und Lebensgeschichte –, daß trotz aller Potenz des Gegenspielers der Verbündete der Stärkere ist.

Zwanzig wertvolle Erfahrungen der inneren Welt

1. In jedem Menschen lebt ein *ursprüngliches Bild* seiner selbst, das darauf wartet, gelebt zu werden. Wer dieses Bild erkennt, begreift, daß viel ungelebtes Leben darauf wartet, endlich leben zu dürfen.
2. Es ist wichtig, alten Verletzungen noch einmal zu begegnen und aus zeitlichem Abstand heraus zu ihnen *Stellung zu beziehen*. Zwar sind die Ereignisse bereits in dem Moment, in dem sie geschehen, vergangen, nicht aber die mit ihnen verbundenen Gefühle. Daher kommt es darauf an, vor allem zu den Verletzungen Stellung zu beziehen, deren emotionale Abdrücke die Gegenwart noch immer belasten. Nicht weniger wichtig ist, auch dem zu begegnen, was gut, rund und beglückend war, damit sich die damit verbundenen wertvollen Gefühle noch einmal vertiefen. Selbst ein Mensch, der in Kindheit, Jugend oder späteren Jahren Schweres erlitten hat, muß nicht auf Dauer geschädigt bleiben. Zahlreiche Wertimaginationen zeigen in be-

merkenswerter Klarheit, daß er zwar von seinen Verletzungen geprägt ist, sie jedoch nicht sein ganzes Leben bestimmen müssen. Denn »unter« den Verletzungen zeigen sich freie Räume mit starken Symbolen des Geliebt- und Angenommenseins, die nicht nur neue Hoffnung begründen, sondern auch Kräfte für ein gelingendes Leben wecken. Allerdings zeigen sich solche Symbole erst nach einer Reihe von Imaginationen.

3. Nur wer gegenwärtig und also *in der* Zeit lebt, erfährt Sinn. Nur wer hier und heute Werte, Schätze, lebendiges Leben sucht, ist bei sich, kommt zu sich, lebt nicht mit sich im Widerspruch, denn allein die Gegenwart ist der »Ort«, an dem der Mensch existiert.

4. Nicht die Gene, nicht die Erziehung, nicht die Umwelt, nicht die Zeit, in der wir leben, entscheiden primär über die Befindlichkeit eines Menschen. Sie hängt primär davon ab, welche Werte er findet, und davon, ob und wie er sie lebt. Sowohl die innere als auch die äußere Welt kennen ausreichend Gründe für Sinn, und schon das bloße Erleben der inneren Welt kann das Sinngefühl wecken. Zwar sind die Räume in beiden Welten manchmal eng. Doch sucht ein Mensch nach Sinn, sucht er ihn mit Leib, Seele und Geist, wird er in aller Regel die Zugänge zu ihm finden.

5. Es gibt kaum Befreienderes als das Zulassen (subjektiv empfundener) Wahrheiten, nicht nur der »negativen«, auch der »positiven«. Wer sich diesen Wahrheiten stellt, verdrängt sie nicht und spart viel Energie. Wer sie nicht verdrängt, spaltet sich nicht. Wer sich nicht spaltet, ist mit sich eins, kommt zu sich selbst, befreit den Geist auf seinem Weg zu den ihm entsprechenden Werten.

6. Die Seele duldet keinen Stress. Wenn ein »Wanderer« durch seine innere Welt hetzt, bleiben selbst die kostbarsten Symbole wirkungslos. Zugleich aber hat die Seele viel Geduld. Denn sie hält einem Menschen ihre Botschaften so lange hin, bis er sich ihrer angenommen hat.

7. Die Gunst des Wartens auf neue Sinnbilder, neue Gefühle, neues Leben gehört zu den besonders beglückenden Erfahrungen der inneren Welt. Dieses Warten verlangt Geduld. Geduld aber ist der Gegenpol zu Streß. Geduld ist nicht Trägheit, sondern ein bewußtes In-der-Zeit-Sein, ein aktives Warten darauf, bis sich neuer Sinn zeigt.

8. Wer einen Wert erkennt, erfühlt und leben will, muß ihm so lange begegnen, d. h. sich so lange in ihn eindenken, einfühlen, einleben, bis er sich ihn zu eigen gemacht hat. Jede Idee aber hat die Tendenz, sich zu verwirklichen.

9. Wer sein Leben selbst *führt*, erreicht seine Ziele. Wer sich führen läßt – von seinen Trieben oder seiner Umgebung – wird oft dorthin geführt, wohin er nicht will. Wer mit Leib, Seele und Geist auf seine Ziele ausgerichtet bleibt, erlebt die Kraft, sie auch erreichen zu können.

10. Wer die *Mitte* der Dinge sucht, das Hauptsächliche, Wesentliche und Wichtige – es liegt häufig in den einfachen Dingen des Lebens –, erkennt deren Wesen, Wert und Sinn. Er wird zugleich in seinem eigenen Wert- und Sinngefühl berührt. Er gewinnt die Kraft, das jeweils Wichtige auch zu tun.

11. Wer sich nicht dem Leben aussetzt, den setzt das Leben aus. Wer vor den sich ihm zeigenden Lebensaufgaben zurückweicht, wird »kleiner« und verliert. Wer auf sie zugeht und sie zu lösen versucht, wird »größer« und gewinnt. Wer wichtigen Lebensaufgaben ausweicht, weicht sich selbst aus. Wer sich selbst ausweicht, weicht vor seinen Begabungen und Herausforderungen aus und dem, wozu er persönlich Mensch geworden ist.

12. In jedem Menschen lebt ein tiefes Gefühl, daß sich sein Leben nur dann erfüllt, wenn er nicht nur sich selbst, sondern auch anderes Leben im Blick hat. Hat

er auch anderes Leben im Blick, dann weitet sich sein Horizont, dann erkennt er Werte, die er bislang nicht sah.

13. Sieht ein Mensch in der Not vor allem auf die verbliebenen Möglichkeiten, dann sieht er auf das vorhandene freie Leben. Dann wächst der Mut. Sieht er dagegen vor allem auf die durch die Not gesteckten Grenzen, dann sieht er auf die Widerstände. Dann schwindet der Mut.

14. Der Innere Gegenspieler drängt sich von selbst auf, den Inneren Verbündeten muß man suchen. Der Gegenspieler kann faszinierend sein, der Verbündete dagegen unscheinbar. Der Gegenspieler führt in die Dunkelheit, der Verbündete ins Licht.

15. Nicht die Aggression, sondern das Wohlwollen kann Feindschaft überwinden. Die lebensfeindlichen Gestalten der inneren Welt warten darauf, daß sie von ihrem Haß gegen das Leben befreit werden.[19]

16. Nicht die Dunkelheit, sondern das Licht, nicht das Problematische, sondern die Werte sind die Kraftquelle des Lebens. Wer die Problemorientierung wichtiger nimmt als die Zielorientierung, gleicht dem Wanderer, der auf seinem Weg die Beseitigung des Hindernisses wichtiger nimmt als den Wunsch, anzukommen.

17. Es gibt einen Grundwert, der unabhängig von Zeiten und Kulturen in Geltung bleibt. Dieser Wert gehört zu jedem Menschen und bleibt selbst dann in ihm verwurzelt, wenn er ihn nicht lebt, sei es, daß er es nicht will, sei es, daß er aufgrund seiner Lebensgeschichte dazu nicht in der Lage zu sein scheint. Dieser Wert hat eine Reihe unterschiedlicher Aspekte, die jedoch alle miteinander verbunden sind, wie Liebe, Hingabe, Güte, Versöhnung, Friedfertigkeit, Wahrhaftigkeit, Echtheit, Offenheit, Hoffnung, Mut, Vertrauen, Geduld, Demut, Verläßlichkeit, Treue,

Gerechtigkeit, Klarheit, Weisheit, Verständnis, Achtsamkeit, Gelassenheit, Leichtigkeit, Heiterkeit, Zärtlichkeit, Begeisterung, Kreativität, Verantwortung, Freiheit und Religiosität. Dieser Grundwert ist die *Selbstbejahung*, und Selbstbejahung ist zugleich *Lebensbejahung*. Denn aus Selbst-Sicht folgt Welt-Sicht. Wer Ja zu sich sagt, fühlt das als Wert, was sein und anderes Leben fördert und sinnvoll macht. Je tiefer sich ein Mensch selbst bejaht, desto tiefer fühlt er die in den wechselnden Situationen sich zeigenden Werte. Das »Ja« zum eigenen Leben bestimmt daher alle spezifisch menschlichen Wertgefühle.

18. Das *Zulassen des Scheiterns* kann letzter Ausdruck von Freiheit sein. Deshalb kann das Aufgeben des Widerstandes gegen die gegenwärtige Not die Bedingung für die Befreiung und damit der Beginn der Wende sein.

19. Die Qualität einer (Lebens-)Wanderung hängt nicht von der Länge oder der Mühsal ab, sondern davon, was man auf dem Weg findet und ob man zu seinem Ziel gelangt.

20. Es gibt keinen letztgültigen Halt im Leben, keine letzte Überwindung der Lebensangst und keine letzte Überwindung des Sinnlosigkeitsgefühls ohne die existenzielle Erfahrung des Lebensgrundes. Je tiefer ein Mensch seine innere Welt erfährt, desto häufiger begegnet er religiösen Symbolen. Sie bewirken in ihm die stärksten Sinngefühle. Diese Erfahrung machen in Wertimaginationen nicht nur die religiös Sozialisierten, nicht nur scheinbare Atheisten, sondern alle, die sich die Freiheit nehmen, *nicht vor der eignen Tiefe auszuweichen*. Die sich im Innersten der Seele zeigenden Bilder machen deutlich, daß der Mensch von einer »größeren Wirklichkeit« gehalten wird. Daher ist das im weitesten Sinne Religiöse eine, wenn nicht die wichtigste Funktion des menschlichen Gei-

stes. Wer diese Tiefe erfährt, erlebt auch, daß er sein darf, wie er ist. Er fühlt sich geliebt. Je tiefer ein Mensch Einsicht in seine innere Welt gewinnt, desto mehr verdichtet sich ihm die Gewißheit, daß der Grund des Lebens grenzenlos ist, grenzenlos und doch geordnet. Je vertrauter er mit diesem Grund wird, desto deutlicher fühlt er, daß er ihm Halt gibt – und dieser Halt kein unpersönlicher ist.

Es gibt die sichtbare Welt und die unsichtbare. Es gibt die äußere Realität – und die innere Wirklichkeit. Beide Welten gehören zusammen. Wer meint, der einen oder anderen Seite den Vorrang geben zu wollen, verkennt, daß nur beide zusammen die *Einheit* des Lebens bilden.

Die innere Welt ist in kaum ahnbarer Weise polyphon, also vielstimmig und vielsagend, und weiß vom Leben Dinge, die dem Verstand fremd sind. Sie ist reich an Erkenntnis- und Phantasieschätzen, reich vor allem an geistiger Kraft. Und diese Schätze brauchen wir dringlicher denn je, wenn nicht die Schere zwischen technologischer Entwicklung einerseits und humaner Entwicklung andererseits zu einem noch ernsteren Problem als bisher werden soll. Wir haben zu lange das Ungleichgewicht zwischen unserem Bewußtsein und unserem Unbewußten geduldet und daher das, was die innere Welt in sich birgt, viel zu wenig beachtet.

Die innere Welt des Menschen, deren Mitte nicht der Trieb, sondern der Geist ist, deren Grund nicht das Chaos ist, sondern der Sinn, deren Ziel nicht der Haß ist, sondern die Bejahung von Leben, bietet alle Voraussetzungen dafür, daß wir Lösungen finden, wie Menschen als Menschen leben können. Denn in der Tiefe ist es hell.

Wertverwirklichung in der Praxis

Allgemeine Hinweise

1. Wertsuche

   Wer nicht sucht, findet nicht. Wer nur seine mißlichen Umstände beklagt, kreist um das, was er *nicht* ist, *nicht* kann, *nicht* hat. Er ist existenziell frustriert. Wer sich nicht fragt, was ihm fehlt, sucht das Fehlende nicht, kreist weiter um seinen mißlichen Zustand und vertieft seine existenzielle Frustration.

   Wie vollzieht sich Wertsuche? Einige Anregungen:
   - Ich frage mich, wie ich mein Leben und seinen Verlauf einschätze. Um eine konkrete Antwort zu bekommen, vergegenwärtige ich mir meine verschiedenen Lebensgebiete, z. B. Familie, Beruf, Freundschaften, Beziehung zu anderen, Einstellung zum Land, zur Welt, zum Leben etc.
   - Ich bemerke, daß ich etwas vermisse, und frage mich, was »es« sein könnte. Finde ich »es« nicht heraus, gehe ich in die Stille und lasse meine Seele sprechen, befrage meine Träume, erinnere mich an kritische Äußerungen von wohlmeinenden Angehörigen, Freunden, Kollegen etc.
   - Erhalte ich auf meine Frage nicht gleich eine Antwort, bleibe ich auf der Suche nach dem, was mir fehlt – in der begründeten Erwartung, daß die in mir verwurzelten Wertgefühle *aus-gelebt* werden wollen.

2. Werterkenntnis

   Mir geht z. B. auf, daß mir Stehvermögen fehlt.
   - Ich vergegenwärtige mir, in welchen Situationen ich diesen Wert nicht lebe, welche konkreten Folgen dieser Mangel hat und wie sie sich auf mein Gefühl auswirken. Denn um Neues, was wichtig ist, be-

mühe ich mich in aller Regel nur dann, wenn mir schmerzlich aufgegangen ist, was es bedeutet, es nicht zu leben.

- Ich frage mich, was Stehvermögen konkret bedeutet. Mir fallen verwandte Wörter und Inhalte ein: stehen bleiben, sich nicht umstoßen lassen, Standfestigkeit, Selbstbehauptung etc. Ich suche nach einem Satz, der mir den Inhalt des Begriffs noch deutlicher werden läßt, etwa so: Stehvermögen ist die Fähigkeit, trotz widriger innerer oder äußerer Bedingungen einen klaren Kopf zu bewahren.

3. Wertfühlen
- Ich lasse die Worte und den Satz auf mich wirken, fühle mich in sie und ihn hinein, bemerke, in welcher Weise sie und er mich berühren.
- Ich schließe meine Augen und lasse mir Einfälle zu der Frage kommen: *Was wäre, wenn ich Stehvermögen hätte?*
- Ich schließe meine Augen und werde still. Ich vergegenwärtige mir das Wort »Stehvermögen« und lasse mir dazu Bilder kommen, wie dieses: Ich stehe am Meer auf einem Felsen. Ein Sturm droht mich umzuwerfen, ich aber bleibe fest stehen.

4. Wertentscheidung
Nun kann es sein, daß mir in einer konkreten Situation der Gedanke kommt, ob nicht die Realisierung des Wertes »Stehvermögen« – so wichtig er im allgemeinen auch sein möge – hier und jetzt purer Egoismus, ob nicht ein anderer Wert, nämlich Rücksichtnahme, angebracht sei. In einem solchen Wertekonflikt gilt es, beide Werte zu erfühlen, dann eine Frage zu stellen, die aus der Mode gekommen ist, auf die ich trotzdem auf keinen Fall verzichten möchte. Ich meine die Frage: »*Was sagt mein Herz*« zu diesem Konflikt?

Was das »Herz« sagt, ist gleichbedeutend mit dem, was die »innere Stimme« sagt. Innere Stimme? Sie ist ein Zusammenspiel von Intuition und Erfahrung. Man kann sie auch Ausdruck der »Weisheit des Herzens« (Pascal) nennen, die zu unterscheiden weiß zwischen dem, was jetzt »dran« ist und was nicht. Sie spricht aus der eigenen »Tiefe«. Wer auf diese Stimme hört, hört auf sich selbst – und wird daher nicht von anderen bestimmt.

5. Wertverwirklichung

Werte wollen nicht nur erkannt und erfühlt, sie wollen vor allem gelebt werden. Der Weg von Erkenntnis und Gefühl zur Verwirklichung eines Wertes fällt jedoch in der Regel nicht leicht. Die wichtigste Voraussetzung dafür ist die gründliche Zuwendung zu den vorausgegangenen Stufen. Denn je tiefer ich begriffen habe, worum es bei dem betreffenden Wert geht, desto größer ist die Bereitschaft, ihn auch leben zu wollen. Es gibt weitere Hilfen:

• Die wirksamste Hilfe ist zweifellos die Wertimagination, mit deren Hilfe sowohl die vier genannten Stufen als auch der Schritt in die Realität am ehesten gelingen kann. Sie sollte jedoch zunächst nur unter Anleitung erlebt werden. Doch auch die folgenden Hilfen sind zweifellos gute Möglichkeiten, die gewünschten Ziele erreichen zu können. Es kommt ja im Leben meistens nicht darauf an, was man tut, sondern wie man etwas tut.

• Ich kann mir ausdenken, was wäre, wenn ich den Wert nicht lebte. Ich kann mir attraktive Bilder kommen lassen, die meinen Wunsch nach Realisierung verstärken. Ich kann mich auch von dem wunderbaren Satz Martin Bubers herausfordern lassen: »*Binde die Tat an die Kraft des Gedankens*«.
Ich kann meine Träume befragen, ob sie für mich eine Ermutigung bereit halten. Ich kann mich von

Angehörigen oder Freunden ermutigen lassen. Doch darum komme ich nicht herum: zu einem bestimmten Zeitpunkt den Wert nicht mehr nur wahrzunehmen, sondern ihn in Freiheit auch wahrzumachen. Freiheit aber ist kein Trieb! Irgendwann stehe ich in der Situation, in der mir nichts anderes übrigbleibt, als den Schritt in die Verwirklichung zu tun.

Michelangelo hat einmal gesagt: »Wenn ich im Steinbruch einen Marmorblock sehe, dann schaue ich ihn an und frage: Welche Figur soll ich aus dir befreien?« Doch zunächst sah er nur den harten Marmorblock.

Auch menschliches Leben kann hart sein. Deshalb können wir an seine wechselnden Situationen dieselbe Frage stellen. Schwierige Zeiten nur traurig zu finden oder sie anzuklagen, ist zwar verständlich, aber leicht. Sie jedoch als Herausforderung zu nehmen und das Beste daraus zu machen, kann Leben zu einem Kunstwerk werden lassen.

Wer ist der Mensch?

Achtzehn Aspekte

Wer den Menschen beschreiben will, gleicht dem, der versucht, das Meer ganz überblicken zu wollen. Schon der Körper gibt uns Rätsel über Rätsel auf. Von der Seele ganz zu schweigen. Wer wollte sie erfassen? Und dann der Geist. Mehr als 30 Definitionen zum Begriff »Geist« hat C. G. Jung studiert, keine hat ihn befriedigt. Schließlich der Zusammenhang von Körper, Seele und Geist. Die Philosophen, die Mediziner und Psychologen haben sich die Finger wundgeschrieben bei dem Versuch, diesen Zusammenhang durchschaubar zu machen. Gelungen ist es keinem ganz. Das kann auch gar nicht anders sein. Warum nicht?

Wir Menschen sind gebunden an Raum und Zeit. Wir sind gebunden an den gegenwärtigen Stand der Forschung, gebunden also an einen Ausschnitt von Erfahrungen. Wir sind gebunden an unsere persönliche Wahrnehmung. Wir sind gebunden, ob wir es wahrhaben wollen oder nicht, an ein bestimmtes Interesse, das unsere Erkenntnis leitet. Wir sind auch an die Tatsache gebunden, daß unsere Eitelkeit uns immer wieder dazu verführt, die eigenen vermeintlichen Einsichten durchsetzen zu wollen und deshalb zu wenig auf die anderer zu hören, die vielleicht nicht weniger »einsichtsvoll« sind als wir selbst.

Heißt das, daß wir das Unternehmen, Aussagen über den Menschen machen zu wollen, lieber sein lassen sollten?

Keineswegs. Doch bevor wir uns erdreisten, ihn zu beschreiben, ist es wichtig, sich unserer Unzulänglichkeit in dieser Frage bewußt zu werden, weil sich nur so jener Blick entwickelt, den wir brauchen, um das Wesen des Menschen erahnen und über seine Weite, Tiefe und Vielgestaltigkeit staunen zu können.

Selbstverständlich stellen auch die folgenden achtzehn Aspekte kein umfassendes Menschenbild dar. Sie weisen aber auf jene menschlichen Seiten hin, die mir bei der Weiterbildung der Persönlichkeit besonders beachtenswert erscheinen. Sie haben sich mir durch Studium, Forschung und Erfahrung gezeigt. Wer dem Inhalt dieser achtzehn Punkte näherkommen möchte, sollte nicht rasch über sie hinweglesen, sondern sie auf sich wirken lassen.

1. Das Wesen jedes Menschen ist ein Geheimnis[20]. Es ist nicht erklärbar und nur begrenzt verstehbar. Kaum jemand hat diese Tatsache anschaulicher beschrieben als Khalil Gibran:

   »Der Schatz in eurem tiefsten Innern möchte eurem Auge sichtbar werden. Doch wieget nicht euren unbekannten Schatz auf einer Waage; und erforschet nicht die Tiefe eures Wissens mit dem Meßstock oder der Lotschnur. Denn das Ich ist ein Meer ohne Maß und Grenzen.
   Saget nicht: ›Ich habe die Wahrheit gefunden‹,
   saget lieber: ›Ich habe eine Wahrheit gefunden.‹
   Saget nicht: ›Ich habe den Pfad der Seele entdeckt‹,
   saget lieber:›Ich habe die Seele getroffen, auf meinem Pfade wandelnd.‹
   Denn die Seele wandelt auf allen Pfaden.
   Die Seele wandelt nicht auf einer Bahn, noch wächst sie wie ein Schilfrohr. Die Seele entfaltet sich gleich einer Lotosblume, aus Blütenblättern ohne Zahl.«[21]

2. Jeder Mensch ist bestimmt durch drei Gegebenheiten:
   - durch die Gattung
   - durch den Typus
   - durch seine Individualität.

Stellen Sie sich eine Weide vor, auf der zehn Pferde grasen. Sie unterscheiden sich in Form, Farbe und Bewegungsabläufen und sind doch alle miteinander Pferde. Das ist die *Gattung*.

Bei näherem Hinsehen fällt Ihnen auf, daß sich die drei Pferde am Zaun, die vier in der Mitte und die drei in Ihrer Nähe gleichen. Da klärt der Besitzer Sie darüber auf, daß drei Trakehner, vier Hannoveraner und drei Friesen auf dieser Weide stehen. Vom Typus also ist die Rede. Wenn Sie nun z. B. die drei Friesen näher in Augenschein nehmen, bemerken Sie, daß diese strammen Rosse sich zwar gleichen und sich trotzdem jedes vom anderen unterscheidet. Jedes einzelne ist ein *Individuum*.

Daß wir Menschen einer Gattung angehören, bezweifelt bekanntlich niemand. Daß jeder von uns einzigartig ist, bejahen wir gern. Doch daß wir auch einem Typus zugehörig sein sollen, finden viele eher banal. Dabei haben Forscher bereits seit der Antike immer wieder versucht, die vielfältigen Verhaltensweisen der Menschen in überschaubare Grundstrukturen zusammenzufassen – nicht, um sie »abzustempeln« und in Schubfächer zu stecken, sondern um ihnen angemessener behilflich sein zu können – körperlich, seelisch und geistig.

Besonders einleuchtend und hilfreich erscheint mir die Typenlehre des »Enneagramms«[22], die durch die wertorientierten Imaginationen eindrucksvoll bestätigt wird. Sie ist ein Glücksfall für die Psychologie, weil sie in erstaunlicher Klarheit zeigt, daß und wie Menschen unterschiedlicher »Typen« unterschiedlich denken, empfinden, fühlen und handeln.

Wir könnten viel differenzierter, nüchterner und freier mit uns und anderen umgehen, hätten wir Einblick in diese Schatzgrube der Menschenkenntnis.

In erstaunlicher Klarheit zeigt sich, daß mit jedem Typus eine bestimmte *Sinnproblematik* und – als Gegenpol – ein bestimmtes Potential, eine besondere *Wertmöglichkeit*, verbunden ist. In allem, was ist, ist keimhaft das Gegenteil enthalten. Je deutlicher die Sinnproblematik erkannt und erfühlt wird, desto leichter gelingt die Verwirklichung der mit dem jeweiligen Typus verbundenen Wertmöglichkeit.

In aller Kürze stelle ich Ihnen die *neun Typen* vor:

1. Der *Reformer*: Der Reformer will hoch hinaus. Mit dem, was ist, gibt er sich so rasch nicht zufrieden. Verändern will er sich, verändern will er auch die Welt und zwar sofort! Geduld ist daher (zunächst) seine Stärke nicht. Leben soll vollkommen sein! Doch wenn er das Leben, so wie es ist, anzunehmen lernt, läßt er vieles so sein, wie es nun einmal ist.
   → Sinnproblematik: Aggressivität
   → Wertmöglichkeit: Geduld.

2. Der *Helfer* braucht es, gebraucht zu werden. Für andere dazusein, das ist für ihn sein Sinn. Die Hilfe anderer lehnt er (zunächst) ab. Er verschenkt seine Kraft und verliert deshalb manchmal sich selbst. Doch wenn er sich selbst zu lieben lernt und sich eingesteht, daß auch er einmal Zuwendung braucht, wird nicht nur das Herz der anderen warm.
   → Sinnproblematik: moralische Überheblichkeit
   → Wertmöglichkeit: eine Liebe, die den anderen und sich selbst meint.

3. Der *Erfolgsmensch* genießt es, bewundert zu werden, und dafür setzt er zunächst manchmal Masken auf. Es kann sogar sein, daß er sich mit Menschen oder Projekten identifiziert, zu denen er keinerlei innere Beziehung hat – wenn sie ihm nur Erfolg versprechen. Doch wenn er sich zu sich selbst bekennt, ist und wirkt er klar wie quellfrisches Wasser.
   → Sinnproblematik: mehr Schein als Sein
   → Wertmöglichkeit: Wahrhaftigkeit.

4. Der *Romantiker* liebt das Besondere. Er ist (zunächst) auf der Suche nach der »blauen Blume«, dem besonderen Schatz. Die Welt ist ihm zu profan. Zugleich aber sehnt er sich danach, wie alle anderen in ihr zu Hause zu sein. Und wenn er seinen Platz im Leben gefunden hat, wird auch die gewöhnliche Welt für ihn der Ort, an dem seine unruhige Seele Ruhe findet.
   → Sinnproblematik: Neid auf jene, die im Leben zu Hause sind
   → Wertmöglichkeit: Echtheit.

5. Der *Beobachter* braucht zunächst viel Abstand von dem, was ihm lebendig erscheint. Er bricht die Brücken ab, wenn andere ihm zu nahe kommen. Doch wenn er seine innere Einsamkeit tief genug spürt, sucht er jene Brücke auf, die ihn hinüberführt in den Garten der Menschen.
   → Sinnproblematik: innere Leere
   → Wertmöglichkeit: Offenheit

6. Der *Gemeinschaftsmensch,* auch der Loyale genannt, erweckt zunächst den Eindruck, als brauche er andere Menschen mehr als sich selbst. Er geht in ihrer Gemeinschaft auf, besonders dann, wenn sie ihm gleichgesinnt sind. Doch wenn er zu spüren beginnt, daß er »mehr« ist als einer unter anderen, richtet er sich auf und geht auch seinen eigenen Weg.

→ Sinnproblematik: Angst, er selbst zu sein
→ Wertmöglichkeit: Mut zu sich selbst.

7. Der *Glückssucher* sucht die Lust, die Freude, das Glück und findet es oft. Und wenn er es gefunden hat, jagt er gleich neuem nach. Wenn aber die Niederungen des Daseins wenig Glücksgründe herzugeben scheinen, schwingt er sich auf und sucht sie (zunächst) in den Wolken. Doch wenn er zu begreifen beginnt, daß auch das Dunkle Leben ist, beginnt er, das ganze Leben zu lieben.
   → Sinnproblematik: Maßlosigkeit
   → Wertmöglichkeit: Heiterkeit[23].

8. Der *Starke*, der Boß, ist tief in seiner eigenen Kraft verwurzelt. Er braucht Herausforderungen, um seine Kraft zu spüren. Kampf ist für ihn Leben. Leben ist für ihn (zunächst) Kampf. Doch das verborgene Kind in ihm kennt und liebt auch das zarte Spiel.
   → Sinnproblematik: Machtlust
   → Wertmöglichkeit: Güte.

9. Der Ursprüngliche, »der Stille im Lande«, fühlt sich (zunächst) in seiner eigenen, verborgenen Welt am wohlsten. Die Welt, sie ist ihm oft lästig und lenkt ihn von dem ab, was er in sich selbst erlebt. Doch beginnt er sich ihr zu öffnen, wird sie auch für ihn lebenswert.
   → Sinnproblematik: Antriebsarmut
   → Wertmöglichkeit: Verantwortung.

Wer den einen, zu seinem Typus gehörenden Wert zu leben beginnt, wird die Erfahrung machen, daß sich ihm auch die »Türen« zu anderen Werten öffnen. Ein Beispiel:

> Jemand, der geduldig ist, hat wenig Angst. Er scheut nicht die Nähe der Menschen, sondern läßt sich auf sie ein. Er übernimmt auch, wenn es die Situation verlangt,

Verantwortung. Er läßt anderen Raum und behandelt sie liebevoll, vielleicht sogar gütig. Deshalb sagt er auch die Wahrheit. Er flieht nicht vor der Welt, sondern findet dort Heimat, wo er nun einmal ist. Er braucht auch nicht ständig mehr, sondern ist mit dem zufrieden, was er hier und heute findet. Und sicher wird er im Lauf der Zeit viel vom Leben und seinen Gesetzmäßigkeiten erfahren.

3. Jeder Mensch ist von vier weiteren Gegebenheiten bestimmt:
   – vom persönlichen Bewußtsein
   – vom kollektiven Bewußtsein
   – vom persönlichen Unbewußten
   – vom kollektiven Unbewußten.

- Das persönliche Bewußtsein meint den Verstand, das logische Denken, die Entscheidung zum Handeln, die Wahrnehmung, das Erleben, das Erfühlen, die Vergegenwärtigung von Vergangenem, Gegenwärtigem und Zukünftigem, die Bewußtmachung meiner selbst nach innen und nach außen.
- Das kollektive Bewußtsein meint die allgemeinen Denkgewohnheiten, Anschauungen, Überzeugungen, die kulturell bedingten Werte, meint das, was Menschen in ihrer Zeit im allgemeinen denken und empfinden.
- Die Kraft des Bewußtseins ist abhängig von physiologischen Vorgängen, von der Erziehung, von der gegenwärtigen Situation, vor allem aber von der Art des Umgangs mit dem Unbewußten.
- Das »persönliche Unbewußte« (Jung) ist das »Sammelbecken« der persönlichen Lebenserinnerungen, nicht nur der negativen, auch der positiven.
- Das allgemein-menschlich Unbewußte (Jung) ist das »Sammelbecken« der Erinnerungen der Menschheit im allgemeinen und aller Kulturen im besonderen.

Diese Erinnerungen kommen vor allem in den Urbildern zum Ausdruck (z. B. Wind, Meer, Berge, Feuer). Diese tief in der Seele beheimateten Bilder sind, so C. G. Jung, »ein immenses Reservoir an geschichtlicher Erinnerung, in welcher essentiell die ganze Menschheitsgeschichte gespeichert ist«. Nicht nur das: »Alle nur vorstellbaren Situationen und alle möglichen Lösungen sind im kollektiven Unbewußten aufbewahrt.«[24]

Jede menschliche Seele hat die Tendenz, das, was in ihr vorgeht – z. B. Ahnungen und Gefühle –, in anschauliche Bilder zu übersetzen. *Jeder* Mensch hat innere Bilder. Sie zeigen sich ihm in Erinnerungen, Phantasien und Ideen, in Träumen des Tages und der Nacht. So entstanden Märchen und Mythen, so entstehen Träume und Imaginationen.

Die inneren Bilder sind die Brücke zwischen unserem Bewußtsein und unserem Unbewußten. Sie haben Mittlerfunktion. Deshalb fühlt und erlebt ein Mensch sich erst dann als ganzer, wenn beide Welten in ihm in angemessener Weise miteinander verbunden sind.

> »Wir träumen von Reisen ins Weltall.
> Ist denn das Weltall nicht in uns?
> Die Tiefen unseres Geistes kennen wir nicht.
> Nach innen geht der geheimnisvolle Weg.
> In uns oder nirgends
> ist die Ewigkeit mit ihren Welten,
> die Vergangenheit und die Zukunft.«
> *(Novalis 1798)*

4. Jeder Mensch ist eine Einheit und Ganzheit *von Kör-per, Seele und Geist*. Diese drei Dimensionen sind zwar in Art und Ausdruck unterschiedlich, doch bildet jede für sich das Menschliche ab. Der Körper trägt den Menschen. Die »Seele« – ein Sammelbegriff für das Unsichtbare im Menschen – ist die Dimension, in der er empfindet, fühlt und erlebt, was Geist und Körper leben.

Körper und Seele sind zwar die vitale Basis des Menschen, zugleich aber begrenzen sie ihn und sind daher eine ständige Herausforderung für den Geist[25], sich auf die Werte auszurichten, die Leben wertvoll machen.

5. Der Gegenpol des Geistes ist der Trieb – z. B. der Aggressions-, Sexual-, Besitz-, Geltungstrieb. Das Spezifische des Triebes liegt in seinem Treiben, Drängen, »Schieben«, Überwältigen.

GEIST	TRIEB
Intentionalität	Drang
Sinnorientiertheit	Determiniertheit

Geist und Trieb sind zwar gegenpolig, doch bedarf einer des anderen. Der Geist bedarf der »Schubkraft« der Triebe, sie wiederum erfüllen nur dann ihren Sinn, wenn der Geist sie sinnvoll leitet.

6. Der bedrängendste Gegner des Geistes ist der ungesteuerte Aggressionstrieb in seiner Doppelgestalt: als Aggression gegen andere und anderes und gegen den Menschen selbst. Dieser Gegner gehört zu jedem Menschen, ob er es wahrhaben möchte oder nicht. Er zeigt sich eindrucksvoll in Träumen und Imaginationen in Gestalt des Inneren Gegenspielers[26]. Die Bewußtwerdung dieser Tatsache sowie die Erfahrung,

daß nur der Gegenpol der ungesteuerten Aggression, die Lebensbejahung – sie zeigt sich als Innerer Verbündeter – Menschwerdung ermöglicht, gehören zu den fundamentalen Voraussetzungen der Wertorientierten Persönlichkeitsbildung. Das außer dem Sinnlosigkeitsgefühl andere große Problem unserer Zeit, die Angst, hat in der ungesteuerten Aggressivität seine Ursache.

7. Das primäre Motiv des Menschen, das also, was ihn am meisten bewegt, ist seine *Suche nach Sinn*, und sei ihm diese menschliche Gegebenheit noch so wenig bewußt. Nach nichts verlangt ihn mehr, nichts entscheidet mehr über seine Einstellung zum Leben und die Qualität seiner ihm gegebenen Zeit als seine persönliche Sinnerfahrung. Die tiefste Sinnerfahrung ist dem möglich, der dem Grund seiner Seele begegnet.

8. Die *Möglichkeit der Freiheit* gehört zu den besonderen Eigenschaften des Menschen. Sie ist Ausdruck des Geistes. Freiheit ist die jedem gegebene Möglichkeit, sich zu sich und anderem Leben verhalten zu können. Doch Freiheit ist kein Trieb. Sie stellt sich nicht von selbst ein. Die Kraft, sie Wirklichkeit werden zu lassen, wächst in dem Maße, in dem ein Mensch sie an seine Verantwortung bindet.

   Grenzen sind Bedingungen zur Entwicklung von Freiheit. Grenzen fordern sie heraus. Grenzen fordern das besonders Menschliche im Menschen heraus.

9. Alles Leben ist vom Wechselspiel polarer Strukturen beeinflußt oder bestimmt. Alle »negativen« Gefühle, wie die Aggressivität oder die Angst, sind deshalb keineswegs nur Gegebenheiten, sondern Herausforderungen, sich in Freiheit auch deren Gegenpolen zuzuwenden, z. B. der Liebe und dem Mut.

10. Alles Leben ist Leben in einem großen Netzwerk, dessen Elemente sich wechselseitig beeinflussen. Deshalb ist der Blick über den individuellen Horizont hinaus eine bleibende Aufgabe und Möglichkeit für jeden Menschen, weil er nur so sein Sein im Leben begreifen und verantworten kann.

11. Jeder Mensch ist beides: *Individuum* und *Gemeinschaftswesen*. Daher ist hinreichende Wert- und Sinnerfahrung nur dem möglich, der beide Bereiche hinreichend lebt, das eigene Leben ebenso wie die Beziehung zu anderen und anderem.

12. Die Welt, in der wir leben, ist unsere Welt. Die Zeit, in der wir leben, ist unsere Zeit. Das Leben, das wir in dieser Welt und dieser Zeit leben, ist unser Leben. Diese unsere Welt in dieser unserer Zeit ist beides: unsere Gefährdung und unsere Möglichkeit, zugleich unsere Aufgabe. Diese Aufgabe können wir annehmen, wir können sie ablehnen. Doch wenn wir sie ablehnen, verlieren wir alles, was wir haben.

13. Jede Lebensphase hat ihre eigenen Schwierigkeiten und ihre eigenen Möglichkeiten. Jede Phase hat daher ihren eigenen Wert. Keine ist »besser« als die andere, keine birgt mehr Glück in sich und keine mehr Unglück, weil nie die Zeit, sondern nur die Einstellung zu ihr darüber entscheidet, wer man ist und wie man lebt.

14. Fast jede Krise kann eine Gunst sein. Denn: »Was Geist ist, erfaßt nur der Bedrängte«[27]. Fast jede Krise ist das Fieber der Seele, die ihren Sinn nicht hinreichend fühlt und deshalb sinnvolles Leben will. Sie ist Ausdruck von ungelebtem Leben, das darauf wartet, ausgelebt zu werden. Fast jede Krise ist eine Heraus-

forderung zum Leben. In jeder Krise kann ein Mensch erfahren, daß er »mehr« ist als sein Problem.

> Als der Vogel der Hoffnung von seinem Höhenflug nach Hause kam und seinen bedrückten Geschwistern freudig das Lied vom aufgehenden Licht singen wollte, verboten sie ihm den Schnabel. Sie hatten gerade beschlossen, dem Vogel der Angst Gehör zu schenken. Der Grund? Sie hielten ihn für erfahrener.[28]

15. Das Vergangene prägt zwar den Menschen, die Hoffnung aber zieht ihn in neue Erfahrungen. Denn Hoffnung ist das Gefühl, daß neuer Sinn sich zeigen kann. Es gibt zwei Formen von Hoffnung: Die eine bezieht sich auf Bestimmtes, die andere auf Unbestimmtes.

Wer auf Bestimmtes hofft, hofft z. B. auf die Wiederkehr des geliebten Menschen, die Überwindung der Krankheit, die Beendigung des Krieges. Die konkrete Form der Hoffnung zielt in die Welt der Wünsche, hat auswechselbare Ziele und kann deshalb enttäuscht werden.

Die größere Hoffnung richtet sich auf nichts Konkretes. Sie richtet sich auf Unbestimmtes. Die größere Hoffnung erfüllt sich nicht im schmalen Land der Vorstellungen und Wünsche. Sie überschreitet dessen enge Grenzen. Sie richtet sich auf Sinn aus. Und sie verzagt nicht gleich, wenn der Sinn sich noch verborgen hält.

16. Am Horizont jeden menschlichen Lebens wartet der Tod. Er ist die Bedingung von Sinnerfahrung. Denn nur weil unser Leben begrenzt ist, suchen wir sinnvolles Leben *in* der Zeit.

17. Nicht die Ausbildung des Verstandes, sondern die »Herzensbildung« ist ein besonderer Wert. Herzens-

bildung ist Ausdruck des Wohlwollens dem Leben gegenüber. Darüber hinaus weiß die »logique du coeur« (Pascal), die Logik des Herzens[29], von Gründen zum Sinn, die der Verstand nicht einmal ahnt. Diese Logik ist die Quelle unmittelbarer Gewißheit, welche Werte lebenswert sind und welche nicht.

18. Den Wunsch, das eigene Leben zu verändern, haben viele. Doch nur wenige sind bereit, sich dafür einzusetzen. Die Erkenntnis, daß das Leben auch anders verlaufen könnte, haben viele. Doch nur wenige muten sich zu, den anderen Verlauf auch selbst zu bewirken. Jede Befreiung zu einem glücklicheren Leben verlangt persönliche Verantwortung, also persönliche Arbeit. Doch manchmal ist es auch das »Leben« selbst, das Menschen verwöhnt, beglückt und befreit. Denn das »Leben« kennt die für Menschen unverfügbare Gnade.

Die Märchen wissen mehr als die gängige Schulweisheit von den Zwangsläufigkeiten des Unglücks und den Bedingungen des Glücks. Sie geben Auskunft über die wichtigen Spielregeln der tieferen Wirklichkeit.

Zu den Hauptregeln gehört diese:
Kein Prinz erobert seine Prinzessin ohne Entbehrungen, Bemühungen und Kampf. Hexen wollen ihn verführen, Verräter nehmen ihn gefangen, wilde Tiere trachten nach seinem Leben, Berge verschließen ihm den Weg. Diese und viele andere Hindernisse hat der Glückssucher zu überwinden. Und er überwindet sie und gelangt zum Ziel, wenn er das eine, wonach ihn verlangt, unbedingt und also mit ganzem Herzen will.[30]

Anregungen zur Vertiefung

1. Eine Geschichte zum Nachdenken:

   Ein Vogelkundler entdeckte in einem Hühnerhof einen Adler, den sein Besitzer ein Huhn nannte, weil er ihn zu einem Huhn erzogen hatte. Der vogelkundige Mann widersprach ihm, und so beschlossen beide eine Probe.

   Der Vogelkundler nahm den Adler, hob ihn in die Höhe und beschwor ihn: »Adler, der du ein Adler bist, breite deine Schwingen aus und fliege!« Doch der blickte dumpf umher, sah die Hühner Körner picken und sprang in den Hof zurück.

   Am nächsten Tag wiederholte der Vogelkundler seinen Versuch, stieg mit dem Tier aufs Dach des Hauses und erinnerte ihn eindringlich an seine Herkunft, vergeblich.

   Ein letztes Mal erlaubte der Hofbesitzer einen Versuch. Der vogelkundige Mann stieg mit dem Adler auf den Gipfel eines Berges, den die Sonne in gleißendes Licht getaucht hatte. Wieder hob er den Vogel hoch und sprach: »Adler, der du ein Adler bist, du gehörst dem Himmel und nicht der Erde. Breite deine Schwingen aus und fliege!« Bewegung ging durch den großen Leib, aber er flog nicht. Da streckte der Mann den Hals des Adlers in Richtung der Sonne – der Vogel breitete seine mächtigen Schwingen aus, erhob sich mit einem Schrei und flog der Sonne entgegen.

   (Nach einem afrikanischen Märchen)

2. Sätze zum Nachdenken

   - »Menschen sind stark, solange sie eine starke Idee vertreten; sie werden ohnmächtig, wenn sie sich ihr widersetzen.«[31]

   - »Leben heißt etwas Aufgegebenes erfüllen; und in dem Maße, wie wir es vermeiden, unser Leben an etwas zu setzen, entleeren wir es.«[32]

   - »Die wenigsten Leute haben auch nur einen Augenblick ihres Lebens wirklich gewollt, ebenso wenig geliebt ...«[33]

3. Fragen zum Nachdenken

- Ich kann selbst auf mein Leben einwirken – kann ich das?
- Sage ich zum Leben Ja, Jein oder Nein?
- Ahne ich, wer ich sein könnte?
- Welchen Wert möchte ich mehr als bisher leben? Mut, Liebe, Freiheit oder?

Von der Voraussetzung, gegenwärtig leben zu können

Die Macht der alten Bilder

Sie kennen das? Da kommen die Bilder der alten Zeit zurück. Sie haben sie nicht gerufen. Sie wollen sie gar nicht sehen, doch drängen sie sich Ihnen auf. Augenblicklich verändern sie Ihre Stimmung. Diese Bilder dunkeln Ihre Seele ein, durchziehen Sie mit Schmerz, pressen und drücken Sie, lösen die alte Hilflosigkeit aus und die alte Trauer. Sie sehen die Menschen von damals wieder vor sich: ihre Gesichter, ihre Blicke, ihre Gebärden. Sie sehen, was sie tun. Sie hören ihre Stimmen, ihre Worte. Sie gehen wieder durch die alten Räume. Sie stehen auf den alten Plätzen. Sie hören die alten Lieder. Sie fühlen, wie all das, was war, Ihnen wieder nahekommt. Es scheint, als gäbe es kein Entrinnen vor der Vergangenheit. Die Bilder holen Sie in die alte Zeit zurück. Sie haben noch immer Macht über Sie.

Versöhnung mit der Vergangenheit

Zu den schwierigsten, doch wichtigsten Aufgaben im Leben gehört die Versöhnung mit dem, was war. Diese Aufgabe ist deshalb so wichtig, weil wir nur dann *geistes-gegenwärtig* leben, wenn wir in der Zeit leben.

Unser Bewußtsein hat ein anderes Zeitgefühl als unser Unbewußtes. Das Bewußtsein ist gegenwärtig orientiert, das Unbewußte dagegen umspannt Gegenwart und Vergangenheit und manchmal auch Zukünftiges. Zwar sind die vergangenen Ereignisse, die das Leben eindunkelten, in dem Moment, in dem sie geschahen, bereits wieder vergangen. Die mit den Ereignissen verbundenen Gefühlskräfte aber bleiben so lange gegenwärtig, bis wir uns mit ihnen auseinandergesetzt haben.

Die Seele verlangt nach innerer Ordnung, und zu dieser Ordnung gehört, daß ein Mensch so wenig wie möglich auf seinem Weg durchs Leben ungeordnet liegen lassen darf. Deshalb gibt sie keine Ruhe, bis wir uns mit den alten Verletzungen, Aggressionen, Traurigkeiten, Enttäuschungen, unerfüllten Wünschen, Sehnsüchten, bis wir uns mit all dem, was unerledigt geblieben ist, noch einmal befaßt haben.

Niemand kann gegenwärtig leben, der zu dem, was er an Schwerem zurückgelassen hat, nicht Stellung bezogen hat. Darum ist die Versöhnung mit dem alten Leben eine hauptsächliche Voraussetzung für Sinnfindung hier und jetzt.

Das Unbewußte vergißt nichts. Das ist beglückend im Blick auf alle kostbaren Stunden, die wir erlebt haben – eine Bedrohung allerdings für jeden, der sich von dem, was in der alten Zeit für ihn zu schwer war, nicht verabschiedet hat.

Zeigen aber nicht zahllose Schicksale, daß man von seinen alten Verletzungen offensichtlich nicht loskommen kann? Gehört nicht gerade das zum gesicherten Wissen, daß ein Mensch in Kindheit und Jugend entscheidend geprägt wird? Zeigt nicht die Erfahrung, daß sich Menschen selbst in späteren Jahren von ihren Verletzungen noch immer nicht erholt haben? Dies gilt, sofern die vergangenen Verletzungen in der Seele zurückbleiben und eine Auseinandersetzung mit ihnen nicht erfolgt ist. Es gilt nicht, wenn sie stattfindet. Zweifellos bleiben Narben zurück, zweifellos können Narben wieder einmal schmerzen. Sicher gibt es Stunden im Leben, deren Schatten bis zum Tod reichen. Und doch: Vielen Menschen ist es möglich, sich von dem, was war, so zu verabschieden, daß sie weithin gegenwärtig leben können.

Widerstände gegen das Vergangene loslassen

Die Sehnsucht der Menschen, sich auf die Gegenwart einzulassen, ist groß, nicht weniger groß auch der Widerstand gegen das Loslassen des Vergangenen. Eine allgemeine Ursache dafür liegt darin, daß die seelische Lebenskraft »eine bedeutende Trägheit (besitzt)« und »das Vergangene festhalten möchte«. Die Ursache dafür wiederum liegt einerseits in der polaren Struktur des Lebens und der mit ihr verbundenen Tendenz, auch gegen sich selbst sein zu können, andererseits in der dem Menschen »ureigenen Erinnerung an das lost paradise«[34].

Darüber hinaus gibt es eine Reihe spezifischer Ursachen und Gründe, die die Versöhnung mit dem alten Leben behindern. Sie haben sich mir in der Praxis gezeigt. Sollten Sie sich für diese »Liste« interessieren, wäre es gut, wenn Sie sich beim Nachdenken über den einen oder anderen Punkt Zeit ließen und sich fragten:

Kann es sein, daß ich von der Vergangenheit nicht loskomme,
- weil ich meine, da wären zu viele verlorene Jahre, um neu beginnen zu können?
- Weil ich meine, ich dürfte »das alles«, was so schwer war, nicht vergessen?
- Weil sich meine Erwartungen von damals (an die Eltern oder andere) noch immer nicht erfüllt haben und

ich darauf warte, endlich zu bekommen, was mir zusteht?

- Weil ich noch immer darauf warte, daß sich z. B. Vater
  oder Mutter, Mann oder Frau, Freund oder Berufskol-
  legin verändern?
- Weil ich Menschen von damals nicht aus ihrer Verantwortung für den Verlauf meines Lebens entlassen und
  ich auf meine Anklage oder Rachegefühle nicht verzichten will?
- Weil ich mit meinem Unglücklichsein meine Eltern
  strafen will?
- Weil ich ein Alibi für mein nicht gelungenes Leben
  brauche und die Verantwortung für mein heutiges nicht
  übernehmen möchte?
- Weil ich vom Leben beleidigt bin und deshalb kein
  neues »Spiel« mehr will?
- Weil ich von der süßen Bitterkeit der Erfahrungen nicht
  lassen kann und mein tragisches Gebaren noch nicht
  durchschaut habe?
- Weil ich mich noch immer schuldig fühle und meine,
  die alte Schuld sühnen zu müssen –, weil ich mich darüber hinaus in einem größeren Schuldzusammenhang
  sehe, aus dem es kein Entrinnen zu geben scheint?
- Weil ich mein ganzes Leben hasse?
- Weil ich überhaupt Mühe habe, Altes loszulassen, da
  meine Gedanken an allem zu lange haften?

Was wäre denn, wenn wir frei sein könnten von belasten-
der Vergangenheit?

Wir lebten nicht in verschiedenen Zeiten.

Wir lebten hier und jetzt, nutzten die Gunst der Stunde
und die damit verbundenen Möglichkeiten.

Wir wären geistesgegenwärtig.

Wir wären gesammelt.

Wir wären bei der Sache.

Wir wären nicht gespalten.

Wir wären mit uns eins.
Wir wären bei uns selbst.
Wir könnten zu uns stehen.
Wir wären frei für unser Leben.
Wir lebten in der Zeit.

Typologische Unterschiede im Umgang mit der Vergangenheit

Die neun unterschiedlichen Typen des Enneagramms haben verschiedene Beziehungen zu den alten Verletzungen. Es ist wichtig, sie zu kennen. (Die folgenden Hinweise beziehen sich selbstverständlich nicht auf gereifte Persönlichkeiten):

- Der *Reformer* haftet stark am alten Leid, weil es häufig in ihm Schuldgefühle oder starke Wut auslöst.
- Der *Helfer* ängstigt sich vor dunklen Erinnerungen, weil er sich nicht seinen Aggressionen stellen möchte.
- Der *Erfolgsmensch* hat die Tendenz, das Dunkle zu leugnen, weil es sein positives Selbstbild stören könnte.
- Der *Romantiker* ist offen für das Schwere, denn er möchte verstehen, woher sein Sehnsuchtsgefühl kommt.
- Der *Beobachter* ist interessiert an der Aufklärung früherer Zusammenhänge, weil er Überblick braucht.
- Der *Loyale* fürchtet sich vor der Auseinandersetzung mit dem früheren Leben, weil er sich selbst zu wenig zutraut.
- Der *Glückssucher* möchte die Begegnung mit den alten Schmerzen vermeiden, weil sie sein gegenwärtiges Lustempfinden stören würden.
- Der *Starke* will wissen, was war. Er fühlt sich stark genug, sich dem, was geschehen ist, zu stellen.
- Der *Ursprüngliche* ist offen für die Einsichten in seine eigene Entwicklung, so wie er offen ist für alles Frühere.

Wege, das Vergangene sein lassen zu können

- Erzählen Sie einem vertrauten, hörfähigen und verschwiegenen Menschen die ganze Geschichte Ihres Lebens! Klagen Sie sich aus, weinen Sie sich aus, empören Sie sich über das, was war – und beziehen Sie Stellung zu allem! Stellung beziehen heißt, mit den Augen von heute das Schwere von einst noch einmal zu bedenken, zu befühlen und es in den Gesamtzusammenhang des Lebens einzuordnen. Und lassen Sie auch die Erinnerungen zu, die damals Ihr Herz wärmten.
- Vielleicht ist da niemand, dem Sie von sich erzählen mögen. Dann schreiben Sie auf, was Ihnen aus Ihrem alten Leben wichtig ist. Schreiben Sie alles in ein großes Buch hinein, schwarz auf weiß. Dann haben Sie ein Dokument, eine *Ur-Kunde*. Schon während Sie zu schreiben beginnen, werden Sie die Wohltat spüren, Worte für Erlebtes zu finden. Denn jedes Wort, das die Wahrheit berührt, ist ein Tropfen Balsam für die Seele. Was Sie niederschreiben, schreiben Sie aus sich heraus. Es befreit und entlastet Sie, weil alles, was Sie niederdrückt, die Trauer, der Zorn und vieles andere mehr, den Weg nach draußen sucht.
- Wenn Sie sich allein mit der alten Zeit auseinandersetzen wollen, können Ihnen folgende Anregungen die Arbeit erleichtern:

Das, was andere mir an Schwerem zugefügt haben:
- Worte, die mich besonders verletzten ...
- Ereignisse, die mein Leben veränderten, ohne daß ich es wollte ...
- Ärger kommt auf, Groll, Wut, Haß und Wehmut, Sehnsucht, ziehender Schmerz, wenn ich nur daran denke ...
- Da waren Menschen, die mir übel mitgespielt haben ...
- Wie waren die Zeiten, in denen »das alles« geschah – , wie entwickelte sich »das alles«?

76

- Worüber kann ich noch immer nicht reden?
- Was war aus damaliger, was aus heutiger Sicht das Schwerste?

Das, was ich mir selbst zugefügt habe:

- Habe ich jene Entwicklung, die mein Leben so radikal veränderte, nicht kommen sehen?
- Verstehe ich heute, warum ich damals »diese« Entscheidung traf?
- War es schicksalhaft notwendig, daß ich »jenen« Weg ging?
- Kann es sein, daß ich mehr Initiative hätte ergreifen sollen, als die anderen mich drängten?
- Ich war damals zu schwach – zu schwach?
- Vater/Mutter/der Partner/die Partnerin/die großen Kinder und andere haben Fehler gemacht. Ob sie mein Leben bestimmt haben? So gering war meine Entschlossenheit, den eigenen Weg zu gehen?
- Habe ich Sinn für mich gesucht? Mit ganzem Herzen?
- Vielleicht aber konnte ich wirklich nicht anders, als den alten Spuren zu folgen ...

Das, was mir vom Leben zuteil wurde:

- Mutter/Vater/mein Mann/meine Frau haben auch die eine oder andere liebenswerte Seite gehabt ...
- Da waren Menschen, die gut zu mir waren ...
- Mir fallen fünf erfreuliche Dinge/Ereignisse/Erlebnisse aus der Vergangenheit ein ...
- Wenn ich an die alten Liebhabereien denke ...
- Manchmal hatte ich Glück ...
- Es gab eine Zeit, die war besonders schön ...

Das, was an Gutem durch mich selbst kam:

- Ja, ich habe einige wichtige und richtige Entscheidungen getroffen ...
- Manchmal habe ich meine Kraft gespürt ...

- Ich hatte einmal eine Zeit, da machte ich keine Kompromisse ...
- Ich hatte einmal eine Zeit, da vertraute ich mir selbst ...
- Ich hatte einmal eine Zeit, da wußte ich, was Freiheit ist ...
- Ich hatte einmal eine Zeit, da konnte ich lieben ...

Was überwiegt in mir, wenn ich an die alten Zeiten denke: das Helle oder das Dunkle? Es ist so wichtig, sich auch der guten Zeiten bewußt zu werden! Denn nur dann, wenn wir uns auch an die sinnvollen Tage erinnern, erhält das Belastende seinen angemessenen Stellenwert im Gesamtzusammenhang der Lebensgeschichte.

> Ein berühmter Clown wurde einmal von einem Journalisten auf seine großen Verluste im Leben – Menschen und Besitz – angesprochen: »Sind Sie nicht verbittert?« »Nein. Wie kommen Sie darauf?« »Weil Ihnen doch alles, was Ihnen lieb und teuer war, abhanden gekommen ist.« Daraufhin wurden dem alten Mann die Augen ganz weit, und er sagte, noch immer über die Frage staunend: »Das hab' ich doch gehabt«, – und noch einmal, um ja nicht dieses kostbare Wissen ungehört zu lassen: »Das hab' ich doch gehabt.«

- Manchmal läßt sich das Schwere durch sinnvolles Leben in der Gegenwart *überleben*. Und wann immer das geschieht, gewinnen die starken Lebensgefühle die Oberhand, so daß die dunklen Erinnerungen im Lauf der Zeit verblassen. Deshalb die Frage: Was betrachten Sie heute als die Hauptsache in Ihrem Leben? Und ist das, was Sie für die Hauptsache halten, das, was Sie auch hauptsächlich leben?
- Abstand zur alten, belasteten Zeit gewinnen Sie auch dadurch, daß Sie Ihren Lebensfluß malen (z. B. auf einer längeren, tapetenartigen Fläche). Sie werden Ihr »Werk« nicht ohne Stolz betrachten, weil sich das Ge-

fühl einstellen wird, daß dieser Lebenslauf Ihr eigener und daher mit keinem anderen vergleichbar ist. Das jedenfalls berichten die, die sich auf diesen Vorschlag einlassen.

Sie haben sich daran gewöhnt, daß Sie nicht ganz in der Zeit leben? Sie lassen zu, daß die Bilder versunkener Zeiten Ihre Beziehung mit echtem, blutvollem Leben hier und heute behindern? Sie lassen zu, daß Sie sich dem Vergangenen halb öffnen und sich dem Gegenwärtigen halb verschließen? Sie bleiben hängen zwischen den Zeiten – mit dem einen Teil der Seele im Gestern, mit dem anderen im Heute? So wenig verlangt Sie danach, die Gewölbe der Seele zu erkunden, die noch immer darauf warten, mit neuen Erfahrungen gefüllt zu werden?

An der Pforte des Todes werden wir uns einmal fragen, ob wir uns genügend ausgelebt haben – ausgelebt in den Zeiten, die uns offenstanden. Wenn Sie trotz der angedeuteten Hilfen nicht zur Ruhe kommen, sollten Sie nicht zögern und fachliche Hilfe in Anspruch nehmen.

Ein Beispiel, wie sie aussehen kann:
Nach einer Reihe von Gesprächen und mehreren Wertimaginationen begleitete ich einen Mann zu seinem »Inneren Versöhner«. Der Mann war gekommen, weil er zwar »funktionierte«, doch keine echten Beziehungen zu Menschen entwickeln konnte. Gefühle waren ihm fremd. Die Ursache lag zweifellos in seiner äußerst problematischen Mutterbeziehung. In der folgenden Imagination erlebte er dieses:

Bald nach dem Einstieg in die innere Welt sieht der Mann den Inneren Versöhner, der, wie alle inneren Gestalten, zunächst fremd auf ihn wirkt. Er trägt ein langes, helles Gewand, strahlt Güte, Liebe, Wärme und Kraft aus. Er sitzt vor einem bescheidenen Haus.

Der Versöhner bedeutet dem Mann, sich neben ihn zu setzen. Dann spielt er für ihn auf einer Flöte eine Sehnsuchtsmelodie. Dabei empfindet der Mann selbst eine tiefe Sehnsucht, weiß jedoch nicht, wonach er sich sehnt.

Danach führt der Fremde ihn an einen Waldrand. Dort sieht er seine Mutter. Sie ist gefesselt. Als er auf sie zugehen möchte, weicht sie zurück. Mit großen, verängstigten Augen sieht sie ihn an. Dann weint sie. Er umarmt sie, bleibt dabei jedoch gefühllos. Er möchte sich versöhnen, kann es jedoch nicht.

Hilflos schaut er sich nach dem Versöhner um. Dieser winkt ihm zu und bedeutet ihm, er möge sich seinem eigenen Herzen zuwenden. Sein Herz wirkt zunächst dunkel.

Ich empfehle ihm, in die Mitte des Herzens zu sehen. Da ist er überrascht, denn die Mitte ist hell. Nicht nur das: Er sieht darin seine Mutter, und auch sie erscheint hell. Sie lächelt ihn an, wirkt sehr gelöst. Nach einiger Zeit umarmen sie sich lange und weinen Freudentränen.

Welche Mutter sah er denn da? Natürlich nicht die reale. Er sah das (personifiziert) Mütterliche in sich selbst, nach dem er sich so lange gesehnt hatte. Diese neue Erfahrung versöhnte ihn auch mit seiner konkreten Mutter, so daß er sagen konnte: »Mit Sicherheit werde ich ihr demnächst anders begegnen.«

Fragen zum Nachdenken:
- Ahne ich, was es bedeutet, daß die Vergangenheit, wie immer sie war, mir gehört?
- Was würde ich immer wieder – was würde ich heute anders machen?
- Weiß ich, was ich unter keinen Umständen wiederholen würde?
- Weiß ich, was ich heute, anders als in der Vergangenheit, pflegen würde?

- Weiß ich, ob das Schwere, das ich erlebte – ob selbst-verschuldet oder nicht – mir nur zum Nachteil geriet?
- Kann es sein, daß späteres Glück sich einstellte, weil das Schwere nach Ausgleich verlangte?

Eltern sind nicht an allem schuld –
Von der Möglichkeit der Selbstverantwortung

Die Legende von der Allverantwortlichkeit der Eltern

Es scheint so, als werde in unserer Zeit die Legende von der Allverantwortlichkeit der Eltern für die Schwierigkeiten und Probleme ihrer groß gewordenen Kinder noch immer wie kaum eine andere gepflegt. Ich kann diese Legende nicht mehr hören! Sie ist falsch, inhuman, frei von jeder Einsicht in anthropologische Zusammenhänge, arm an typologischen und tiefenpsychologischen bzw. tiefennoologischen[35] Erfahrungen. Darüber hinaus ist sie eine Ursache der Spaltung vieler Familien, durchweinter Nächte älterer Menschen und vor allem – eine massive Blockade auf dem Weg zur Reifung der jüngeren.

> Soeben ist er gegangen. Ohne Gruß. Er hat die Tür hinter sich zugeschlagen. »Ich will nichts mehr mit Euch zu tun haben,« hat er gesagt, leise, drohend, erschreckend kalt. Die Mutter hat ihn gebeten, zum Abendessen zu bleiben, doch der Sohn hat den Satz mit einer unwirschen Handbewegung weggewischt.
>
> Der Vater steht am Fenster, sieht irgendwohin. Er denkt nichts, fühlt nichts, ist wie betäubt. Da ist keine Wut, keine fühlbare Trauer, nur Ohnmacht, vielleicht eine Spur Bitterkeit. Die Mutter sitzt auf der vorderen Kante des Sessels, die Hände verkrampft, den Kopf gesenkt. Leise weint sie vor sich hin.
>
> Es ist nicht das erste Mal, daß die beiden mit ihrem Ältesten Streit haben. Dieses Mal jedoch scheint es, als mache er wahr, was er gesagt hat. Worum ging es?

Um alte Vorwürfe. Bernd hatte sie oft geäußert. Es ging darum, daß der Vater für ihn zu wenig Zeit gehabt hatte, daß er zu autoritär gewesen war, daß er die ersten Freundinnen nicht akzeptiert, daß er ihn gezwungen hatte, die Schule bis zum Abitur durchzuhalten und so weiter. Auch darum, daß sich die Mutter in den Auseinandersetzungen hinter dem Vater versteckt und sich Mann und Sohn gegenüber unterschiedlich geäußert hatte, daß sie zu ihm zu wenig zärtlich gewesen und auch daß sie den Freundinnen gegenüber nicht freundlich genug gewesen war.

Wieviele Gespräche hatte es zwischen den Eltern und dem Sohn gegeben! Zunächst hatten sie sich wenig von ihrem »Sprößling« sagen lassen. »Unglaublich« hatte der Vater dessen Vorwürfe genannt und »unverschämt«. Die Mutter hatte Bernd wegen ihrer »weinerlichen Tour« nichts als Schuldgefühle »gemacht«. Irgendwann hatte er psychologisches Wissen durchblicken lassen, und darüber war der Vater besonders erbost gewesen.

Dann kam die Zeit, in der sich beide Eltern zu fragen begannen, ob denn alles, was der Sohn ihnen vorwarf, falsch sei. Sie sprachen auch mit Freunden darüber. Und was sie mühsam einzusehen begannen, sagten sie ihm, auch wenn ihnen diese »Bekenntnisse« nicht gerade leicht fielen. Er lenkte nicht ein.

Irgendwann teilte er ihnen mit – dabei wirkte sein Gesicht so leidvoll nicht –, er sei in Therapie. Er habe aufzuarbeiten, was sie an ihm versäumt hätten. Von dieser Zeit an waren die Gespräche mit Bernd überwiegend einseitig. Er klagte an, die Eltern entgegneten wenig. Sie fanden keine Worte mehr, die ihn berühren konnten.

Was hier geschildert wird, ist ein Ausschnitt aus zahllosen Dramen, die überall dort spielen, wo die Legende von der Allverantwortlichkeit noch immer die Beziehungen zwischen erwachsenen Kindern und deren Eltern bestimmt. Warum diese Legende nicht aufrechtzuerhalten ist, will ich in drei Abschnitten darlegen.

Selbst Eltern sind dem Gesetz der Polarität unterworfen

Zu den schwer verständlichen Dingen im Leben gehört die Tatsache, daß Eltern von ihren erwachsenen Kindern häufig so beurteilt werden, als ob sie dem Gesetz der Polarität enthoben, als ob nicht auch sie dem Spannungsfeld zwischen den Polen des Daseins ausgesetzt seien. Dabei ist alles Leben in dieser Welt vom Wechselspiel polarer Strukturen bestimmt. Sehen können wir es überall: Es gibt Tag und Nacht, Geburt und Tod, Natur und Geist, Mann und Frau, Liebe und Haß, Scheitern und Gelingen etc. Diese Grundstruktur des Lebens ist kein Aspekt einer bestimmten Weltanschauung, sondern eine leicht nachvollziehbare reale Tatsache. Doch wieviele Lebensprobleme resultieren gerade aus der Unkenntnis dieses Grundgesetzes! Und wieviele Nöte stellten sich anders dar, wenn deutlich wäre, daß beide Seiten des Daseins zum Leben gehören und nur der sinnvolles Leben erfährt, der nicht nur dessen helle Seite gelten läßt.

Selbstverständlich unterliegen auch Eltern diesem Gesetz. Warum aber wird gerade diese Gegebenheit so wenig akzeptiert?

Ein wesentlicher Grund dafür liegt in der tiefenpsychologischen Sicht der herausragenden Bedeutung der Eltern für das Wohl der Kinder. Diese oft vulgär mißdeutete These wirkte, nachdem sie sich herumgesprochen hatte, zunächst äußerst befreiend. Denn kaum etwas scheint befreiender zu sein als die Möglichkeit, eigenes Versagen oder Scheitern anderen anzulasten. Wie bedrängend dagegen Eigenverantwortlichkeit sein kann, hat überscharf Thomas Mann in dem Satz zum Ausdruck gebracht, das Schlimmste am Tod sei, daß man niemanden dafür verantwortlich machen könne.

Ja, auch Eltern versagen manchmal, scheitern manchmal, finden manchmal nicht das richtige Wort, treffen manchmal die falsche Entscheidung, lieben manchmal nicht genug. Das ist so. Das bleibt so. Das ist eine Realität, die wir uns nicht ausgesucht haben. Dagegen ist kein geistiges Kraut gewachsen. Weil das so ist, bedarf diese banale Tatsache einer neuen fühlbaren Bewußtwerdung. Deshalb bedeutet diese Tatsache zu verkennen nicht nur Realitätsferne, nicht nur einen gravierenden Mangel an Einsicht in die elementaren Gesetze des Daseins, sondern auch die Bedingung der Möglichkeit tiefer Störungen: von Streit, Wut, Haß, Trennung, Vereinsamung, von Blockaden auf dem Weg zur inneren Weiterbildung – für Eltern und Kinder.

Zu wenig beachtet:
Jeder Mensch hat auch einen Typus

Im besonderen die Typologie des Enneagramms kann Menschen von unnötigen Schuldgefühlen, unangemessenen Beschuldigungen anderer, druckmachender Selbst-Erwartung und krankmachender Erwartung an andere befreien. Darüber hinaus kann sie ein vertieftes Verständnis für die Eltern-Kinder-Beziehung wecken.

Durch Zufall entdeckte ich in Wertimaginationen, daß Menschen neben gattungsbedingten und individuellen Bildern auch typische Bilder haben. Dieses Phänomen bestätigte sich in vielen hundert weiteren Imaginationen. Ein weiterer Fund ist inzwischen durch viele hundert »innere Wanderungen« belegt: Auch die zu jedem Typus gehörende spezifische Sinnproblematik zeigt sich in typischen Bildern. Dabei handelt es sich um Symbole, die den Bereich der persönlichen Erfahrungen eindeutig überschreiten. Inzwischen haben viele Fachkollegen diese Tatsache in eigenen Imaginationen mit Staunen zur Kenntnis genommen.

Zwei Beispiele:

> Der zur Aggression neigende Typus des Reformers begegnet in der »Tiefe« immer wieder seinem Inneren Ankläger. Diese Gestalt wirkt streng, moralistisch, verurteilend, kleinmachend, überfordernd, mächtig, furchterregend, drohend, und sie läßt (zunächst) keinen Zweifel zu, wer der Stärkere sei.

> Der zur Distanzierung neigende Typus des Beobachters begegnet in der »Tiefe« dem »Ort der Leere«, einem Raum ohne Begrenzung, ohne Mitte, ohne Menschen, ohne irgendeinen Gegenstand. An diesem Ort erfährt er in verdichteter Weise seine Ich-Einsamkeit, sein Getrenntsein vom Lebendigen, seine Beziehungslosigkeit.

Diese Befunde, die ich hier nur andeuten kann, sind nicht nur für die therapeutische Arbeit bedeutsam – sie lassen auch allgemeine Rückschlüsse auf die Eltern-Kind-Beziehung zu:

1. Diese problematischen Bilder üben Macht aus, und solange sie unbewußt sind, bleiben sie mächtig und sind daher dem Bewußtsein kaum zugänglich. Sie schränken nicht nur den »guten Willen« der Kinder, sondern auch den der Eltern ein.

2. Besonders schwierig kann eine Beziehung zwischen Eltern und Kindern sein, wenn beide die gleiche typologisch bedingte Sinnproblematik haben und sich deshalb das eigene Versagen in dem des anderen spiegelt – oder dann, wenn sie einander typologisch sehr fremd sind und sich deshalb in die Problematik des anderen schwer einfühlen können.

3. Was folgt daraus? Viele Schwierigkeiten in der Beziehung zwischen Kindern und Eltern haben primär nicht mit Lieblosigkeit, mangelndem Engagement

oder Dummheit zu tun, sondern sind die Folge mangelnder Kenntnis vom Wesen des Typus, des eigenen und dem des anderen. Sie sind daher eher schicksalhaft zu nennen.

Nun hat jeder Typus nicht nur ein bestimmtes Bildmaterial, das die Sinnproblematik betrifft, sondern auch die Wertmöglichkeit. Dazu wieder Beispiele zu den eben beschriebenen »Typen«:

> Hat sich der *Reformer* mit seiner aggressiven Grundproblematik hinreichend auseinandergesetzt, zeigt sich ihm in der Imagination eine gänzlich andere Gestalt. Sie ist äußerlich weder mächtig noch imposant. Sie wirkt eher bescheiden, gelassen, geduldig, zulassend, gütig, liebevoll, und sie vermittelt ihm das Gefühl, sein zu dürfen, wie er ist.

> Hat sich der *Beobachter* mit seiner Grundproblematik, der inneren Leere, hinreichend auseinandergesetzt, zeigen sich auch ihm gegenpolige Bilder, Bilder der Fülle, der Offenheit und der Liebe zum Leben.

Was folgt daraus?

Was für Trieb und Sinn gilt, gilt auch für die typische Sinnproblematik und Wertmöglichkeit: Die Gefährdung drängt sich von selbst auf, die Möglichkeit muß man suchen. Wüßten Menschen mehr von diesen Zusammenhängen, sie würden einander weniger beschuldigen, sondern behilflich sein, das Beste aus sich herauszuleben.

Jeder Mensch ist frei und verantwortlich

»Die Eltern«, sagt Frankl, »geben bei der Zeugung eines Kindes die Chromosomen her – aber sie hauchen nicht den Geist ein ... Durch die überkommenen Chromosomen wird ein Mensch nur darin bestimmt, was er ›hat‹, aber nicht darin, was er ist ...«[36]. Dieser Satz ist im Zusammenhang unseres Themas von herausragender Bedeutung:

1. Eltern sind zwar die *Ursache, nicht aber der Grund* menschlichen Daseins. Daher ist ihre Verantwortung für die Kinder keine grundlegende, sondern nur eine partielle. Es ist ihre Aufgabe, sie ins Leben zu leiten, es ist nicht ihre Aufgabe, ihr Leben in Gänze zu verantworten.

2. Weil der *Geist kein Produkt der Zeugung* ist, sondern ein jedem Menschen ureigenes Phänomen, ist jeder für die Entfaltung des Geistes, d. h. seiner Freiheit, Verantwortlichkeit, Sinnsuche und Gestaltung seines persönlichen Lebens nach innen und außen letztlich selbst verantwortlich.

Mancher Leser wird einwenden, es gebe doch trostlose Kindheitsschicksale, die zu ebenso trostlosen Lebensläufen führten und für die primär die Eltern verantwortlich seien. Das trifft zu. Andere werden darauf verweisen, es gebe auch Menschen, die leiblich-seelisch nicht günstig ausgestattet und überfordert seien, wenn von ihnen die freie Gestaltung ihres Lebens verlangt werde. Dem widerspreche ich nicht. Viele werden auch sagen, generell bestehe doch wohl kein Zweifel an der Bedeutung der Erziehung für das Wohl und Wehe eines Menschen. Zweifellos ist das so. Worum also geht es?

Um die Überwindung der einseitigen Schuldverteilung zuungunsten der Eltern, um Werbung für die konkreten Möglichkeiten von Freiheit und Verantwortlichkeit zugunsten der erwachsenen Kinder, um das Herausstellen der Überzeugung, daß jedes Schuldverschiebespiel Menschen schwächt und jede Übernahme von Verantwortung stärkt.

Wann immer ein Mensch den Grund für sein persönliches Versagen an einen anderen delegiert, entfernt er sich von sich selbst. Je mehr er sich von sich selbst entfernt, desto weniger urteilsfähig ist er. Je weniger urteilsfähig er ist, desto undifferenzierter betrachtet er die Geschichte seines Lebens. Je undifferenzierter er sein Leben betrachtet, desto häufiger unterläuft ihm die Peinlichkeit, das Gute, das ihm gelang, sich selbst, das Versagen dagegen anderen, z. B. den Eltern, anzukreiden. Die Folge: Ein Mensch, der es sich erlaubt, persönliches Versagen anderen anzulasten, leidet an Wahrnehmungsstörungen, sieht die Gegenwart verzerrt und nimmt in Kauf, daß er die Werte verkennt, die er zu neuer Sinnerfahrung dringend bräuchte.

Andererseits: Wann immer ein Mensch den Grund für sein Versagen bei sich sucht, kommt er sich selbst näher. Je näher er sich selbst kommt, desto urteilsfähiger wird er. Je urteilsfähiger er wird, desto differenzierter wird er die Schwierigkeiten betrachten, die andere zu verantworten haben, z. B. die Eltern, und jene, die er sich selbst zuzuschreiben hat. Auch zeigt die Erfahrung, daß der Differenzierungsfähige in seinem Urteil über andere weit moderater ist als der Schuldverschieber. Je differenzierter ein Mensch die Geschichte seines Lebens betrachtet, desto klarer sieht er auch seine Gegenwart und desto leichter erkennt und verwirklicht er die Werte, die ihm neue Sinnerfüllung bringen.

Meinen Sie, lieber Leser, diese Reihe sei idealistisch gedacht, der Bogen der Freiheit und Eigenverantwortlichkeit überspannt? Das glaube ich nicht. Jedenfalls erfahre ich in meiner Arbeit immer häufiger, daß dann, wenn wir uns weniger auf die Suche nach den »Schuldigen« begeben und uns mehr auf die konkreten Wege der Freiheit konzentrieren, jene in den Hintergrund treten, die Eigenverantwortlichkeit dagegen eine seltsame Attraktivität gewinnt.

Freiheit ist mehr als ein Wort. Freiheit ist Ausdruck gestaltenden Geistes, jedenfalls dann, wenn sie sich auf bestimmte Werte ausrichtet. Freiheit ist auch mehr als ein Gefühl, sie ist eine Gefühlskraft, jedenfalls dann, wenn sie kein Verschiebespiel treibt, sondern sich – ein altes und doch so kostbares Wort – auf Wahrheitssuche begibt.

Freiheit gehört zum Menschen, und doch ist sie gefährlich. Denn wer sie dazu mißbraucht, die Verantwortung für sich selbst einem anderen »Selbst« zu überantworten, verkehrt sie ins Gegenteil und gerät unter Zwang.

Unruhig geht Bernd in seiner Wohnung auf und ab. Er zündet sich eine Zigarette an, drückt sie wieder aus. Er greift zum Hörer, legt ihn wieder hin. Er schaut aus dem Fenster und flucht über das Wetter. »Was ist los?«, sagt er laut vor sich hin.

Ein Vierteljahr hat er sich bei den »Alten« nicht gemeldet. Auch sie haben ihn nicht angerufen. »Ob sie 'was kapiert haben?«, fragt er sich. »Die werden nie 'was kapieren!«, sagt er laut – und wundert sich, daß er sich noch immer über die beiden aufregt. Ja, warum regt er sich so auf? Regt man sich über Menschen auf, die einem nichts (mehr) bedeuten?

Seine Unruhe läßt nach. Er setzt sich. Gedanken an die Therapie kommen ihm. Wann ist denn endlich Schluß damit? Anfangs war's ja spannend, allmählich wiederholen sich die Dinge. So richtig befriedigend ist das nicht mehr, dieses ständige Wiederkäuen der alten Schoten. Überrascht über sich selbst, hebt er den Kopf. Sind ja ganz neue Töne, denkt er. Aber Therapie muß sein, verteidigt er sich gegen sich selbst. Therapie? Leben muß sein, gutes, richtiges Leben! Und wodurch soll das kommen?

Er steht auf, und auf dem Weg zur Küche bleibt er vor dem großen Spiegel stehen, schaut sich an – und schneidet sich selbst Grimassen. »Holla, was ist denn das?«, fragt er. »Sauer gegen dich selbst?« Sein Blick wird ernst. »Was tust du eigentlich dafür, daß es dir gutgeht?«, fragt er streng sein Spiegelbild. »Über die Alten fluchen, das kannst du. Und sonst? Sie haben sich tatsächlich nicht gemeldet! Ob sie Angst vor mir haben?« Da merkt er, daß ihm diese Vorstellung durchaus nicht gefällt. Ja, warum um alles in der Welt sollten sie Angst vor ihm haben? Wieder schaut er in den Spiegel und sieht sein gar nicht freundliches Gesicht.

Er wendet sich ab, läßt Bilder von Vater und Mutter zu. Es sind keine aggressiven Bilder mehr. Ein Gedanke zieht in ihm. Noch kann er ihn nicht fassen. Doch ahnt er, daß dieser Gedanke ein ganz wichtiger ist. Es dauert eine Weile, ehe er ihn deutlicher fassen kann:

»Wenn ich all das, was mir an meinem Leben mißfällt, den Alten anhänge – bin ich dann nicht gerade von ihnen abhängig?« Lange geht er dieser neuen Idee nach. Dann: »Wenn ich tatsächlich noch so stark von ihnen abhängig bin – bin ich dann nicht noch immer unfrei?«

Ohne es zu bemerken, hat er sich aufrecht hingesetzt. »Habe ich ihnen etwa aus Unfreiheit so viele Vorwürfe gemacht?« Dieser Gedanke aber geht ihm zu rasch. »Es stimmt ja,« sagt er sich trotzig, »daß ich alles andere als eine ideale Kindheit hatte.« Oder? Ja, es stimmt, und doch:

Daß die beiden so ausschließlich schuld an seinem bescheidenen Lebensgefühl sein sollten – ob das stimmte? Hatte er es sich nicht zu einfach gemacht? Hatte er sich jemals darum bemüht, selbst den Karren aus dem Dreck zu ziehen, z.B. dann, als er sein Studium geschmissen hatte? War er nicht zu rasch auf die Eltern losgegangen mit seinen Vorwürfen? Wäre es ihm nicht wenigstens einmal möglich gewesen, sich zu fragen, ob er zwangsläufig hätte scheitern müssen? So sehr hatte er unter den Folgen der Vergangenheit zu leiden, daß ihm nichts anderes übriggeblieben war, als mit dem Studium aufzuhören? War das etwa Schicksal gewesen? Hatte nicht sogar seine damalige Freundin gesagt: »Du bist doof« – und nicht: »Deine Eltern sind doof?«

Wieder ist er überrascht, darüber nämlich, daß er sich keineswegs zerknirscht fühlt, im Gegenteil. Wie von weit her nähert sich ihm ein anderes Gefühl. Wieder muß es sich in ihm erst entwickeln. Dann erkennt er es: Es ist das Gefühl, daß ihm noch aus der Kindheit vertraut ist, das ihm immer dann kam, wenn er seinen Eltern ein neues, selbst gemaltes Bild zeigte. Er sucht nach weiteren Beispielen, um sich zu verdeutlichen, daß er viel zu oft und viel zu lange nicht selbst sein Leben geführt hat, stattdessen ... Sein Leben selbst führen ... Wie dieses Wort klingt ...

Weit reckt er seine Arme aus, dehnt sich, streckt sich, so, als habe er gerade ein großes Werk vollbracht ...

Nicht gleich, aber Stunden später ruft Bernd bei seinen Eltern an. Mutter ist am Apparat. Sie wirkt unsicher. Dann sagt er: »Mutter,« – wie lange hat er dieses Wort nicht mehr in den Mund genommen! – »ich schau in den nächsten Tagen mal vorbei.«

Eltern sind nicht an allem schuld, wenn das Leben der Kinder, der kleinen ebenso wie der erwachsenen, schwierig und problematisch wird. Weil Leben polar ist, bleibt es nicht aus, daß Eltern und Kinder, daß wir Menschen immer wieder auch in dunkle Gefilde geraten.

Eltern sind nicht an allem schuld, auch deshalb nicht, weil wir nicht über unseren typologischen Schatten springen können. Doch diesen Schatten haben wir uns ebensowenig ausgesucht wie das harte Gesetz der Polarität.

Eltern sind nicht an allem schuld, gerade deshalb nicht, weil nicht nur sie , sondern auch die Kinder Freiheit und Verantwortung haben. Die einzige Bedingung der Freiheit aber sind Grenzen, und die finden Kinder selbstverständlich zuerst in der Begrenztheit der eigenen Eltern. Die einzige Bedingung der Verantwortung ist das Gewissen, und das finden Menschenkinder nur in sich selbst.

Gedanken zur Vertiefung

- Du sagst, du seist zu wenig geliebt worden. Das kann sein. Kann es auch sein, daß dir die Eltern gaben, was sie geben konnten?
- Du sagst, diesen einen Tag, an dem dich dein Vater so enttäuschte, würdest du nie vergessen. Kann es sein, daß auch dein Vater diesen Tag nie vergessen wird?
- Du sagst, mit deiner Mutter seist du endgültig fertig. Dann willst du auf Versöhnung endgültig verzichten – auf Versöhnung auch in dir?
- Du sagst, deine Eltern hätten damals wissen müssen, was sie taten. Von heute aus gesehen, werden auch sie vielleicht so denken. Ob sie damals wußten, was sie taten?
- Du sagst, deine Eltern machten dir ständig Schuldgefühle. Mag sein. Ich kenne allerdings auch erwachsene Kinder, die vor allem dann Schuldgefühle entwickeln, wenn sie sich weigern, für sich selbst gerade zu stehen.
- Du sagst, deine Eltern hätten dir zu wenig Freiheit gelassen. Wahrscheinlich hast du recht. Doch ob sie dir zu wenig Freiheit ließen, um dir die Freiheit zu nehmen?
- Du sagst, deine Eltern hätten dir zuviel Freiheit gelassen. Das wird so sein, wenn du es sagst. Doch ob sie dir zuviel Freiheit ließen, um dich egoistisch werden zu lassen?
- Du sagst, deine Eltern hätten dich nie so richtig gekannt. Wenn das so ist, ist das sehr traurig. Frage dich jedoch auch, ob du deine Eltern »so richtig« kennst.
- Du sagst, deine Eltern ließen dich auch heute noch nicht los. Das klingt nicht gut. Was aber heißt für dich »loslassen«? Kann es auch sein, daß du dich tatsächlich zu weit zurückgezogen hast?
- Sag, hältst du dich für so wenig erwachsen, daß nicht auch du das eine oder andere für die Verbesserung eurer Beziehung tun könntest?

- Du hast so manches Mal deine Freunde wegen deren Eltern beneidet. Ob du deine gegen jene austauschen möchtest?
- Sind Mütter nur Mütter?
  Sind Väter nur Väter?
  Sind Kinder nur Kinder?
  Mütter sind Menschen.
  Väter sind Menschen.
  Kinder sind Menschen.
  Es wäre gut, wenn Menschen einander Menschen sein ließen.

Warum wir nicht tun, was wir wollen –
Vom Inneren Gegenspieler

Was es bedeutet, sich selbst abzulehnen

Kaum einem Satz der Weltliteratur wird weniger widersprochen als der Klage des Paulus: »Das Gute, das ich will, das tue ich nicht. Das Böse aber, das ich nicht will, das tue ich.« Selbstverständlich darf dieser Satz nicht verallgemeinert werden, doch gilt er häufig genug. Dafür gibt es zahllose eindrucksvolle Belege.

Einige Beispiele:

Ein Mann ahnt, daß ihm sein Streß bald einen Herzinfarkt bescheren könnte. Er hat Angst vor dieser Möglichkeit. Und doch: Weder ändert er die Struktur seiner Tage noch die Einstellung zur Arbeit.

Eine Frau ahnt, wie wichtig es wäre, die jahrelange Feindschaft gegen ihre Familie aufzugeben und versöhnliche Zeichen zu setzen, doch greift sie wieder zum Hörer und entlädt ihre Aggressionen.

Eine Frau und ein Mann ahnen, daß ihre Ehe gefährdet ist. Beide wissen sogar, daß sie sich noch immer lieben. Doch statt sich auf die Liebe zu besinnen, hören sie nicht auf, sich gegenseitig Vorwürfe zu machen.

Ein Land ahnt, daß sein ausgeprägter Materialismus die Seelen der Menschen immer mehr entleeren wird, doch sind nur wenige bereit, sich auf humane Werte auszurichten.

Inzwischen ahnt, ja weiß sogar die ganze Menschheit, daß bestimmte technologische Entwicklungen unseren blauen Planeten verderben können, aber nur wenige sind bereit, diesen Entwicklungen ein leidenschaftliches Nein entgegenzusetzen.

Diese und andere Beispiele aus Vergangenheit und Gegenwart bestätigen die seltsam anmutende These, daß zu den bedrückendsten Geheimnissen des Menschen die Möglichkeit gehört, sein eigener Feind und also gegen sich selbst sein zu können – gegen seinen eigenen Lebensdrang, seine eigene Vernunft, seinen eigenen Geist. Was das bedeutet, sieht überzeichnet so aus:

Wer gegen sich selbst ist, lehnt sich selbst ab. Wer sich selbst ablehnt, akzeptiert nicht das Gute für sich. Wer das Gute für sich nicht akzeptiert, kommt nicht zu sich, ist nicht bei sich, ist nicht mit sich eins, erkennt nicht sein wahres Sein und seinen »wahren Willen« (Michael Ende).

Und weil er so nicht leben kann, projiziert er seine Selbstablehnung auf andere, so daß er glaubt, andere seien gegen ihn. So macht er sich Menschen zu Feinden, die von ihrer Feindschaft gegen ihn gar nichts wissen. Er verhält sich destruktiv, nicht konstruktiv. Er liebt nicht, sondern lehnt ab: die Welt, in der er lebt, und das einzige, was er hat – sich. Er wird zur Monade, zu einem in sich abgeschlossenen, vereinsamten, sich selbst unter Druck setzenden Menschen, der sich weder auf die eigene innere Welt noch auf anderes Leben bezieht. Und so verliert er den Blick für Werte, die in der Welt reichlich vorhanden sind, und hat größte Mühe, sein eigenes Leben zu bejahen.

Die Gründe für Selbstablehnung

Weshalb neigen wir dazu, uns selbst abzulehnen? Zu allen Zeiten haben sich Philosophen, Theologen, Psychologen und andere kluge Leute mit dieser Frage beschäftigt und je nach Menschen- und Weltbild unterschiedliche Antworten darauf gegeben. Ich habe allerdings den Eindruck, daß in unserer Zeit die Bedeutung dieses Themas erheblich unterschätzt wird.

Den primären Grund für die Möglichkeit der Selbstablehnung sehe ich darin, daß wir im Spannungsfeld zwischen Lebensbejahung und Lebensverneinung leben und diese Polarität zu wenig begreifen. Das bedeutet, daß wir die Macht des Inneren Gegenspielers[37] – die Symbolisierung der Lebensverneinung – verkennen und damit die Notwendigkeit ständiger Auseinandersetzung mit ihm. Je weniger wir aber diesen Gegenspieler als Großmacht durchschauen, desto stärker werden wir von ihm beherrscht. Andererseits: Je klarer wir das Nein in uns als unseren Gegenspieler begreifen, desto eindeutiger werden wir das »Gute« wollen und desto wirksamer ebnen wir unserem Geist den Weg, sich gegen ihn durchsetzen zu können.

Zwei Beispiele – das eine aus einem Traum, das andere aus einer Wertimagination.

Das erste:

Im Traum steht ein Mann vor einer Schießbude und zielt mit einem Gewehr auf eine Figur. In dem Moment jedoch, in dem er abdrückt, zeigt die Figur ihr Gesicht, das ihm nicht unbekannt zu sein scheint. Er weiß aber nicht, um wen es sich handelt. Voll Panik wacht er auf.

Die Unruhe weicht den ganzen Tag nicht von ihm. In der Nacht darauf wiederholt sich der Traum (Dies ist ein Hinweis darauf, wie wichtig die Seele das Thema nimmt!). Wieder schießt er auf die Figur. Und in dem Augenblick, in dem er abdrückt, erkennt er das Gesicht, auf das er geschossen hat: Es ist sein eigenes. Da fängt er an, etwas ganz Wichtiges zu begreifen.

Das zweite Beispiel:

> Eine junge, psychosomatisch erkrankte Frau antwortete auf meine Frage, ob sie gesund werden wolle, empört: »Ja, selbstverständlich!« In der darauf folgenden »Wanderung« zum »Ort der Gesundung« erlebte sie allerdings eine merkwürdige Überraschung:
>
> Nach langen Wegen gelangte sie zu einem kleinen, abgedunkelten Raum. Widerstrebend betrat sie ihn. In einer Ecke kauerte ein offenbar kranker Mensch, den sie nicht zu kennen schien. Zögernd näherte sie sich ihm – und erkannte sich selbst. Sie erschrak.
>
> Nachdem sie sich von ihrem Schrecken erholt hatte, ging sie auf »sich« zu und wollte »sich« aufrichten. Denn ihr war klar, daß sie die kranke Gestalt so rasch wie möglich aus ihrem dunklen (ihr unbewußten) Verlies herausbringen müßte. Groß war jedoch ihre Überraschung, als sich die in der Ecke Kauernde mit Händen und Füßen zur Wehr setzte. Sie wollte den Raum (zunächst) nicht verlassen. Auch diese Frau begann, etwas ganz Wichtiges zu begreifen.

Der Innere Gegenspieler wirkt sich auf alle Aspekte des Menschen aus: auf ihn als Gattungswesen, als Typus, vor allem aber als Person mit der ihr gegebenen Möglichkeit, frei sein und frei entscheiden zu können. Und gewiß sind auch nicht geheilte Wunden die Ursache dafür, warum Menschen so oft gegen sich handeln. Diese vier Aspekte werde ich im folgenden verdeutlichen.

Die allgemein menschlich bedingte Selbstablehnung

Diese Welt ist weder der Himmel noch die Hölle, daher ist auch der einzelne Mensch weder himmlisch noch höllisch. Es gibt keine fehlerlose Mutter und keinen einwandfreien Vater, keine makellose Gattin und keinen vollkommenen Gatten, keine eindeutige Liebe und keinen puren Haß. Es gibt *auch* die Lüge und das Scheitern, *auch* die Resignation und die Angst, *auch* die Ungerechtigkeit und die Schamlosigkeit. Es gibt daher auch nicht nur die Selbstliebe, sondern auch die Selbstablehnung. Und beides, das »Negative« und das »Positive«, gehört als Möglichkeit zum Menschen. Diese Tatsache bleibt unser Schicksal. Und nur wer über einen kräftigen Schuß Naivität verfügt, wird sie leugnen. Das bedeutet:

Oft tun wir nicht, was wir wollen, weil auch unser Wollen nie ein reines Wollen ist, sondern immer zugleich den Keim des Nicht-Wollens in sich trägt.

»Zwei Seelen wohnen, ach, in meiner Brust« (*Goethe*).

Dieses »Ach« aber gilt dem Inneren Gegenspieler.

Warum aber tun wir das eine Mal, was wir wollen, das andere Mal dagegen nicht? Grundsätzlich gilt: Wir tun, was wir wollen – sofern nicht mächtige äußere Realitäten dagegenstehen – wenn wir

1. unseren Inneren Gegenspieler, der sich hinter unserem Nicht-Wollen verbirgt, deutlich genug erkannt, durchschaut, erlebt, erlitten und uns gegen ihn empört haben, und wenn wir
2. uns nach dem, was wir wollen, nach dem Wert also, um den es geht, mit Leib, Seele und Geist ausgestreckt haben.

Ein einfaches Beispiel, das für Menschen jedweder Art stehen könnte:

Herr X klagt über seinen »Mangel an Zeit«. Sein Beruf »frißt ihn auf«. Und da diese Klage inzwischen gesellschaftsfähig ist, spricht er häufig über diesen Mangel. Herr X leidet einerseits tatsächlich, andererseits fühlt er sich so unwohl nicht, da er zu den Vielbeschäftigten und daher zu den Wichtigen im Lande gehört. Er leidet nicht genug. Ihm ist nicht deutlich genug, daß sein Werthorizont sich weithin auf seine Arbeitswelt beschränkt. Er empfindet nicht deutlich genug, was es bedeutet, daß sein Beruf ihn »auffrißt«. Er begreift nicht deutlich genug, daß zu einem vollen Menschenleben auch die Realisierung ganz anderer Werte gehört: z. B. die phantasiebringende Muße, die anregende Kunst, die *be-geist-ernde* Literatur, die vitalisierende Kraft der Natur, der Spaß, die Leichtigkeit etc. Diesen Mangel empfindet Herr X nicht tief genug.

Doch wenn er sich tief genug *ein-dächte, ein-fühlte, ein-träumte* in diese oder andere lebenswerte Gegebenheiten der Zeit, würde er seinen »Zeitmangel« nicht mehr lediglich klagend interpretieren, er würde sein Leben ändern.

Wenn das so einfach wäre, werden Sie sagen. Nein, so einfach ist »das« nicht. Daß wir nicht leicht zu Veränderungen kommen, dafür wird schon der Innere Gegenspieler sorgen, dessen Dasein ja auch nicht nur allgemein menschlich, sondern auch typologisch bedingt ist.

Die typologisch bedingte Selbstablehnung

Mit jedem Typus ist nicht nur, wie wir gesehen haben, eine bestimmte Wertmöglichkeit, sondern auch eine bestimmte Sinnproblematik verbunden, und diese wiederum stellt einen spezifischen Aspekt der Selbstablehnung dar. Die folgende Charakterisierung bezieht sich, wohlgemerkt, nur auf den entwicklungsverzögerten Typus:

Der erste Typus, der *Reformer*, auch Perfektionist genannt, leidet häufig unter seiner starken Wut. Wenn er ihrer nicht Herr werden kann, richtet er sie gegen andere, was zur Folge hat, daß diese ihn ablehnen. Doch wenn er seine Wut nicht an anderen auslassen kann, richtet sie sich gegen ihn selbst, was dazu führt, daß er sich selbst ablehnt. Und manchmal scheint es, als habe er geradezu eine Lust daran, sich selbst zugrunde zu richten.

Der zweite Typus, der *Helfer*, der es braucht, gebraucht zu werden, hat einen seltsamen Stolz. Er wirkt moralisch überheblich. Wer jedoch nur anderen helfen will, selbst aber keine Schwäche zeigt, wirkt auf andere so sympathisch nicht. Sie ziehen sich von ihm zurück. Die Folge: Er fühlt sich abgelehnt. Doch die Ursachen dafür sucht der Helfer nicht bei sich. Wer sich allerdings die Meinung erlaubt, er bedürfe der Hilfe anderer nicht, erkennt nicht nur seine Schwächen nicht –, er wird sich auch selbst fremd. Und wer sich selbst fremd ist, steht nicht auf seiner eigenen Seite.

Der dritte Typus, der *Erfolgsmensch* – wir können ihn auch den »Macher« nennen –, hat vor allem ein Ziel: den Applaus, zu jeder Zeit, in jeder Situation, unter allen Bedingungen. Nicht darum geht es ihm zuerst, wodurch er, sondern daß er Erfolg hat. Und dafür sind ihm viele Mittel recht. Ein solches Verhalten geht jedoch oft genug auf Kosten der Wahrhaftigkeit – nach innen und außen. Nichts aber ist der Seele schwerer verdaulich als Unwahrhaftigkeit. Sie verbraucht nicht nur viel Energie, sie entfremdet einen Menschen auch von sich selbst. Und wieder gilt: Wer von sich selbst entfremdet ist, lehnt sich selbst ab.

Der vierte Typus, der *Romantiker*, der die »blaue Blume« sucht, fühlt sich in der Welt nicht zu Hause. Sie ist ihm zu banal. Doch weil er sich zugleich nach den »Wonnen der Gewöhnlichkeit« (Thomas Mann) sehnt, packt ihn immer wieder der blanke Neid auf jene, die sich mit der Welt, so wie sie ist, anfreunden können. Neid aber gehört zu den garstigsten Gefühlen, die wie wenige andere die eigene Seele »auffressen«.

Der fünfte Typus, der *Beobachter*, der sich von der Lebendigkeit der Welt zurückzieht, der das Leben überdenkt, statt in ihm mitzumischen, entdeckt in sich, wenn er denn will, eine tiefe innere Leere. Das ist verständlich, denn wer sich nicht dem Leben aussetzt, den setzt das Leben aus. Was folgt daraus? Wer innerlich leer ist, dem legt sich Glas ums Herz, und das macht einsam. Wie könnte ein solcher Mensch sich selbst bejahen?

Der sechste Typus, der *Loyale*, braucht die Gemeinschaft und immer wieder die Gemeinschaft. Sich allein hält er schwer aus. So wenig hält er von sich selbst. Er vertraut nicht sich und sucht deshalb nicht in sich, sondern außerhalb seiner selbst Halt. Und das macht Angst, weil eine solche Haltung abhängig macht. Angst aber ist immer mit Aggression verbunden, und sei sie noch so unbewußt. Das bedeutet: Wer zuviel Angst hat, ist nicht nur aggressiv nach außen, er ist es auch nach innen.

Der siebte Typus, der *Glückssucher*, sucht und liebt nur die helle Vielfalt des Lebens. Er gleicht dem viele Blüten suchenden Schmetterling. Jedoch: Er halbiert das Leben. Das Sonnenhafte findet er »phantastisch«, das Dunkle aber, das bekanntlich nicht weniger zum Leben gehört, leugnet er, so gut er kann – in sich und außerhalb seiner selbst. Wer aber Leben halbiert, halbiert auch sich selbst.

Der achte Typus, der *Starke, der Machtvolle*, will selbst das Leben kontrollieren. Er ist der Boß! Wer sich ihm schwächlich unterwirft oder sich ihm gleichzustellen versucht, den tritt er nieder. Gerade dadurch aber läßt er das Kostbarste in sich, das Gütige und Zarte, nicht aufkommen und in sich leben. Wer aber das Beste in sich nicht lebt, lehnt das Beste in sich ab.

Der neunte Typus, der *Ursprüngliche, der Friedensstifter*, dem die Konflikte in der Welt zu schaffen machen und der sich deshalb lieber in seine ursprüngliche (innere) Welt zurückzieht, macht nicht hinreichend Erfahrungen mit seinen real vorhandenen Kräften. Wer jedoch seine Kräfte zu wenig in Gebrauch nimmt, wird erfahren, daß sie sich irgendwann gegen ihn selbst richten.

Wie läßt sich die durch den Typus bedingte Selbstablehnung reduzieren oder gar beseitigen? Beseitigen nie, denn wie wir bis zum Tod der Polarität verhaftet bleiben, so auch dem Typus, der weniger erziehungs- und mehr anlagebedingt ist. Reduzieren läßt sich die Selbstablehnung. Wie das möglich ist, will ich an einem Beispiel in drei bzw. vier Schritten zeigen. Nehmen wir an, Sie sind gesund und leiden trotzdem. Nehmen wir an, Sie gehören dem Typus des Reformers an und leiden darunter, daß Sie »mit der ganzen Welt« zerstritten sind.

1. Kann es sein, daß Sie dazu neigen, die Gründe und Ursachen für diesen desolaten Zustand nicht bei sich, sondern bei anderen zu suchen? Kann es sein, daß das eine oder andere Unrecht, unter dem Sie leiden, nicht nur mit anderen, sondern auch mit Ihnen zu tun hat? Sollten Sie die Frage nicht ganz verneinen, würde ich mir an Ihrer Stelle Zeit nehmen und die gesamte Geschichte meines Lebens unter dem Aspekt »Wut« studieren.

Wahrscheinlich würden Sie sich wundern, in wie vielen Situationen die Wut Ihr Quälgeist war. Vermutlich würde Ihnen aufgehen, daß Sie sich über »alles und jedes« aufregen konnten, z. B. über den Vater, den Bruder, die Großmutter, über Lehrer und Mitschüler, über den Ausbilder und die Eltern der ersten Freundin, über die SPD und die CDU, über die Gewerkschaften und den Schützenverein, über die moderne Malerei und die neuesten Computerprogramme, über die Post und die rote Ampel, über die Zeitung und den Fernsehkommissar, über alle und alles …

Hätten Sie diese historische Aufarbeitung erfolgreich hinter sich gebracht, würde sich aller Voraussicht nach ein Gefühl einstellen, dem eine höchst produktive Kraft innewohnt. Ich meine das Schamgefühl. Dieses Gefühl ist die Bedingung der Möglichkeit, eine solche

Wutgeschichte unter keinen Umständen wiederholen zu wollen. Hätten Sie diese Geschichte und deren Auswirkungen tief genug studiert – anschaulich, plastisch, hautnah –, stünden Sie vor der Entscheidung, ob Sie weiterhin Ihren Ausbrüchen freien Lauf lassen oder auf sie persönlich Einfluß nehmen möchten.

2. Mögen Sie die Augen schließen und sich Einfälle zu Ihrer Wut kommen lassen? Bei diesem Vorhaben würden weniger Ereignisse oder Personen, sondern mehr die mit Personen und Ereignissen verbundenen aggressiven (und nicht bewußt gewordenen) Gefühle zum Vorschein kommen. Die Einfälle könnten so lauten:

Wegstoßen – wegschleudern – draufschlagen – auf alles einschlagen – alles zerschmettern – laut brüllen, noch viel lauter brüllen – mich vor Wut überschlagen usw.

Irgendwann würden sich, zunächst unmerklich, leisere Ausdrücke zu Wort melden, und schließlich könnten friedvolle Einfälle Ihre Seele beruhigen. Einfälle dieser Art könnten dann so aussehen:

Da löst sich etwas in mir – da kommt Ruhe auf – mir wird weit ums Herz – ich bin ganz gelassen – ich fühle mich befreit usw.

Selbstverständlich wäre es wichtig, diese kleine, aber hilfreiche »Übung« so lange zu wiederholen, bis Sie den Aggressionspegel spürbar gesenkt hätten. Sollten Sie jedoch fragen, ob es überhaupt statthaft sei, die Wut mehr noch als bisher kommen zu lassen, dann frage ich: Was wäre, wenn die aggressiven Gefühle verkapselt blieben? Ob sie nicht auf Sie einwirkten? Ob sie nicht das »Wollen des Guten« behinderten? Und im übrigen gilt, was der große französische Philosoph

Pascal in seinen »Pensées« (Gedanken) gesagt hat: »Es ist fraglos ein Übel, voller Fehler zu sein, aber es ist ein noch größeres Übel, es zu sein und sie nicht kennen zu wollen, weil das heißt, daß man ihnen willentlich noch den Betrug hinzufügt.«[38] Leben will wahrgenommen sein, nicht nur das helle und beglückende, auch das dunkle und störende, nicht nur das bewußte, auch das vor- oder unbewußte. Doch wenn das dunkle und störende wahrgenommen wird, wirkt es so, als böte es Frieden an, jedenfalls auf Zeit.

3. Jetzt kommt die weit bekömmlichere und wichtigere »Übung«:

> Schließen Sie die Augen und lassen Sie, so gut es geht, die Gedanken abfließen. Lassen Sie das Wort »Geduld« kommen. Vielleicht sehen Sie es vor Ihren inneren Augen. Warten Sie darauf, was Ihnen zu diesem wunderbaren Wort einfällt. Denken Sie so wenig wie möglich. Geben Sie Ihrem unbewußten Geist Gelegenheit, Ihnen das nahezubringen, was für Sie zur Wohltat werden könnte. Noch einmal: Warten Sie auf die Einfälle.

> Vielleicht fallen Ihnen frühere Begebenheiten ein, bei denen Sie geduldig waren, vielleicht hören Sie gute Sätze. Möglicherweise kommt Ihnen auch ein Bild. Und wenn es kommt, dann schauen Sie es sich lange an. Vor allem aber bleiben Sie bei dem Wort und lassen sich von Ihrer eigenen Seele zeigen, was Sie Ihnen schon lange anvertrauen wollte.

Nun aber kann es sein, daß jemand mit seiner Aggressionsflut nicht mehr allein fertig wird und fachliche Hilfe braucht. In diesem Fall würden z. B. Wertimaginationen weiterhelfen. Sie könnten die Aggressionen auf ein gutes Maß senken.

Ein kurzes Beispiel:

> Ein Mann mittlerer Jahre (Typus: Reformer), ein aggressiver, zugleich liebenswerter Mensch, dessen Sucht nach Drogen, Alkohol und Prostituierten sein Leben zu verderben begann, sieht auf seiner »inneren Wanderung« plötzlich einen eisernen Bohrer. Der Bohrer wird größer und größer und bohrt sich schließlich in alles hinein, was ihm begegnet: in Pflanzen, Tiere Dinge – dann in sein eigenes Herz. Der Mann erschrickt zutiefst. Er ist entsetzt. Und er begreift, daß dieser Bohrer in ihm und um ihn herum alles zerstören wird, wenn – wenn nicht er selbst gegen ihn Stellung bezieht und ihm Einhalt gebietet.
> Der Mann steht auf und reißt den Bohrer voll Empörung aus seinem Herzen. Und da geschieht es: Nach und nach beginnt die Wunde des Herzens zu heilen. Nicht nur das: Auch alle Pflanzen, Tiere und Dinge, die sein Bohrer verletzt hat, gesunden. Und über der Landschaft, in der er steht, geht die Sonne auf.

Im Nachgespräch begreift der Mann vollends, was sein Unbewußtes ihm nahebringen wollte: daß er vor der Entscheidung steht, sich weiterhin von seinen Aggressionen treiben zu lassen – oder als Person ihnen gegenüber Stellung zu beziehen – und sich nach der »Sonne« auszurichten.

Die lebensgeschichtlich bedingte Selbstablehnung

Manchmal staunen wir darüber, daß jemand, dem »alles« gelingt, wenig Selbstvertrauen ausstrahlt. Oder wir rätseln, warum ein begabter Mensch so wenig Glück im Leben hat. Die Ursachen für diesen seltsam anmutenden Mangel liegen oft in alten Verletzungen, die noch immer auf diesen oder jenen einwirken. Gewiß haben diese Ursachen auch mit dem Typus zu tun, sie gehen darin jedoch nicht auf.

Der lebensgeschichtlich bedingte Gegenspieler kann die eine große Enttäuschung sein, der eine tiefe Schmerz, die eine nicht geheilte Wunde, die eine Schuld, das eine Versagen. Er kann auch der Chor der Stimmen sein, die sich einem Menschen in Kindheit, Jugend und späteren Jahren eingeprägt haben, Stimmen von Menschen, die von Freiheit und Liebe wenig wußten und die ihm das ursprüngliche Gefühl raubten, sich selbst annehmen zu dürfen. Wie wichtig es ist, sich von diesem Gegenspieler zu befreien, und welche Wege zur Befreiung es gibt, habe ich im Kapitel »Von der Voraussetzung, gegenwärtig leben zu können« beschrieben.

Die selbstverantwortete Selbstablehnung

Das »Schicksal« beschert uns weiße und schwarze Lose, dem einen mehr die weißen, dem anderen mehr die schwarzen. Nun aber ist jeder Mensch auch und im besonderen eine individuelle Person. Das heißt: Trotz der gattungs-, typologisch- und lebensgeschichtlich bedingten Gegebenheiten hat jeder die Freiheit, und sei sie noch so verdeckt, auf sich selbst und seine Mitwelt Einfluß zu nehmen – innerhalb bestimmter Grenzen, ja!, aber eben Einfluß zu nehmen. Was heißt das?

Was ein Mensch aus seinen Gegebenheiten macht, entscheidet wesentlich die Person: das Freie, das Existenzielle, der Geist in ihm. Das bedeutet, daß er keinesfalls alle negativen Gedanken, Gefühle, Empfindungen oder Handlungen zulassen oder vollziehen muß, jedenfalls auf Dauer nicht. Und tut er es doch, so ist er selbst sein eigener Gegenspieler.

Zwei Beispiele:
1. Wenn wir uns selbst ablehnen, neigen wir dazu, auch »die Welt« abzulehnen. Das aber geschieht nicht

zwangsläufig! Ich weiß, daß ein sich selbst ablehnender Klient, der dazu verführt wird, bewußt das Gute und Wesentliche zu suchen, die überraschende Entdeckung machen kann, daß er in der Begegnung mit Werten (Schönheiten in Natur und Kunst, Freundlichkeit von Menschen, Sinnhaftigkeit einer Aufgabe etc.) nicht nur das Unbehagen an sich selbst vergißt, sondern auch »die Welt« in einem helleren Licht zu sehen beginnt. Das ist keine Theorie, das ist Erfahrung! Eindrucksvoll hat Romano Guardini diese Möglichkeit in seinem Buch »Über das Wesen des Kunstwerks« so beschrieben:

> »Wir sehen ein Ding, empfinden seine Eigenart, seine Größe, seine Schönheit, seine Not – und sofort, wie ein lebendiges Echo, antwortet darauf etwas in uns selbst, wird wach, erhebt sich, entfaltet sich. Kann man doch den Menschen geradezu jenes Wesen nennen, das fähig ist, mit seinem inneren Sein auf die Dinge der Welt zu antworten und eben darin sich selbst zu verwirklichen ... und darin ›zu sich selbst zu kommen‹ ... Wir haben gesehen, daß er das Ding nicht einfach so erfaßt, wie es vor ihm steht, sondern aus seiner Erscheinung das Wesen herausschaut; ebenso tritt in der Begegnung auch sein eigenes Wesen hervor; etwas von dem, was er nicht bloß alltäglich, sondern zuinnerst ist. Das hat nichts mit Selbstbespiegelung zu tun – ..., sondern ist genau so ein Erwachen des Sinnkerns, wie beim Ding, nur aber des eigenen.«[39]

2. Wenn ich dazu neige, mich selbst abzulehnen, habe ich noch immer die Freiheit, mich darüber zu *empören*! Und diese Empörung (empor!) kann ungeahnte Kräfte freisetzen und die Beziehung zu mir und dem Leben wesentlich verändern, wenn mir aufgeht,
   • daß *ich* es bin, der mich nicht annimmt,
   • daß *ich* zuwenig mit mir fühle,

- daß *ich* mein Leben nicht so führe, wie ich es will,
- daß *ich* nicht zu mir selbst durchdringe,
- daß *ich* es bin, der mich so wenig kennt,
- daß *ich* mein eigener Gegenspieler bin.

Doch wenn ich es wünsche und ich es will, daß mein ursprüngliches, mich selbst bejahendes Wesen zum Vorschein kommt, dann muß ich es in mir brennen lassen, dann muß ich den Schmerz darüber zulassen, daß letztlich ich es bin, der mich verneint.

Gibt es schicksalsbedingtes Nicht-Wollen?

Warum tun wir so oft nicht, was wir wollen? Vielleicht gibt es einen Aspekt, der noch ein anderes Licht auf unser Problem wirft. Dieser Aspekt entzieht sich allerdings wissenschaftlicher Betrachtungsweise und läßt sich daher psychologisch nicht verrechnen. Man kann darüber nicht viel sagen.

Manchmal scheint es mir, als ob wir das Gute, das wir wollen, (noch) nicht wollen *können*. Mag sein, daß uns das »Schicksal« zunächst über Umwege führt, damit wir lernen, das Gute in Freiheit zu tun. Vielleicht ist es wichtig, zunächst körperlich-seelische Grenzen zu erleben, bevor wir fähig sind, die Freiheit des Geistes zu erfahren.

Vielleicht ist es wichtig, zunächst die Ohnmacht, die Schwäche, sogar die Schuld kennenzulernen, wenn unser bisheriges Wollen der Hybris, dem Geltungsdrang oder der Maßlosigkeit entsprang.

Vielleicht wird uns vom »Schicksal« gezeigt, daß jedes Leben letztlich nicht aus eigener Kraft und eigenem Wollen lebt, sondern aus der Gnade, die zwar in der Seele fühlbar wird, deren Quelle jedoch weit über den Menschen hinaus zu suchen ist.

Wege zum Sinn

Die Sinnfrage ist die menschlichste aller Fragen. Sie ist nicht gebunden an Alter und Geschlecht, an Kulturkreise und Bildungsschichten. Sie ist nicht nur die Frage der Verzweifelten, sondern auch, manchmal jedenfalls, die Frage derer, die das Leben grundsätzlich bejahen. Es gibt zwar Lebensphasen, in denen sie besonders vehement gestellt wird, z. B. in der Pubertät, in der Lebensmitte, an der Schwelle zum Alter oder auch in Krisenzeiten, die nicht altersspezifisch sind. Sie wird allerdings auch dann gestellt, vielleicht unausgesprochen, wenn ein Mensch unter existenzieller Frustration zu leiden beginnt.

Ob bewußt oder unbewußt, jeder Mensch fragt nach Sinn, denn er glaubt an Sinn: »Ob er es will oder nicht, ob er es wahrhat oder nicht – der Mensch glaubt an einen Sinn, solange er atmet. Noch der Selbstmörder glaubt an einen Sinn, wenn auch nicht des Weiterlebens, so doch des Sterbens. Glaubte er wirklich an keinen Sinn mehr – er könnte eigentlich keinen Finger mehr rühren und schon darum nicht zum Selbstmord schreiten.«[40]

Was ist Sinn?

Sinn ist das,
- was mir in den wechselnden Situationen meines Lebens als gehaltvoll, wesentlich und wichtig erscheint,
- das, was mich unmittelbar angeht und betrifft,
- das, wozu ich stehen kann,

- das, woran ich mein Herz hängen kann, was es wärmt und ausfüllt,
- das, wofür ich leben will und kann,
- das jeweils Hauptsächliche in einer Situation und im Leben überhaupt.

> Sinn ist das vorrangige Motiv menschlichen Lebens.
> Sinn ist das, was der Mensch am meisten braucht.

Die unbeantwortbare Frage nach Sinn

Es gibt weder eine beweisbare Antwort auf die Frage nach dem Sinn des Weltganzen noch auf die Frage nach dem Sinn des Seins menschlicher Existenz, also danach, warum und wozu wir überhaupt da sind. Diese Frage stellt uns vor ein unlösbares Problem, denn Antworten darauf lassen sich nicht denken. Warum nicht? Weil wir an Raum und Zeit gebunden sind und daher über die uns gesetzten Grenzen nicht hinaussehen und hinausdenken können.[41]

Trotzdem brauchen wir eine Antwort auf die Frage, ob trotz dieser ungelösten Rätsel Sinn im Leben vorhanden sei. Woher sollten wir sonst unsere Hoffnung nehmen? Und woher wissen wir, wonach wir fragen, wenn wir über Mangel an Sinn klagen? Vom Sinn selbst! Er geht der Erfahrung von Sinnlosigkeit immer schon voraus. Er ermöglicht die Frage erst, denn das Gefühl für Sinn ist ein ursprüngliches, also eines, das zu jedem Menschen gehört,[42] und sei es ihm noch so unbewußt.

Sinn kann nicht erdacht –
er muß gefunden und erlebt werden

Wenn ich die Fenster eines Domes von außen anschaue, sehe und erkenne ich weder deren Schönheit noch deren

Motive. Gehe ich in den Dom hinein, dann leuchten mir ihre Farben entgegen, dann beginne ich, die aus den Formen und Farben sprechenden Geschichten zu verstehen.

Das bedeutet: Ob das Weltganze Sinn hat oder nicht, ob das einzelne Menschenleben oder die wechselnden Situationen Sinn haben oder nicht, werde ich nur dann erfahren, wenn ich in den Dom des Lebens *hineingehe*, wenn ich dem konkreten Leben nicht mit dem Kopf allein, sondern auch mit dem Bauch, vor allem aber mit dem Herzen begegne.

Wer im Dom keine leuchtenden Fenster erwartet, wird sie dort auch nicht suchen. Wer nicht an die Liebe, die Freiheit, den Halt im Leben glaubt, wird sie auch nicht finden. Das heißt: Die Suche nach Sinn setzt Vertrauen in das Vorhandensein von Sinn voraus. Zugleich aber gelangt zum *Vertrauen* in das Vorhandensein von Sinn nur der, der Sinn im Leben sucht.

Sinn kann jeder nur für sich finden

Weil jeder Mensch einzigartig und unverwechselbar ist, kann keiner dem anderen sagen, worin der Sinn für ihn besteht. Jeder hat seine eigenen Gene, seine eigene Geschichte, sein eigenes Geschick, seine eigene Freiheit – und deshalb kann keiner auf seiner Suche nach Sinn von einem anderen vertreten werden. Daher gibt es keine konkreten »Rezepte« für ein sinnvolles Leben, wohl aber *Leitlinien* (= Werte).

Die eigene Sinnsuche bezieht sich nicht nur auf die wechselnden Situationen, sie bezieht sich auch auf die ureigene Aufgabe im Leben, denn: »Das Leben stellt jedem eine andere, einmalige Aufgabe, und so gibt es auch nicht eine angeborene oder vorherbestimmte Untauglichkeit zum Leben, sondern es kann der Schwächste und Ärmste an seiner Stelle ein würdiges und echtes Leben führen, einfach dadurch, daß er seinen nicht selbstgewählten Platz im Leben und seine besondere Aufgabe annimmt und zu verwirklichen sucht.«[43] Ein großartiger Gedanke! Denn er bedeutet, daß selbst der Mensch, der es nicht leicht im Leben hat, sinnvoll leben kann, wenn er begreift, wo seine Grenzen sind und seine freien Räume – und also der Platz, an den er gestellt ist.

Sinn betrifft den ganzen Menschen

Sinnerfüllung und Sinnmangel betreffen den ganzen Menschen – seinen Körper, seine Seele und seinen Geist. Das bedeutet konkret: Wenn ein Mensch über längere Zeit nicht oder nicht ausreichend Sinn erfährt, kann er an Leib und Seele erkranken.[44] Erfährt er dagegen das Maß an Sinn, das ihm persönlich entspricht, dann hat er gute Chancen, gesund zu bleiben, dann bejaht er nicht nur sein Dasein, sondern kann selbst das ertragen, was den an Sinnmangel Leidenden zur Verzweiflung triebe.

Sinn ist in allen Lebensbereichen zu finden

Die Suche nach Sinn bezieht sich auf alle Bereiche des Lebens, auf die dunklen ebenso wie auf die hellen. Wer sich bei seiner Suche nur auf die hellen konzentriert, halbiert sein Leben und erlebt daher nicht seine Fülle. Alles aber, was ich ablehne, entzieht sich mir in seinem Wesen, verschließt mir den Zugang zu sich, bleibt mir fremd, verhindert mein Verstehen. Leben will angenommen, will nicht abgelehnt sein. Nichts zeigt sich mir in seinem Wesen und Sinn, wenn ich es verneine.

»Den Wolf umarmen« – diesen Titel gab die Schriftstellerin Luise Rinser der Erzählung ihres gar nicht leichten Lebens und umschrieb damit ihr Lebensprogramm.

In einem Interview mit Ulrich Hommes antwortete sie auf die Frage nach der Bedeutung dieses seltsamen Titels: »Der Wolf ist ... das Bild für das schwierige Leben, für das, was ich zu bewältigen hatte. Diesen Wolf zu umarmen, muß man lernen. D. h., man muß das Leben annehmen mit allen Problemen, man muß sich nicht sträuben dagegen. Ich habe immer mein Leben angenommen, ob es finster oder hell war.«

Wie gelingt das? Luise Rinsers Antwort:

»Ich habe versucht, ganz positiv auf mein Leben zu reagieren, auf das, was mir widerfuhr. Und ich habe also meinen bedrohlichen Wolf umarmt, ich lebe mit den Schwierigkeiten, mit dem Wolf. Der Wolf ist ein Wolf. Er bleibt immer ein Wolf. Da wollen wir uns gar nichts vormachen. Ein Wolf wird nie ein Schaf. Leben bleibt immer schwer. Aber seit ich gelernt habe, diesen gefährlichen Wolf zu umarmen, lebe ich friedlich mit ihm.«[45]

Sein Wesen entfalten

Jeder Mensch trägt auf seinem Weg durchs Leben ein inneres Bild mit sich. Dieses Bild ist ein Symbol seines Wesens, das darauf wartet, ausgelebt zu werden. Es zeigt sich in Träumen, es zeigt sich in Wertimaginationen. Es deutet sich in Ahnungen an, es nähert sich uns in Augenblicken des Liebens und Geliebtwerdens. Das Wesen?

Das ist der Mensch in seiner Ursprünglichkeit, seiner Eigenart, seinem Eigensinn, seiner Unverwechselbarkeit, seinem wartenden Leben. Das Wesen des Menschen ist seine ganz persönliche Form der »Imago Dei«, des Ebenbildes Gottes.

Das Wesen eines Menschen ist das, was von ihm entdeckt werden will und soll, das Treue von ihm erwartet, Anerkennung und Liebe. Es mag verstellt sein, verdeckt oder gefesselt – und doch wartet es darauf, sich zum Ausdruck bringen zu können. Sein Wesen in die Welt hineinzuleben, ist darum die vornehmste Aufgabe eines jeden Menschen. »Wir werden uns geschenkt«, sagt Karl Jaspers, »aber es liegt an uns, ob wir uns geschenkt werden. Es kommt nicht von selbst als ein Anderes, Fremdes. Das bloße Warten ist vergeblich. Was uns trifft, ist vorbereitet durch uns selbst. Was uns zustößt als Ereignis, Zufall, Chance, wird durch die Weise, wie wir es uns zu eigen machen, wirklich.«[46]

Die Entfaltung des Wesens ist die Grundlage der Entwicklung eines reifen Lebens. Der reife Mensch ist der mündige. Er »kann nicht nur tun, was er will, sondern er darf sein, wer er ist«[47]. Er gestaltet und erlebt sein Leben sinnvoll.

Wer neuen Sinn will, kann alte Erinnerungen wecken

Wer nicht mehr oder zu wenig Sinn in seinem gegenwärtigen Leben sieht, kann sich an das erinnern, was Sinn für ihn einmal gewesen ist: an die befriedigende Arbeit, an die bezaubernde Liebe, an die Geburt des Kindes, an den Tag, an dem der Mut stärker war als die Angst, an all das, wofür er gern leben mochte.

Es ist so wichtig, sich an die alten Sinnbilder zu erinnern, wenn neue sich noch nicht oder nicht mehr zeigen, um wieder das Gefühl für Sinn zu spüren, um sich von den alten guten Gründen für Leben wärmen und den Drang nach Neuem neu aufkommen zu lassen. Denn was wir an gelingendem Leben erlebt, erfahren und verinnerlicht haben, kann uns vor Augen führen, wie stark unser Gefühl für Leben einmal war und, vielleicht, noch immer ist. Viele Teilnehmer der »Schule des Lebens« haben die Erfahrung gemacht, wie belebend diese Rückschau ist.

Ein Beispiel:

Ich bat die Teilnehmer, sich etwa eine halbe Stunde in verschiedene Räume zurückzuziehen und sich an ein gutes oder beglückendes Ereignis oder Erlebnis zu erinnern. Ich gab die Anregung, zunächst alle störenden Gedanken kommen und gehen zu lassen und sich danach mit allen Gedanken, Empfindungen, Gefühlen und Sinnen dem Ereignis von damals zu nähern:

- Wann war das?
- Wo war das?
- Wie sah das Haus, der Ort aus?
- Wer war dabei?
- Wer sprach mit wem?

- Was kann ich erkennen?
- Was kann ich hören?
- Nehme ich einen bestimmten Duft auf?
- Ich schaue mir Einzelheiten an.
- Ich schaue mir das Bild ganz an.
- Was denke, empfinde, fühle, ahne ich jetzt?
- Ich bleibe »im« Bild.
- Ich bleibe bei dem, was gut war.

Nach einer halben Stunde kam eine Frau, die vorher sehr niedergeschlagen gewirkt und gesagt hatte, sie wisse nicht, wie »es« weitergehen könne, tränenüberströmt, aber lächelnd zurück. Ich solle nur nicht denken, daß sie verzweifelt sei, ganz im Gegenteil, sagte sie. Jene kaum beschreibbaren Glücksgefühle nach der Geburt ihres ersten Kindes seien noch einmal »über sie« gekommen und hätten alle dunklen Gedanken, die sie seit längerer Zeit überfluteten, beiseite gespült. Sie sei neu von dem Gefühl berührt worden, daß Leben schön, wunderschön sein könne, und das wecke in ihr wieder einen starken Wunsch nach Leben und eine neue Hoffnung auf Veränderung ihres jetzigen Lebensgefühls.

In die »Wüste« gehen

Wer nicht mehr oder zu wenig Sinn in seinem Leben sieht, muß in die »Wüste« gehen. Die »Wüste«, die ich meine, ist die Stille.

Es lebe im Menschen ein geheimes Wissen darum, hat Graf Dürckheim einmal gesagt, daß die rechte Stille, nach der sich die Seele sehne, mehr sei als nur das wohltuende Fehlen von Lärm, mehr als ein bloßes Gegengewicht an Ruhe gegen Unruhe und Überforderung seines Leibes, mehr als die bloße Voraussetzung alles Lebens im Geiste, mehr als die Bedingung seelischer Gesundheit und die glückhaften Lebens –, daß sie vielmehr gleichbedeutend sei mit der Erfahrung des sich erfüllenden Lebens selbst.[48]

Wer jedoch nicht gleich zu solch tiefen Erfahrungen gelangt, kann immerhin dieses erleben:

Wer sich mit sich allein sein läßt, wird mit dem konfrontiert, was er im Grunde seiner Seele denkt und fühlt, was er hat und was ihm fehlt. Er begegnet mehr als bisher sich selbst. Seine Unruhe wird ihm deutlicher und seine Angst, seine Niedergeschlagenheit und seine Leere. Er fühlt die Ungelöstheiten in seinem Herzen und beginnt zu verstehen, wodurch sie entstanden sind. Und vielleicht ahnt er die nächsten Schritte, die er gehen sollte, um sich von dem, was ihn bedrängt, zu befreien. Wer sich mit sich allein sein läßt, beginnt auch zu ahnen, wie wenig er sich kennt und wieviel ungelebtes Leben noch immer darauf wartet, ausgelebt zu werden.

Die »Wüste« ist der Ort, an dem ein Mensch »geistesgegenwärtig« wird, an dem er sich erkennt und neue Bilder sieht von dem, was im Leben möglich ist.

Majuaq, eine greise Eskimofrau, erzählte mit großen Handbewegungen die folgende Geschichte: »In alten Tagen feierten wir jeden Herbst große Feste zu Ehren der Seele des Wales, und diese Feste mußten stets mit neuen Liedern eröffnet werden; alte Lieder durften nie gesungen werden, wenn Männer und Frauen tanzten, um den großen Fangtieren zu huldigen. Und da hatten wir den Brauch, daß in jener Zeit, in der die Männer ihre Worte zu diesen Hymnen suchten, alle Lampen ausgelöscht werden mußten. Es sollte dunkel und still im Festsaal sein.

Nichts durfte stören, nichts zerstreuen. In tiefem Schweigen saßen sie in der Dunkelheit und dachten nach, alle Männer, sowohl die alten wie die jungen, sogar die kleinsten Knäblein, wenn sie eben nur so groß waren, daß sie sprechen konnten. Diese Stille nannten wir Quarrtsiluni. Sie bedeutet, daß man auf etwas wartet, das aufbrechen soll. Denn unsere Vorväter hatten den Glauben, daß die Gesänge in der Stille geboren werden. Dann entstehen sie im Gemüt des Menschen und steigen herauf wie die Blasen aus der Tiefe des Meeres, die Luft suchen, um aufzubrechen.«[49]

Gibt es eine Hilfe, überhaupt erst in die Stille zu kommen? Es gibt sie. Ich nenne sie »inneres Kino«:

- Setzen Sie Sich bequem hin, und schließen Sie die Augen.
- Nehmen Sie die Spannungen im Körper wahr.
- Nehmen Sie die sich aufdrängenden Gedanken wahr.
- Studieren Sie beide: die Spannungen im Körper und die Gedanken.
- Verändern Sie nichts, weder körperlich noch seelisch, bis »es« still wird in Ihnen.

Die innere Welt kennenlernen

Sinnerfahrung – das ist auch und im besonderen die Erfahrung der uns nicht bewußten inneren Welt. Wer über längere Zeit seine Träume ansieht und sie nicht zu bloßen Phantasien herabwürdigt, wird eine Ahnung von der Weite und Tiefe dieser Welt bekommen.

Die innere Welt ist der Bereich von Leben, für den andere Regeln gelten als für unser Bewußtsein. Er ist anders, aber nicht weniger wirklich. Er ist fremder, aber nicht weniger wichtig. Er scheint ferner, und doch ist er uns nah wie unser bewußtes Leben.

Die innere Welt ist ein unermeßlich großer »Speicher« von inneren Bildern, Farben und Gestalten, eine Welt der Gefühle, Ahnungen und Ideen. Sie ist eine Welt, aus der heraus wir spüren, was für uns sinnvoll ist und was nicht, welche Wege wir gehen sollten und welche nicht. Sie ist der »Ort«, an dem die »Weisheit des Herzens«, die Intuition, zu Hause ist. Und nicht zuletzt ist die innere Welt der »Ort«, von dem aus die Brücke beginnt zu jener anderen, von Menschen unterschiedlich benannten Welt: zur Tiefe des Seins, zum Lebensgrund, zur Transzendenz.

Zugegeben, viele Bilder sind dunkel, furchterregend und bedrückend. Viele dagegen sind hell, geben Halt und sind beglückend. Lernt man es, eine Beziehung zu den hellen Bildern aufzunehmen und sie zu bewahren, dann gewinnt das Leben eine andere Qualität. Dann wird es fundierter, leichter, heiterer. Dann versteht man, was Freiheit ist. Dann wächst die Liebe zum Leben. Dann erlebt man, was Ausgeglichenheit ist: Nämlich in der Balance zu sein zwischen Bewußtsein und Unbewußtem, Denken und Fühlen, innerer und äußerer Welt.

Es gibt keine vertiefte Sinnerfahrung ohne Begegnung mit der inneren Welt. Wer nicht oder kaum mit ihr Berührung hat, erfährt sich selbst nur halb. Das wäre so, als wollte man lieben ohne Herz.

Es gibt verschiedene Wege zu dieser Welt, doch manche, die beschrieben und gepriesen wurden, sind kein Weg zum Sinn. Deshalb kann es gut sein, erfahrene Menschen um Rat zu fragen. Einige Wege möchte ich Ihnen vorschlagen:

- Wer häufig *Märchen* liest und sich in die Welt ihrer Sinnbilder mitnehmen läßt, wird im Lauf der Zeit erleben, daß er sich zu verändern beginnt, daß er ruhiger und ausgeglichener wird, mehr Wärme in sich fühlt, daß er auch in der Realität mehr sieht, mehr fühlt, daß er mehr vom Leben hat, weil seine bewußte und seine unbewußte Welt zusammenrücken und er mehr als bisher mit sich eins wird.
- *Meditation* ist eine weitere Möglichkeit. In vielen Büchern sind unterschiedliche Methoden beschrieben. Wichtig wäre, sich von Kennern beraten oder sich praktisch in eine gute Methode einführen zu lassen.
- Die *Träume* sind unbestechliche Kritiker unserer Lebenshaltung und Lebensführung. Zugleich sind sie, wie manche Wünsche, Lotsen auf dem Weg zum Sinn. Wir können Träume wie Märchen lesen. Je häufiger wir uns mit ihnen beschäftigen, desto vertrauter werden sie uns. Und je vertrauter sie uns werden, desto leichter werden wir herausfinden, was sie uns sagen wollen von den Gründen des Lebens und auch davon, warum wir sie nicht finden.[50]

Einst stritten ein Alptraum und ein Wunschtraum darüber, welcher von beiden der wichtigere sei. Der erste warf dem zweiten vor, er führe die Menschen nur auf glatte Wege. Der Wunschtraum dagegen hielt dem Alptraum vor, er verbreite in den Träumern so viel Angst, daß sie dem Leben nicht vertrauen könnten.

Der Weisheitstraum, der aus einiger Entfernung den Streitenden zugehört hatte, gesellte sich zu ihnen und sagte nur: »Wenn die Menschen ihre verborgenen Wünsche nicht mehr fühlen könnten und auch nicht ihre verborgene Angst, dann wären sie wie Zugvögel, die das Sonnenland vergessen haben, und wie Rehe, die die Jäger nicht mehr spüren.«

Die beiden Träume verstanden, was der weise Traum ihnen hatte sagen wollen, und begruben ihren Streit.[51]

- Vor Beginn einer Wertimagination gebe ich den Teilnehmern der »Schule des Lebens« folgende Anregungen:

  Schließen Sie die Augen.

  Legen Sie beide Hände auf die Mitte Ihres Körpers.

  Schauen Sie sich an, wie es in Ihnen von selbst atmet.

  Lassen Sie die Wärme der Hände in Ihren Körper einfließen, bis unter den Händen ein Kreis entsteht.

  Schreiben Sie mit Ihrer inneren Hand das Wort *Sinn* in den Kreis.

  Warten Sie darauf, daß sich Ihnen Sinnbilder zeigen.

  Bleiben Sie bei den Bildern, bis Sie das Sinngefühl tief in sich aufgenommen haben.

Aus dem Bericht einer Frau:

Nachdem ich mit warmer roter Farbe das Wort »Sinn« in den Kreis geschrieben hatte, zeigte sich hinter dem Wort eine Straße, die mich zu einem schönen Haus führte. In der Mitte dieses Hauses sah ich einen großen Raum, von dem drei Türen in unterschiedlichen Farben ausgingen. Auf jeder Tür stand ein Wort. Neugierig, aber vorsichtig öffnete ich eine nach der anderen.

Auf der ersten Tür stand »Mut«. Nachdem ich sie geöffnet hatte, sah ich eine an die Wand gefesselte Frau, die mich flehentlich ansah, damit ich sie befreite. Beim näheren Hinsehen erkannte ich in ihrem Gesicht mich selbst und meine Ängstlichkeit. Ich band sie los. Da wurde mir ganz weit ums Herz.

Auf der zweiten Tür stand »Liebe«. In diesem, einem sehr dunklen Raum, sah ich viele gebeugte Menschen, die darauf warteten, aufgerichtet zu werden. Als ich den letzten aufgerichtet hatte, wurde der Raum ganz hell, und hell wurde es auch in mir.

Auf der dritten Tür stand »Freiheit«. Als ich sie öffnete, sah ich einen großen, hohen Raum, dessen eine Wand aus einer riesigen Glastür bestand. Sie war ein wenig geöffnet und lud mich ein, in eine vor mir liegende weite, wunderschöne Landschaft zu gehen. Ich kann mein Glück kaum beschreiben, das ich empfand, als ich die ersten Schritte nach draußen machte.

Barrieren beseitigen

Es gibt Barrieren vor den »Orten«, an denen Sinn gefunden werden kann. Diese Barrieren haben oft einfache Namen. Sie heißen z. B. Trotz, Selbstmitleid, Neid, Geltungssucht, Aggressivität, Maßlosigkeit, Ichbezogenheit, Unwahrhaftigkeit. Sie sind die Gegenspieler jener Gedanken, Gefühle und Handlungen, die die Bedingungen für ein gelingendes Leben sind.

Wer sich dem stellt, was ihm den Weg zum Sinn verstellt, beginnt, sich zu verstehen, zu sich zu stehen. Er sieht klarer, verhält sich klarer, beginnt zu ahnen, was wirklich wichtig ist. Er verbraucht auch weniger Kraft, weil er weniger verdrängt.

Es gibt keine runde, befriedigende, beglückende Sinnerfahrung, wenn jemand sich nicht so verhält, wie seine eigene Seele es von ihm erwartet. Wer gegen sich selbst lebt und also gegen das, was er im Grunde will, wie sollte der mit sich eins sein und Sinn erfahren?

Die wichtigsten Sinnfindungsbarrieren liegen in aller Regel nicht »draußen«, sondern »drinnen«, in der eigenen Seele. Wer sie allen Ernstes erkennen möchte, dem hilft vor allem eine einfache Frage weiter. Sie lautet: *Was gestehe ich, sogar mir selbst, nur ungern ein?*

Nicht ausweichen

Manchmal wünsche ich mir Engelszungen, um die Bedeutung dieses Punktes deutlich machen zu können:

Weichen Sie so wenig wie möglich aus – vor Menschen nicht, vor Aufgaben nicht, vor Möglichkeiten des Glücks nicht – vor sich selbst nicht! Jede freie und verantwortliche Entscheidung, die zur Tat wird, schafft Sinn in der Situation, in der Sie sich befinden, und weit darüber hinaus. Denn gelebte Freiheit und gelebte

(Selbst-)Verantwortung sind *die* Bedingungen für Sinnerfahrung.

Um dieser Fähigkeit nahe zu kommen, rate ich Ihnen,
sich vier Wochen lang an jedem Abend kurz die Situationen zu vergegenwärtigen, in denen Sie an Ihrem Vorhaben gescheitert sind, und sich darüber Aufzeichnungen
zu machen. Sie werden schon bald sensibilisiert sein für
die möglichen »Fallen« und gewiß der einen oder anderen
Niederlage entgehen. Sie werden sich wundern, in welch
starkem Maße sich Ihr Leben verändert.

> Ein Träumer steht in einem trüben, aber stillen Gewässer. Er
> weiß nicht, was er tun soll. Er beginnt sich zu langweilen. Da
> sieht er wenige Schritte von sich entfernt klares, doch turbu-
> lentes Wasser. Einerseits zieht es ihn magisch an, anderer-
> seits hat er Angst davor. Was soll er tun?
>
> Er geht nach vorn. Er geht ins klare, aber turbulente Was-
> ser. Er fühlt dessen Klarheit und Lebendigkeit. Dann wankt er,
> denn das Wasser droht ihn umzuwerfen. Einen Augenblick
> versucht er, standhaft zu bleiben, doch nur einen Augenblick.
> Dann resigniert er – und weicht zurück in das sichere, aber
> trübe Gewässer.
>
> Als er erwacht, bleiben ihm nicht einmal die Tränen über
> das verlorene Spiel.

Bei sich beginnen

Ich gehe von der Voraussetzung aus, daß der weitaus
größte Teil der Sinnproblematik in mißlingenden Beziehungen von Mensch zu Mensch begründet ist. Der Ursprung dieser Konflikte liegt vor allem darin, *daß wir zu
wenig sagen, was wir denken und fühlen, und daß wir zu
wenig tun, was wir sagen,* und dann die Gründe für unser
Versagen von uns auf andere schieben.

Es gäbe eine Lösung. Der große Menschenkenner Martin Buber hat sie so beschrieben:

»Es kommt einzig darauf an, bei sich zu beginnen, und in diesem Augenblick habe ich mich um nichts anderes in der Welt als um diesen Beginn zu kümmern. Jede andere Stellungnahme lenkt mich von meinem Beginnen ab, schwächt meine Initiative, vereitelt das ganze kühne und gewaltige Unternehmen.«[52]

Spüren Sie die Wohltat, die schon von der bloßen Vorstellung ausgeht, sich nicht mehr permanent darüber Gedanken machen zu müssen, warum und wozu der andere Ihnen Unrecht getan hat?

Ahnen Sie, welches Maß an Energie wir einsparen könnten, wenn wir darauf verzichteten, all das, wofür wir selbst verantwortlich sind, auf andere zu schieben?

Das wäre ein freieres Leben. Das wäre gelebte Freiheit. Das wäre auch die Hauptvoraussetzung dafür, Sinn im Leben zu finden.

Bei sich selbst beginnen ...

Anderen und Anderem begegnen

• Wer andere ansieht, schenkt ihnen Ansehen: Was sagen die Augen, was das Gesicht, was die Hände? Wer andere in den Blick nimmt, löst sich von seinem »kleinen Ich« und fühlt zugleich mehr als bisher sich selbst. Wer andere und anderes in den Blick nimmt, spürt den Wert dessen, dem er begegnet – und wird zugleich von selbst – vom Selbst – in seinem eigenen Wertgefühl berührt.

Wenn zwei Menschen einander freundlich ansehen, bauen sie in Windeseile eine unsichtbare Brücke von einem zum anderen – und kommen zueinander.

Wenn zwei Menschen einander ablehnend gegenüberstehen, bauen sie, jeder für sich, in Windeseile eine Mauer. Und jeder von ihnen starrt gegen die Mauer.

Doch wenn einer von beiden die Mauer nicht wollte, verlöre der andere – das könnte ja sein – seine grimmige Lust an dem häßlichen Bau.

- Der Mensch, den wir nicht mögen, vielleicht sogar hassen, ist anders als wir denken. Er ist bestimmt nicht so, wie wir ihn uns vorstellen. Denn weil wir ihn ablehnen, suchen wir nicht nach dem, was er auch ist. Und schon gar nicht erkennen wir sein Wesen. Denn das Wesen eines Menschen erkennen wir, wenn überhaupt, nur dann, wenn wir uns ihm öffnen und ihm zuwenden.

Unsere Gegner oder Feinde jedenfalls, denen wir vielleicht neue, stechende Namen geben, würden sich selbst vermutlich nicht wiedererkennen, wenn sie jene Bilder sähen, die wir von ihnen entwerfen.

Man dürfe nicht über einen urteilen, bevor man nicht einen halben Mond lang in seinen Mokassins gegangen sei, sagt eine indianische Weisheit.

Manchmal träume ich davon, wie es wäre, wenn ich nicht mehr so rasch über andere urteilte, wenn andere über mich nicht so rasch urteilten, wenn wir uns gegenseitig nicht so rasch beurteilten – wenn wir uns mehr als bisher sein ließen. Manchmal träume ich davon, wir machten uns auf Störungen aufmerksam und verletzten uns trotzdem so wenig wie möglich. Dann wäre Menschlichkeit mehr als ein Wort.

Wenn Sie demnächst mit Freunden – oder solchen, die es werden könnten –, einen Abend verbringen, dann träumen Sie doch einmal miteinander diesen Traum. Sie würden erfahren, daß niemand sich dieser Vision entziehen könnte. Es könnte sogar sein, daß dieser Traum so attraktiv wäre, daß Sie miteinander über erste konkrete Ideen ins Gespräch kämen.

- Wenn einer dem anderen zuhört, hört er hin auf das, was der andere sagt, hört er sich ein in das, was ihm fremd erscheint. Er kommt nicht gleich mit Einwänden, Kritik oder Vorschlägen. Er nimmt zunächst nur auf, was der andere sagt, nimmt ihn mit offenen inneren Armen auf. Und beide, der eine und der andere, fühlen sich wohl. Wenn einer dem anderen zuhört, entbindet er in dem, der spricht, nicht selten gute Erinnerungen und neue Einsichten, befreiende Selbstkritik und ermutigende Selbsterfahrungen und manches andere mehr. Wenn einer dem anderen zuhört, gibt er ihm und sich selbst Zeit und Raum und für die Dauer des Gesprächs auch Heimat.

• Das müßte nicht sein:

Manchmal stehen wir am Strand und sehen nur den Regen, nicht das Meer. Manchmal spielt die schönste Musik, doch hören wir nur ihre Geräusche. Manchmal möchten andere uns mit ihrem Lachen anstecken, aber selbst dann lassen wir unsere Sorge nicht los. Manchmal sagt jemand zu uns: »Ich hab dich gern« – wir aber denken nur an den Schmerz, den er uns einmal zugefügt hat.

• Sie sind auf einer Wanderung. Es regnet. Sie haben die falschen Schuhe angezogen. Die Stimmung Ihres Partners ist auch nicht beglückend. Sie sind mürrisch. Am liebsten würden Sie auf der Stelle umkehren. Sie wandern durch die Landschaft und sehen nichts als das eine, sich nicht verändernde Bild. Die Landschaft ist öde, meinen Sie. Bis jetzt jedenfalls[53]. Schließlich wird Ihnen Ihre üble Laune zu dumm. Sie machen die Augen *auf*. Sie sehen *hin*, sehen jenes Waldstück, auf das Sie schon längere Zeit zuwandern: Dort hinten am Waldrand äsen drei Rehe, weiter links erkennen Sie den alten Schafstall, den Sie seit einer Stunde vergeblich gesucht haben. Ein Stückchen weiter erblicken Sie eine wunderschön geschwungene Holzbrücke. All das, was Sie jetzt geradezu aufregt und Ihre Schritte beschwingt werden läßt, war vor fünf Minuten auch schon da. Und während Sie hinsehen auf das, was das Land Ihnen zeigt, wandert jemand neben Ihnen und beginnt zu lächeln.

Hier und heute ist Sinnerfahrung möglich

»Es gibt etwas, was man an einem einzigen Ort in der Welt finden kann. Es ist ein großer Schatz, man kann ihn die Erfüllung des Daseins nennen. Und der Ort, an dem dieser Schatz zu finden ist, ist der Ort, wo man steht.«[54] Das bedeutet: Das, was mir in *dieser Situation* begegnet, was mir *heute* vom Schicksal zugeteilt ist, was mich *gegenwärtig* zum Leben herausfordert, ist *die* Gelegenheit, mein Dasein wert- und also sinnvoll zu erleben, hier an *diesem* Ort, jetzt in *dieser* Zeit.

Daseins-*Erfüllung* erlebe ich, wenn ich den konkreten Rahmen meines Lebens so weit wie möglich ausfülle. Voll von Leben ist mein Tag, wenn ich die Möglichkeiten ausschöpfe, die ich in ihm vorfinde. Nicht die Menschen an sich, nicht die Dinge an sich, nicht die Feste des Lebens an sich füllen unser Dasein aus, sondern unsere von dem Wunsch geleitete Einstellung zu ihnen, sie hier und heute zum Schatz werden zu lassen. Darf ich Sie an eine bekannte Legende erinnern?

> Es waren zwei Mönche, die lasen miteinander in einem alten Buch, am Ende der Welt gebe es einen Ort, an dem Himmel und Erde sich berühren. Sie beschlossen, ihn zu suchen und nicht umzukehren, ehe sie ihn gefunden hätten.
>
> Sie durchwanderten die Welt, bestanden unzählige Gefahren, erlitten alle Entbehrungen, die eine Wanderung durch die ganze Welt fordert, und alle Versuchungen, die einen Menschen vom Ziel abbringen können. Eine Tür sei dort, hatten sie gelesen. Man brauche nur anzuklopfen und man befinde sich bei Gott.
>
> Schließlich fanden sie, was sie suchten. Sie klopften an die Tür. Bebenden Herzens sahen sie, wie sie sich öffnete. Und als sie eintraten, standen sie zu Hause in ihrer Klosterzelle. Da begriffen sie: Der Ort, an dem Himmel und Erde sich berühren, befindet sich auf dieser Erde, an der Stelle, die Gott uns zugewiesen hat.

Wünsche sind Lotsen zum Sinn

Wer nicht mehr oder noch nicht Sinn in seinem Leben sieht, sollte wieder einmal nach seinen Wünschen fragen, denn Wünsche können Werte und damit Lotsen zum Sinn sein.

Wünsche zeigen sich in wärmenden Gedanken, freudigen Impulsen, lang gehegten Phantasien. Nicht alle Wünsche lassen sich verwirklichen, nicht alle sind Vorbereiter für Sinn, aber einige, und auch nicht wenige.

Wünsche zeigen an, wer wir sind, wonach wir Verlangen haben, was wir brauchen, was gut ist auch für anderes Leben. Jene aber, die uns nicht treiben oder drängen, sondern uns herausfordern, sind in aller Regel die Werte, die Sinnvolles versprechen.

Manche Menschen scheinen ihre Wünsche nicht (mehr) zu kennen. Ob das stimmt? Ob ihre Träume ihnen keine Sinnbilder mehr schenken? Ob sie wirklich ihre Neigungen und Begabungen vergessen haben? Ob da gar nichts mehr ist, wonach sie sich ausstrecken könnten?

Kann es sein, daß die, die so reden, die Suche nach ihren Wünschen aufgegeben haben? Wenn das so wäre, dann hätten sie das Wichtigste aufgegeben: die Suche nach den Hauptsachen im Leben. Wer aber tatsächlich keine Wünsche mehr kennt und darunter leidet, braucht dringend fachliche Hilfe.

Die Lust an der Verantwortung entdecken

Manchmal geht es im Leben gar nicht mehr um unsere Wünsche und auch nicht darum, was uns zusteht. Wir sehen uns plötzlich vor Aufgaben gestellt – in Familie, Beruf, öffentlichem Leben, vor Aufgaben, die darauf warten, übernommen zu werden, und zwar von uns! Bin ich nicht, fragen wir vielleicht, für diese Aufgabe zu schwach? Oder: Warum sollte ausgerechnet ich mich dafür zur Verfügung stellen? Oder: Dafür also bin ich gut genug? Es kann sein, daß unsere Motivation für das, worum es jeweils geht, denkbar gering ist. Und dann?

Dann sehe ich die Aufgabe, die auf mich wartet.

Dann höre ich in mir die Frage: *Wer, wenn nicht ich*, käme in Frage? Und keine entlastende Antwort kommt.

Dann mache ich mich an die Aufgabe heran, zunächst widerwillig, mürrisch und frei von jeder Lust. Vielleicht ist das, was vor mir liegt, sogar noch unangenehmer als erwartet.

Dann aber ahne ich, daß ich die Aufgabe bewältigen könnte, daß ich nicht scheitern müßte. Nach und nach gewinne ich eine Beziehung zu ihr, gewinne auch eine andere Beziehung zu mir.

Freude kommt auf, vorsichtig zunächst und, ganz verstohlen, sogar eine gewisse Lust. Ich beginne, *Sinn* in dem zu fühlen, was sich mir heute in den Weg stellte. Ich beginne auch, *mich wert* zu fühlen.

Auf die Frage, was man zu tun habe, um Sinn zu erfahren, antwortete Martin Buber einmal: »Du, eingetan in die Schalen, in die dich Gesellschaft, Staat, Kirche, Schule, Wirtschaft, öffentliche Meinung und dein eigener Hochmut gesteckt haben, ... durchbrich deine Schalen, werde unmittelbar, rühre, Mensch, die Menschen an.«[55]

Liebe ist die tiefste Sinnerfahrung

Es gibt etwas, was die angstvolle Frage nach Sinn zur Ruhe kommen lassen könnte. Wahrscheinlich sehnen wir uns danach mehr als nach irgend etwas anderem. Nichts befreit uns mehr, nichts füllt uns mehr aus, nichts ist heilsamer als dieses menschlichste aller Gefühle. Unter allen Fährten des Lebens, die zum Menschsein überhaupt führen, gibt es keine, die unmittelbarer zur Mitte führt als die Liebe. Die Erkenntnis kann erregen, die Freiheit kann beglücken, die Liebe allein füllt den Menschen aus – wenn sie nicht nur sich selber meint. Die Liebe, die ich meine, ist ein unteilbares Gefühl. Sie ist nicht an bestimmte Personen oder überhaupt an etwas Bestimmtes gebunden. Sie bleibt auch nicht an einem Ort. Die Liebe, die ich meine, ist eine bestimmte, wohlwollende Haltung dem Leben gegenüber: ein Ja zu ihm und zu mir selbst.

Die Liebe ist ein *existenzielles*, ein zu jedem Menschen gehörendes Gefühl, ob es ihm bewußt ist oder nicht. Es mag verschüttet sein oder wenig entwickelt. Es bleibt eine reale Möglichkeit, solange wir leben. Selbst Menschen mit einer schweren Lebensgeschichte sind davon nicht ausgenommen.

Die Liebesfähigkeit hat eine Fülle von Aspekten. Wer liebt, schenkt Wohlwollen, Wärme, Offenheit, Aufgeschlossenheit, Aufmerksamkeit, Zuwendung, Schutz, Geborgenheit, Ermutigung, Ansehen. Wer liebt, andere und sich, entzündet in sich und anderen das Gefühl, wert zu sein. Er liebt das Beste aus sich und ihnen heraus. Viel stärker noch hat Dietrich Bonhoeffer die Liebe beschrieben:

>»Nichts, wirklich gar nichts ist lebenswert ohne Liebe; aller Sinn des Lebens ist erfüllt, wo Liebe ist. Dieser Liebe gegenüber wird dann alles andere ganz gleichgültig. Was heißt Glück und Unglück, was Armut und Reichtum, was Ehre und Schande, was Heimat und Fremde, was heißt Leben und Tod, wo Menschen in der Liebe leben? Sie wissen es nicht, sie unterscheiden es nicht; sie wissen nur, daß ihnen Glück wie Unglück, Armut wie Reichtum, Ehre wie Schande, Heimat wie Fremde, Leben wie Sterben nur dazu dienen, umso stärker, umso reiner, umso völliger zu lieben. Sie ist das Eine jenseits aller Unterschiede. Die Liebe ist stark wie der Tod. «[56]

133

Kann man zu lieben lernen? Kann man etwa auch die unterentwickelte oder verschüttete Liebe (wieder) zum Vorschein bringen? Man kann. Man sollte sich jedoch zuvor bewußt machen und daraus konkrete Schlüsse ziehen, daß der Widerstand gegen das Lieben – darauf wies C. G. Jung hin – die eigentliche Ursache für die Unfähigkeit zur Liebe ist.

Das Geheimnis, lieben zu lernen, liegt in der *Anschauung*.

Zwei Beispiele:

1. Je mehr ich Menschen, Tiere, Pflanzen, Leben *anschaue*, desto mehr nehme ich sie wahr. Je mehr ich sie wahrnehme, desto mehr erkenne ich ihr Wesen. Je mehr ich ihr Wesen erkenne, desto mehr staune ich über sie. Je mehr ich über sie staune, desto mehr achte ich sie. Je mehr ich sie achte, desto mehr respektiere ich ihre Andersartigkeit. Je mehr ich ihre Andersartigkeit respektiere, desto mehr kommt mir das andere Leben entgegen. Je mehr mir anderes Leben entgegenkommt, desto lieber gehe ich darauf zu. Je mehr mir anderes Leben entgegenkommt und ich darauf zugehe, desto näher sind wir uns. Je näher wir uns sind, desto tiefer erkennen wir uns in unserem Wesen. Je tiefer anderes Leben mich in meinem Wesen erkennt, desto mehr fühle ich mich angenommen. Je mehr ich mich angenommen fühle, desto leichter und wohlwollender sehe ich anderes Leben an. Hier schließt sich der Kreis.

2. Um die Liebe tiefer als bisher erfahren zu können, führe ich die Teilnehmer der »Schule des Lebens« mit folgenden Worten in die Wertimagination ein:

- Schließen Sie die Augen.
- Schauen Sie sich an, wie es in Ihnen von selbst atmet.
- Legen Sie beide Hände auf Ihr Sonnengeflecht.
- Lassen Sie die Wärme Ihrer Hände in das Sonnengeflecht einfließen.

- Schauen Sie mit Ihren »inneren Augen« in das Sonnenge-flecht hinein.
- Schreiben Sie mit Ihrer »inneren« Hand das Wort *Liebe* hinein – und warten Sie auf die Bilder, die sich Ihnen zeigen.
- Bleiben Sie bei dem, was sich Ihnen zeigt, bis Sie das Gefühl der Liebe tief in sich aufgenommen haben.

Kurze Wertimagination:

Ein junger Mann steht am Eingang eines festlichen Saales, in dem leise Musik erklingt. In der Mitte des Saales bilden Gestalten in weißen Gewändern einen Kreis. Die ihm am nächsten stehende winkt ihm freundlich zu. Nachdem er sich ihr genähert hat, führt sie ihn behutsam in die Mitte des Kreises.

Dann geschieht etwas Seltsames: Die Herzen aller Gestalten beginnen zu leuchten und werfen ein warmes Licht auf ihn. Dann erscheint in jedem Herzen das Wort »Liebe«. Tief bewegt steht der junge Mann da. Ein nicht gekanntes, neues Gefühl durchflutet ihn. Längere Zeit bleibt er so stehen.

Dann kommt eine andere Gestalt auf ihn zu und führt ihn nach draußen auf einen Hof, auf dem mehrere Kinder still und unbewegt verharren. Sie scheinen auf jemanden zu warten. Als er ihnen näherkommt, »weiß« er, daß sie auf ihn gewartet haben. Sie wirken verwahrlost und hungrig. Tiefes Mitgefühl füllt ihn aus. Er beugt sich zu ihnen nieder, sieht jedes Kind an und begreift, was er zu tun hat.

Ob eine Wertimagination dieser Art über den Moment hinaus tatsächlich liebesfähig macht? Eine gewiß nicht. Je häufiger man jedoch diese oder ähnliche Erfahrungen macht, desto leichter lösen sich die inneren Barrieren auf, die bisher den Zugang zur Quelle der Liebe behinderten. Das gilt selbstverständlich auch für alle anderen *Wert-Ziele*.

Sinnerfahrung trotz Leiderfahrung

Vielleicht gehören Sie zu den Menschen, die alles verloren haben, was ihnen wichtig war: die Liebe, die Arbeit, die Gesundheit, so daß Sie sich fragen, ob Sie und wie Sie ohne »das alles« weiterleben können.

Ob Sie *alles* verloren haben?

Vielleicht sind Sie im Lauf der Zeit müde geworden von zu vielen Niederlagen. Vielleicht haben Sie die Hoffnung aufgegeben, daß auch Sie noch einmal fühlen könnten, wohin Sie gehören und wo Sie zu Hause sind. Vielleicht denken Sie, das Leben habe Sie verlassen.

Ob das *Leben* Sie verlassen hat?

Manchmal kann es gut sein, sich für eine Weile einfach fallen zu lassen, der Müdigkeit den Raum zu geben, den sie braucht, und nichts mehr von sich und anderen zu erwarten. Manchmal bleibt unsere Seele zurück, wenn sie nicht mehr weiter kann. Dann bleibt uns selbst nichts mehr, als darauf zu warten, daß sie nachkommt, uns einholt und wieder auszufüllen beginnt. Dieses Warten darf sein. Es muß auch sein, denn die innere Welt richtet sich nach Regeln, die oft ganz anders sind als die der äußeren, leistungsorientierten Welt.

Vielleicht aber sagen Sie, Ihr Leben sei immer schon sinnlos gewesen. Immer schon? Sie haben noch nie Sinn gefühlt? Alles, was Sie erlebten, empfanden Sie als sinnlos? Sie kennen keine Freude, keine gute Zeit? Das wäre bedrückend.

Wer sagt, er habe Sinn noch nie erfahren, sollte sich fragen, ob er wirklich meint, was er sagt, und ob es zutrifft, was er meint.

Menschen, deren Leben schwer war, neigen dazu, ihre dunklen Erfahrungen zu verallgemeinern, aus Trotz, aus verkapselter oder offener Wut, auch aus Haß gegen alles, was lebt. Nicht selten jedoch liegt unter dieser Abwehr von Leben eine letzte Glut verzweifelter Liebe zum Leben.

Wer sagt, er habe Sinn noch nie erfahren, muß sich deshalb auch fragen, ob er will, was er tut, nämlich: sich immer wieder einzutrotzen, einzuwüten, einzuhassen und die darunter liegende letzte Liebe sterben zu lassen. Ich höre noch immer den Satz meines Lehrers Frankl in mir: »Man kann auch Sinn verweigern ...«

Nun gibt es allerdings auch Menschen, die »alles« verloren und die gelernt haben, ihr Leid zu gestalten, und dadurch zu tiefer Sinnerfahrung gelangt sind.

Nein, diese Menschen lieben nicht das Schwere in ihrem Leben, sie lieben *das Leben*. Sie lieben das Leben trotz der Schwere und haben zweifellos lange gebraucht, bis sie sich zu dieser Lebenseinstellung durchringen konnten. Wie haben sie das gelernt?

Sie haben begriffen, daß es entscheidend ist, *worauf* man sieht: auf das, was man *nicht (mehr)* ist, nicht (mehr) hat, nicht (mehr) kann – oder darauf, welche Möglichkeiten *noch immer* oder *gerade jetzt* offenstehen.

Unser Leben wird von dem bestimmt, was wir zur Hauptsache machen. Machen wir das *Leiden* und die damit verbundenen Einschränkungen, Bedrängnisse oder Verluste zur Hauptsache, dann wird unser Denken, Fühlen und Handeln, dann werden all unsere Beziehungen zum Leben von diesem einen Thema bestimmt. Dann liegen auch die meisten attraktiven Möglichkeiten, die unsere Tage trotz allem bringen könnten, im Schatten des Leidens und bleiben unerreichbar fern.

Liegt uns dagegen das *Leben selbst* am Herzen, dann werden wir hier und heute aus den konkreten Lebenssituationen an Wertvollem herausleben, was herauszuleben ist. Dann werden wir das Schwere zwar nach wie vor nicht übersehen können, es wird jedoch allmählich seine tragische Bedeutung verlieren.

Ob Leben gelingt oder nicht, ob Leid sich gestalten läßt oder nicht – alles hängt davon ab, ob wir dasein, ob wir leben, ob wir das Beste aus unserem Leben herausholen wollen oder nicht. Die Entscheidung darüber, ob wir auf das eine oder das andere sehen, nimmt uns glücklicherweise niemand ab. Denn in dieser Freiheit liegt unsere Würde.

Dem Seinsgrund näherkommen

Zu sich selbst und zu tiefster Sinnerfahrung kommt ein Mensch meiner Auffassung nach nur in dem Maße, in dem er seine ursprüngliche Beziehung zum Grund des Seins und damit zum Grund seines Wesens (wieder) erfährt. Die Verweigerung dieser Beziehung wäre einem Baum vergleichbar, der von seinen Wurzeln getrennt wird.

Ist aber nicht gerade diese Beziehung unverfügbar?

Ich spreche nicht vom Glauben, sondern von Erfahrungen des unbewußten Geistes. In vielen Wertimaginationen erfahren Menschen – ob gläubig oder nicht, ob religiös sozialisiert oder nicht – Symbole, die auf den transzendenten Ursprung des Menschen und seine Beziehung zu ihm hinweisen.

Seltsam: Wenn ich Klienten frage, wonach sie sich am meisten sehnen, sprechen sie – nachdem sie die vorläufigen Antworten wie Erfolg, Anerkennung, gute Familie, soziale Sicherheit, mehr Zeit etc. selber als nicht ausreichend empfunden haben – von Geborgenheit, innerer Heimat, tiefem Sinngefühl, davon, im Leben verwurzelt zu sein, sein zu dürfen und vom Leben geliebt zu werden. Von diesen Gefühlen aber sprechen auch Imaginanden, wenn sie Bildern der Transzendenz begegnen. Das bedeutet offenbar, daß Menschen generell die tiefste Erfüllung in der Begegnung mit solchen Symbolen erfahren.

Ein Beispiel von vielen:

Ein Mann, der allem »Religiösen« gegenüber eher aggressiv eingestellt war, erlebte in einer Wertimagination am »Ort der Geborgenheit« dieses:

Er liegt in der Mitte einer riesengroßen, warmen Hand und fühlt sich getragen, beschützt, geborgen. Er sagt: »Hier könnte ich ewig bleiben.« Lange Zeit schweigt er. Dann höre ich ihn sagen: »Seltsam, die Hand nimmt mich ganz auf, und trotzdem bin ich ganz bei mir.«[57]

Heißt das etwa, daß die Mensch-Gott-Beziehung verfügbar sei? Verfügbar nicht, doch können wir uns für die Möglichkeit einer solchen Beziehung öffnen. Ein Bild sagt deutlicher, was ich meine: Wenn ich in den Nachthimmel blicke und einen Stern »sehe«, dann »sehe« ich ihn und sehe ihn doch nicht. Ich sehe seine Strahlen, den Stern selber aber sehe ich nicht. Doch sind es die Strahlen, die die Herzen höher schlagen lassen.

Das bedeutet?

Ich kann unter den Nachthimmel treten oder auch nicht. Ich kann mich in mir selbst der Transzendenz öffnen oder mich ihr verschließen.

Fragen, die Zugänge zu Wert und Sinn öffnen können

1. Oft ist die Stille der »Ort«, an dem sich neuer Sinn zu zeigen beginnt. Daß ich sie nicht aufsuche, liegt am Mangel an Zeit?
2. Was sagt der Sinnskeptiker, was sagt der Sinnsucher in mir?
3. Ist das, was ich *jetzt* bin und tue, das, was ich *hauptsächlich* sein und tun will? Was will ich hauptsächlich sein und tun?
4. Welche der typologisch bedingten Sinnfindungsbarrieren verschließt mir die Zugänge zur Wert- und Sinnerfahrung: Aggression, moralische Überheblichkeit, Unwahrhaftigkeit, Neid, Distanz, Angst, Maßlosigkeit, Machtgebaren, Sinnskepsis, Hochmut? Welche lebensgeschichtlich oder persönlich bedingte Sinnfindungs-

barriere verschließt mir die Zugänge: alte Verletzungen, Mangel an Lust an der Freiheit?

5. Was wäre, wenn ich von heute an die Ursachen für meinen Sinnmangel nicht mehr bei *anderen* suchte?

6. Führe *ich* mein Leben selbst?

7. Ich habe *nichts*, was ich lieben könnte? Nichts zeigt sich mir, was darauf wartet, geliebt zu werden? Lasse ich zu, daß ich mich innerlich verhärte?

8. »Heute ist der erste Tag vom Rest meines Lebens.« Ob ich diesen Satz begreife?

In einer Wertimagination machte ein älterer Mann, der noch immer sich selbst und seinen Platz im Leben suchte, diese Erfahrung:

> Er wanderte durch Städte und Landschaften, doch nirgendwo hatte er das Gefühl, angekommen zu sein. Schließlich mochte er nicht mehr weitersuchen. Da stieg er – es war um die Mittagsstunde – auf einen Baum, von dem aus er einen weiten Blick ins Land hatte. Er wartete und wartete, wartete auf einen Menschen, der ihm geben würde, wonach ihn so stark verlangte. Er wartete bis zum Abend. Doch niemand kam.

Erst nach der Imagination ging ihm auf, daß ein Mensch dem Leben nicht diktieren kann, wann er die Suche nach der inneren Heimat beenden darf.

Exkurs: Worauf soll man hoffen?
Ein Brief an einen jungen Freund nach dem
11. September 2001

Lieber Freund,

als wir uns das letzte Mal sahen, wirktest du sehr bedrückt. Wir trafen uns kurz nach dem 11. September 2001, als die Türme von New York gefallen waren. Du schütteltest immer wieder den Kopf und sagtest: »Ich kann es einfach nicht fassen.« Als wir die Nachrichten sahen und jemand sagte, der Terror sei noch längst nicht vorbei, sagtest Du nur: »Worauf soll man denn noch hoffen?«

Auch ich war nach dem 11. September zunächst verwirrt, entsetzt, zornig, tieftraurig, hilflos, ohnmächtig vor Wut. Ich erinnerte mich an einen versehentlich ausgelösten einstündigen ABC-Alarm, der eine ganze Stunde lang die Menschen unserer Region in lähmende Angst versetzte. Jeder, der ihn hörte, hatte das Gefühl, nichts ändern und nirgendwohin fliehen zu können.

Inzwischen haben sich in mir die Gedanken geordnet. Doch Deine Frage läßt mich nicht los: »Worauf soll man denn noch hoffen?« Dabei denke ich an meine Kinder und an Dich, aber auch an andere junge Menschen, die diese Frage stellen. Und die Älteren? Viele von ihnen, die bewußt leben, werden sich diese Frage auch stellen. Denn wenn die Hoffnung verloren zu gehen droht, droht auch der Sinn verloren zu gehen. Und wenn der Sinn fraglich wird, macht sich die Angst breit. Die Hoffnung aber ist die »Mutter« des Sinns.

In den letzten Wochen war oft der Satz zu hören, die Welt werde nie wieder so sein, wie sie einmal gewesen sei. Ob die Welt vor dem 11. September eine andere war? Ob die Hoffnung zu anderen Zeiten bessere Gründe hatte? Das glaube ich nicht. Menschen sind nur ihrer eigenen Zeit gegenüber unmittelbar, den anderen Zeiten nicht. Alle Zeiten – Du kennst Dich ja in der Geschichte gut aus – haben ihre eigenen Gefährdungen und ihre eigenen Möglichkeiten. Sie verändern jeweils ihre Gestalten, ihre Quellen bleiben bestehen. Mag sein, daß zu verschiedenen Zeiten mal das Positive, mal das Negative überwiegt, doch bleibt die Welt Welt und also ein Spannungsfeld zwischen lebensbejahenden und lebensverneinenden Kräften.

Ich sehe Dich vor mir, während ich diese Zeilen schreibe. Ich sehe, wie Du Dich aufrichtest und erstaunt sagst, ich sei doch sonst so hoffnungsvoll, wie Du mich fragst, ob ich etwa meine Hoffnung verloren habe.

Nein, mein Freund, das habe ich nicht. Zweifellos leidet die Hoffnung vieler Menschen in dieser Zeit, und auch meine leidet. Es gehört jedoch zu ihrem Wesen, daß sie immer dann lebendig wird, wenn sie herausgefordert wird. Herausgefordert wozu? Nicht zu kapitulieren. Wovor nicht zu kapitulieren? Vor der schleichend sich nähernden Resignation. Denn Resignation ist vorzeitige Beendigung der Suche nach Hoffnung, nach Sinn, nach neuem Leben, ist kraftlos-trotzige Abwehr und Verweigerung der weiteren Suche nach Gründen für gutes Leben. Wer resigniert, gibt auf: sich selbst, andere, die Welt. Er gibt das Beste auf, was er hat: die Hoffnung auf ein sinnvolles Leben.

Aber wenn doch die Welt sich nicht ändert, höre ich Dich sagen, wenn das nie aufhört, das Hauen und Stechen, das Bomben und Töten, das Verraten und Hintergehen, die Jagd nach Geld und Erfolg, wenn doch die Angst, die Traurigkeit, die Niedergeschlagenheit und vieles andere mehr, was uns bedrückt, wenn die einen schrecklichen Krankheiten besiegt und dafür neue, unberechenbare aufkommen, wenn immer neue Kriege angezettelt werden oder die Politiker sich nicht einmal über die Lösung des die *ganze Welt* bedrohenden Ozonlochs einigen können, welche vernünftige Antwort wird es dann wohl auf die Frage geben, *wozu* weiter zu leben sich lohnt, *woher* man denn die Hoffnung nehmen soll, ein solches Leben bejahen zu können.

Während Du Dich so aufregst, spüre ich, wie tief wir miteinander verbunden sind. Auch ich stelle mir diese Fragen und rege mich darüber auf, was wir Menschen mit uns und unserem wunderschönen Stern treiben. Wenn Du mich jetzt nach Antworten fragst, kannst Du davon ausgehen, daß ich Dir nur solche Dinge sage, von denen ich überzeugt bin.

Obwohl das Spannungsfeld zwischen lebensbejahenden und lebensverneinenden Kräften eine bleibende Gegebenheit ist, begehre ich gegen den Satz auf, daß Leben nun einmal so sei, wie es sei, und man es nicht ändern könne. Denn vieles Niederziehende, Krankmachende, Kaputtmachende, Verrückte ist nicht mit dem Spannungsfeld zwischen den Polen zu rechtfertigen, ist nicht Schicksal, mit dem wir uns abzufinden haben, sondern Ausdruck der Tatsache, daß wir zuwenig unsere Freiheit in Gebrauch nehmen, daß wir zuwenig die Lust der Verantwortung empfinden, daß wir zuwenig Phantasie für die Kraft der Liebe spüren, daß wir zuwenig Sensibilität für die Endlichkeit des Lebens entwickeln und damit für die begrenzten Möglichkeiten, aus uns selbst und dem Leben etwas Besseres zu machen.

Daß Leben veränderbar ist, erlebe ich ja täglich in der konkreten Arbeit mit Menschen. Da gibt es viele, die nicht mit günstigen körperlich-seelischen Anlagen ausgestattet sind und deren Kindheit und Jugend keinesfalls besonnt war. Trotzdem gelingt es den meisten im Lauf der Zeit, anders als bisher zu empfinden, zu fühlen, zu denken und zu handeln. Wie das geschieht? Dadurch, daß sie begreifen, daß sie so wie bisher nicht weiterleben wollen und nach neuen Zielen suchen. Wenn sie sich gedanklich und emotional ihren Zielen nähern, entwickeln sie einen starken Drang, sie auch erreichen zu wollen.

Ich ahne, mein Freund, was Du denkst. Du fragst, wo denn mein Sinn für Realität geblieben sei und ob ich allen Ernstes behaupten wolle, daß das, was Einzelne erreichten, auf Menschen allgemein übertragbar sei. Und wenn ich etwa der Ansicht sei, eine solche Entwicklung brauche viel Zeit – ob ich Dir denn zumuten wolle, Hoffnung nur für spätere Generationen zu hegen?

Es ist gut, daß Du mich mit diesen Fragen herausforderst. Ich werde jedoch das gleiche mit Dir tun:

Du hast das Glück, Student zu sein. Täglich siehst Du viele junge Menschen. Sprich mit ihnen, wie Ihr die Welt erlebt. Frag sie, wie sie sie gegenwärtig finden und wie sie darin leben möchten. Denk mit ihnen darüber konkret nach. Trefft Euch regelmäßig. Überlegt, warum was geschieht, doch bleibt nicht in der Problemanalyse hängen. Dann fragt danach, was Ihr zunächst in Eurem Bereich ändern könntet.

Damit werden wir die Welt nicht verändern, sagst Du. Die Welt zunächst nicht, aber Euch selbst. Warum? Wenn Ihr beginnt, Eure Gedanken auf reale, bisher jedoch nicht gelebte Möglichkeiten zu lenken, wenn Ihr beginnt, Gedanken Taten folgen zu lassen, werdet Ihr erleben, daß sich Euer Leiden an der Welt verringert und Eure Hoffnung sich ausbreitet.

Ich höre Dich sagen, was denn ein Einzelner oder eine kleine Gruppe schon ausrichten könne. Diese Frage ist Gift. Sie öffnet der Resignation Tür und Tor. Sie verstopft die Zugänge zur Freiheit, zur lustvollen Verantwortung, vor allem zur Phantasie für das, was real möglich ist. Besonders aber verhindert sie den Entschluß, Neues zu beginnen.

Als ich einmal in den Bergen war, konnte ich beobachten, wie Lawinen entstehen. Am Anfang verbündeten sich ein paar Schneeflocken. Als sie miteinander schwer genug waren, begannen sie in die Tiefe zu rollen. Auf ihrem Weg nahmen sie andere Flocken mit, so daß der Schneeball größer wurde und immer größer. Das Bild hat mir viel gesagt.

Nenn mich nicht einen Schwärmer. Schwärmer sind Menschen, die ihre Phantasie über die Grenzen des real Möglichen hinausschicken. Davon aber rede ich nicht.

»Keine Revolution«, hat Max Frisch einmal herausfordernd gefragt, »hat je die Hoffnung derer, die sie gemacht haben, vollkommen erfüllt; leiten Sie aus dieser Tatsache ab, daß die große Hoffnung lächerlich ist, daß die Revolution sich erübrigt, daß nur der Hoffnungslose sich Enttäuschungen erspart usw., und was erhoffen Sie sich von dieser Ersparnis?«[58]

Du schweigst. Was geht in Dir vor? Ob Du an Deine Müdigkeit denkst, die Dich manchmal überfällt? Jene Müdigkeit, die nichts mit Mangel an Schlaf zu tun hat?

Kann es sein, daß Du nicht mehr hoffen *willst*? Daß Du Dir neue Enttäuschungen ersparen möchtest? Glaubst Du wirklich nicht mehr daran, daß gutes Leben möglich ist – für Dich und die »Welt«?

Während ich diese Zeilen schreibe, fällt mir ein Gedicht der Wiener Schauspielerin Erika Pluhar ein. Jedes Mal, wenn ich selbst müde bin vom Leben und diese Zeilen lese, werde ich wieder wach und spüre, wie sie meinen kämpferischen Sinn für Leben wecken. Die Pluhar hat das Gedicht für ihre achtzehnjährige Tochter geschrieben:

> Schau dir das hingespuckte Stück Leben an
> vom Geborenwerden bis hin zum Tod
> wie das nur weh tut und uns quält
> und müde macht das Suchen nach dem Glück

Trotzdem kämpfen wir
trotzdem glauben wir
trotzdem lieben wir
trotzdem.

Schau dir all die verbrauchten Gesichter an
die sich selbst verloren haben vor der Zeit
wie man sie gebrochen hat mit System
und weil die Angst so sehr gefügig macht
Trotzdem kämpfen wir
trotzdem glauben wir
trotzdem lieben wir
trotzdem.

Schau dir die Welt und ihre Kriege an
das endlose Morden, die Zerstörung ohne Sinn
und wie man unseren Stern verdirbt
und langsam schleift
nur weil das Geld die Welt regiert
Trotzdem kämpfen wir
trotzdem glauben wir
trotzdem lieben wir
trotzdem.

Schau dir den Baum vor deinem Fenster an
die Blätter im Regen, die Blätter im Licht
wie er sich aufrecht hält wie ein Wort
und nicht schweigen will, bis man ihn fällt
Trotzdem kämpfen wir
trotzdem glauben wir
trotzdem lieben wir
trotzdem. [59]

Woher kommt dieses »Trotzdem«, wirst Du fragen. Aus der Liebe. Aus der Liebe zu diesem Leben. Was sie bedeutet, kann ich am besten wieder an meiner Arbeit mit Klienten veranschaulichen. Du kannst Dir vorstellen, daß mir nicht jeder, der zu mir kommt, gleich besonders sympathisch ist. Die Menschen kommen ja mit Problemen, an denen sie sich selbst reiben. Dann aber geschieht im Lauf der Zeit etwas Merkwürdiges:

Je tiefer ich diese Menschen kennenlerne – und ich bin sicher, daß es den meisten meiner Kolleginnen und Kollegen ähnlich ergeht – desto liebenswerter werden sie mir. Je mehr ich mit ihnen vertraut werde, desto leichter fällt es mir, sie mit all den Eigenschaften und Verhaltensweisen anzunehmen, die mir fremd sind und die sie selbst nicht mögen. Du weißt, was ich damit sagen will:

Je tiefer ein Mensch das Leben kennenlernt, desto weniger möchte er es missen. Je mehr er es kennenlernt, desto mehr sucht er es zu verstehen. Je mehr er es zu verstehen beginnt, desto mehr liebt er es – keinesfalls nur das Leichte, Flockige, Schöne, auch, wenn es denn sein muß, das andere: das Schwere, Dunkle, Widerständige. Wer aber das Leben liebt, hofft darauf, daß er solange wie möglich mit ihm verbunden bleibt, komme, was da wolle.

Du fragst, was Hoffnung *eigentlich* sei. Eine herrliche Antwort hat Franz Grillparzer gegeben: »Eine frohe Hoffnung ist mehr wert als zehn trockene Wirklichkeiten.«

Hoffnung ist neben dem Wunsch nach Sinn der stärkste Beweggrund eines Menschen. Sie gehört ursprünglich zu ihm. Sie ist etwas spezifisch Menschliches. Sie kann vergessen, verschüttet oder verdrängt sein – auflösen wird sie sich nie!

Wer hofft, hat ein Gefühl für werdendes, sich veränderndes Leben. Er erwartet Neues: neue Möglichkeiten, leben zu können, neuen Sinn, neue Erfahrungen. Deshalb begrenzt der, der hofft, die Macht der alten, niederziehenden Erfahrungen. Er entwickelt einen neuen Blick für Leben, für sein eigenes und das ganze Leben.

Wer nicht zu hoffen wagt, sieht nur auf das, was war, und nicht auf das, was werden könnte. Er öffnet sich nur den alten, lebensarmen Erfahrungen und verschließt sich den neuen. Wer nicht zu hoffen wagt, glaubt nicht daran, daß sich eine Brücke zeigt, wenn er die Kugel der Hoffnung über den Fluß zu werfen wagt. Er gibt seinem Leben keine Chance.

Ein anderes Bild für Hoffnung: Das Leben erscheint mir wie ein Strom. Ein Strom ist kein Kanal. Mit jeder Windung des Stromes verändert sich die Landschaft. Immer wieder tauchen unvermutet neue Türme, neue Burgen, neue Städte, neue Berge auf – jedenfalls für den, der nicht aus seinem Lebensboot aussteigt, weder innerlich noch äußerlich, sondern auf dem Strom, Leben genannt, weiterfährt.

Worauf man hoffen kann? Darauf,

- daß keine Zeit der anderen gleicht -
- daß vergangenes Leben die neuen Tage auf Dauer nicht dominieren muß –
- daß Menschen sich in ihren Gedanken, Empfindungen, Gefühlen und Handlungen verändern können, besonders dann, wenn die Not es verlangt -
- daß Leben Entwicklung ist -
- daß neue Gründe für Leben sich oft dann erst zeigen, wenn sie tatsächlich gebraucht werden -
- daß die Hoffnung sich manchmal von selbst zeigt, vielleicht erst dann, wenn die Hoffnungslosigkeit am größten ist.

Du fragst, was ich tue, wenn sich die Hoffnung in mir zurückzieht? Zunächst hilft mir die Unterscheidung zweier Formen von Hoffnung: die *spezifische* und die *unspezifische*.

Die erste ist auf Konkretes ausgerichtet, die zweite auf Unbestimmtes. Wer auf Konkretes hofft, hofft z. B. auf die Überwindung einer Krankheit, auf einen neuen Arbeitsplatz, auf die Wiederkehr des geliebten Menschen, darauf, daß ein sich anbahnender Krieg nicht stattfindet, daß der Klimagipfel erfolgreich sein wird etc.

Die andere Hoffnung richtet sich auf Unbestimmtes. Diese Hoffnung scheint mir die hilfreichere der beiden zu sein, weil sie sich nicht im schmalen Land der Vorstellungen und Wünsche erfüllt. Sie fixiert sich nicht auf sie. Sie überschreitet deren enge Grenzen. Sie stellt nicht bestimmte Forderungen, wie künftiges Leben auszusehen hat. Sie hofft darauf, daß Leben weitergehen, gut weitergehen wird, so oder so.

Über die andere, mir wichtigste Hilfe zu sprechen, fällt mir nicht leicht. Ich will jedoch vor Dir, meinem Freund, nicht ausweichen:

Wann immer ich angesichts der Schreckensmeldungen in den Medien trübsinnig werde, ziehe ich mich zurück und lasse es in mir ganz still werden. Wenn ich mich dann frage, worauf ich noch hoffen kann, schälen sich einige Sätze heraus, »Glaubenssätze«, die ich nicht beweisen kann, deren Echtheit ich jedoch tief fühle:

- Ich glaube, daß Sinn im Leben gegeben ist, solange das Leben pulsiert.
- Ich glaube, daß sich Gründe für sinnvolles Leben finden lassen, solange wir sie suchen.
- Ich glaube, daß es diese Gründe gibt, weil Leben einen tragenden Grund hat.
- Ich glaube, daß dieser Grund auch persönliche Züge hat, weil ich ihn sonst nicht fühlen könnte, und dieses Persönliche die Liebe ist.
- Ich glaube, daß die Welt und also auch Du und ich von diesem Grund gehalten werden, auch wenn wir sie oft nicht verstehen.

In alter Treue   Dein
                                                        U.B.

Wege zum Glück

Was ist Glück?

Der Begriff »Glück« taucht in der Antike bei Platon, Aristoteles und Seneca auf (eudaimonia, beatitudo). Einig waren sie und viele nachfolgende Philosophen sich darin, daß Menschen nichts mehr verbindet als die Sehnsucht nach diesem kostbaren Gut. Einig waren sich die frühen Philosophen auch darin, daß Glück mehr sei als ein Hochgefühl, nämlich »eine Balance zwischen glücklichen und unglücklichen Erfahrungen«, also eine Haltung, die die Widersprüche und Gegensätze des Lebens umfaßt und daher »ein grundlegendes Einverständnis mit allem, was geschieht, sei es positiv oder negativ«, bedeutet[60]. Diesem Verständnis von Glück stimme ich zu.

Von Beginn an gingen jedoch die Ansichten der Philosophen darüber auseinander, was Glück konkret sei und wie man zu ihm gelange. Glück hat eben viele Gesichter und Aspekte. Es wird von jedem Menschen in seiner jeweiligen Lebensphase, es wird von jeder Zeit und jeder Kultur unterschiedlich erlebt. Daher läßt es sich auch nicht eindeutig definieren. Vielleicht können wir uns darauf verständigen: *Glück ist das Gefühl eines Menschen, die Situation, in der er sich befindet, voll bejahen zu können und nirgendwo anders sein zu wollen.*

Diese »Definition« würden allerdings die Engländer und Franzosen unzureichend finden, denn sie unterscheiden zwei Arten von Glück: den glücklichen *Zufall* und das glückliche *Erleben des Augenblicks*. Daher sprechen sie von »good luck« und »happiness« oder von »bonne chance«

und »le bonheur«. In Deutschland dagegen verwenden wir für Glück nur dieses eine Wort. Und damit bin ich einverstanden. Denn wenn ich Glück als Zufall verstehe, gebe ich damit lediglich zu verstehen, daß ich die Ursache oder den Grund des glücklichen Erlebens nicht kenne.

Das Glück sperrt sich nicht nur dagegen, begrifflich eindeutig erfaßt, es sperrt sich auch dagegen, gekauft oder gar erzwungen zu werden. Es entzieht sich jedem Zugriff. Die Tür zum Glück gehe nach außen auf, hat Kierkegaard einmal gesagt. Daher kann kein Mensch sich selbst glücklich »machen«.

Heißt das etwa, daß man nichts tun kann, um es zu erleben? Nein. Möglich ist, sich für das Glück zu öffnen, ihm entgegen zu gehen und empfangsbereit zu sein. Allerdings suchen viele den Weg zum Glück so, »wie sie ihren Hut suchen, den sie auf dem Kopf tragen« (N. Lenau), nämlich unaufmerksam und orientierungslos.

Es ist wichtig, glücklich zu sein. Denn ein glücklicher Mensch ist mit sich und der Welt im Einklang. Er ist freundlich und gütig. Er hat eine beglückende Ausstrahlung. Er ist mit sich eins. Er bejaht Leben. Andere fühlen sich in seiner Nähe wohl, blühen auf. Denn »durch die Freude wird der Sinn seßhaft. Aber durch die Schwermut geht er ins Exil«[61].

Wie findet man Glück?

Die Wege zu ihm, führen zwar nicht zwangsläufig zum Ziel. Sie sind jedoch aller Erfahrung nach günstige Voraussetzungen dafür, es erleben zu können. Sie führen zur Weiterbildung der Persönlichkeit. Sie aber ist die primäre Voraussetzung für Glücksfähigkeit.

Sich selbst erfahren

Viele sind der Auffassung, sie wären glücklich, wenn sie wohlhabend und daher wirtschaftlich unabhängig, wenn sie berühmt, bekannt und anerkannt, wenn sie gesund und frei wären von dem, was uns üblicherweise bedrängt oder bedrückt. Es wäre töricht, wollte man so tun, als ob diese Vorzüge das Glück nicht begünstigen könnten. Und doch: Wenn nicht in uns selbst das Leben fließt, wenn sich nicht die eigene Seele immer wieder erneuert, verändert, weiter und tiefer wird, stellt es sich auf Dauer nicht ein. Darum ist es gut, sich so gut wie möglich kennenzulernen.[62]

So ist es beglückend, auf »inneren Wanderungen« z. B. den »Lebenskünstler« kennenzulernen. Er gehört zu den besonders sympathischen Gestalten der inneren Welt. Er ist die Symbolisierung des Zusammenspiels von Lebensklugheit und Humor und kennt daher die »dritten« Wege. Er kann sich in jedem Menschen zeigen, vorausgesetzt, daß man ihn sucht.

Häufig trägt der Lebenskünstler bunte Gewänder. Er ist gelassen. Er ist heiter, jedoch nicht ohne Tiefe. Er ist leicht, doch realitätsbezogen. Er nimmt die Dinge des Lebens ernst, sich selbst jedoch nicht allzu ernst. Wer mit ihm vertraut wird, bemerkt, wie sich sein Verhalten zum Leben zu verändern beginnt. Auf charmante Weise gibt er praktische und tiefsinnige Anregungen, dem Leben das jeweils Beste abzugewinnen. Einige der Empfehlungen des Lebenskünstlers gebe ich hier wieder:

1. Sei, so vermittelt er uns, nicht vergangenheits-, sondern gegenwartsorientiert. Such die Schätze nicht in der Ferne. Such sie hier und heute und an dem Ort, an dem sie sich gerade befinden.
2. Fixier dich nicht auf deine Probleme. Schau sie dir an, dann geh weiter. Denn je mehr du dich auf das fixierst, was dich behindert, desto mehr entfernst du dich von dem, was du in Wahrheit willst. Bist du in einer schwierigen Situation, laß dich nicht von tragischen Gefühlen fesseln, sondern versuche, dein Problem

auch von einem anderen, bekömmlicheren Standort aus zu betrachten.

3. Der Lebenskünstler bejaht Leben. Er schönt es nicht, sucht aber vor allem das Gute und Wichtige. Seine Suche führt dazu, daß er immer wieder neue Gründe findet, warum sich zu leben lohnt. Er bestätigt in vielen Variationen, was auch C. G. Jung einmal sinngemäß so gesagt hat: Die Welt sei reich genug, daß jeder ausreichend Gründe für ein beglückendes Leben finden könne.

Offen bleiben

Vieles, was wir haben und behalten möchten, geht wieder verloren: Geld und Geltung, Jugend und Liebe, Partner und Freunde, Gesundheit und Schönheit und vieles andere mehr. Vieles um uns herum verändert sich. Das jedoch, was uns gewiß bleiben könnte, ist die jedem Menschen gegebene Möglichkeit, sich den Wandlungen und Veränderungen gegenüber offen zu verhalten und damit offen zu bleiben für das Glück.

Was ich damit meine, sagt eindrucksvoll die folgende Tao-Geschichte:

> Ein alter Mann lebte sehr arm in seinem Dorf. Doch selbst Könige waren auf ihn neidisch, denn er besaß ein wunderschönes weißes Pferd. Sie boten ihm für das Tier phantastische Summen, aber er verkaufte es nicht.
>
> Eines Morgens fand er sein Pferd nicht im Stall. Da versammelten sich alle Dorfbewohner und sagten: »Du dummer alter Mann! Wir haben immer gewußt, daß das Pferd eines Tages gestohlen werden würde. Es wäre besser gewesen, du hättest es verkauft. Welch ein Unglück hast du nun!«
>
> Der alte Mann antwortete: »Geht nicht so weit, das zu sagen. Alles, was ist, ist: Das Pferd ist nicht im Stall, soviel ist

Tatsache. Ob es ein Unglück ist oder ein Segen, weiß ich nicht, weil ich nicht weiß, was folgen wird.« Die Leute lachten den Alten aus. Sie hatten schon immer gewußt, daß er ein bißchen verrückt war.

Aber: Nach fünfzehn Tagen kehrte das Pferd zurück. Es war nicht gestohlen worden, sondern in die Wildnis ausgebrochen. Und: Es brachte zwölf wilde Pferde mit! Wieder versammelten sich alle Menschen des Dorfes und sagten: »Alter Mann, du hast recht gehabt. Daß das Pferd nicht mehr im Stall war, hat sich tatsächlich als Segen erwiesen.« Der Alte entgegnete jedoch: »Wieder geht ihr zu weit. Alles, was ist, ist: Das Pferd ist zurück. Ihr lest nur ein einziges Wort in einem Satz –, wie könnt ihr dann das ganze Buch beurteilen?«

Nun hatte der alte Mann einen einzigen Sohn, und der begann, die Wildpferde zu trainieren. Eine Woche später fiel er von einem Pferd und brach sich die Beine. Erneut versammelten sich alle Menschen des Dorfes und urteilten: »Du hast recht, die Wildpferde wurden dir und deinem Sohn zum Unglück. Dein einziger Sohn kann die Beine nicht mehr gebrauchen. Er war die Stütze deines Alters. Jetzt aber bist du ärmer als je zuvor.« Der Alte aber antwortete: »Alles, was ist, ist: Mein Sohn hat sich die Beine gebrochen. Niemand weiß, ob dies ein Unglück ist oder ein Segen. Das Leben kommt in Augenblicken, und mehr bekommt ihr nie zu sehen.«

Eines Tages ergab es sich, daß das Land einen Krieg begann. Alle jungen Männer des Dorfes wurden zwangsweise zum Frontdienst eingezogen. Nur der Sohn des alten Mannes blieb zu Hause, weil er gebrochene Beine hatte. Der ganze Ort war vom Wehgeschrei erfüllt, weil dieser Krieg nicht zu gewinnen war und weil man wußte, daß die meisten jungen Männer nicht zurückkehren würden. Wieder kamen alle zum alten Mann und sagten: »Du hattest recht. Was tatsächlich kommt, weiß man vorher nie. Die gebrochenen Beine haben sich als Segen erwiesen. Und wieder entgegnete der alte Mann: »Alles, was ist, ist: Man hat eure Söhne in die Armee eingezogen, und mein Sohn wurde nicht eingezogen. Nur ›das Ganze‹ weiß, ob dies ein Segen oder ein Unglück ist.«

Herausforderungen annehmen

Manches, was sich um uns herum verändert, erleben wir zunächst als bedrückend: Der eine verliert die Arbeit, der andere den Partner. Der dritte ächzt unter den Steuern, die seinen Lebensplan stören, der vierte trauert, weil die großen Kinder das Haus verlassen. Selbstverständlich wird kein ernsthafter Mensch solche oder ähnliche Veränderungen zunächst gelassen hinnehmen.

Wer aber begreift, daß Leben eine ständige Herausforderung ist und seine Wechselfälle annimmt, sich also nicht ständig beklagt oder bemitleidet, wird im Lauf der Zeit erfahren, daß er eigenständiger, mutiger und gelassener wird. Er wird erleben, daß es sogar ein gewisses Vergnügen bereiten kann, den Widerständen nicht nur zu trotzen, sondern sie auch überwinden zu können. Er wird auch erfahren, daß er weniger von der Welt angegriffen wird, weil er weniger Angriffsfläche bietet.

Sehen lernen

Man müßte *Seh*-Schulen einführen! Man könnte sich allerdings auch selbst darin üben, das Hinsehen zu lernen. Hinsehen worauf? Auf das, was uns begegnet: auf alte und junge Gesichter, auf Wolken und Sterne, auf Mauerblumen und Bäume, auf Balkone und Eingangstüren, auf die Teetasse und den Ring – auf das, was uns hier und jetzt begegnet.

Wozu das gut sein soll?

Wer hinsieht auf das, was ihm begegnet, knüpft Beziehungen zu dem, was er sieht. Er erkennt mehr, erfährt mehr von dem Leben, das ihn umgibt. Die Welt wird für ihn reicher. Er lenkt seine Gedanken und Empfindungen hin zu dem, was manchmal wichtiger ist als die Analyse des Trübsinns.

Wie wichtig das Hin- und Über-sich-selbst-Hinausse-
hen ist, hat Frankl am Beispiel des Auges verdeutlicht:
Nur das kranke Auge nimmt sich selbst wahr, das gesunde nicht. Frankl verwendete diese Tatsache als Veran-
schaulichung seiner wichtigsten Erkenntnis, daß ein
Mensch in dem Maße zu sich selbst kommt, in dem er andere und anderes in den Blick nimmt.

Wer damit begonnen hat, mehr als bisher auf das zu sehen, was ihm hier und jetzt entgegen kommt, wird auch
mehr und mehr seine anderen Sinne gebrauchen: Er wird
mehr hören, mehr tasten, mehr schmecken, mehr riechen.
Er wird entdecken, daß der *Sinnen-Erfüllte* zum *Sinn-Er-
füllten* werden kann – und das in dem Maße, in dem er
über sich hinaussieht.

Die Frage, *worauf ich sehe*, ist in der Tat eine besondere
Hilfe zur Einübung in Lebenskunst. Der richtige Umgang mit ihr kann Leben verändern. Sie macht mir bewußt, ob ich primär auf das Negative oder das Positive
sehe, auf das, was Leben einengt oder fördert, auf das, was
traurig oder glücklich macht. Sie macht mir bewußt, daß
sich mir das Negative von selbst aufdrängt, ich dagegen
das Positive suchen muß. Und sie macht mir bewußt, ob
ich zum Leben »ja«, »jein« oder »nein« sage. Von meinem
Ja, Jein oder Nein aber hängt die Qualität meines Lebens
ab! Neige ich zum Nein, kann mich die Frage dazu herausfordern, mich um eine veränderte Sicht dessen zu
bemühen, was zunächst bedrückend zu sein scheint.

Ein schlichtes Beispiel:
Ein Mann neigt zum Nörgeln. Schon vor dem Frühstück
bringt er es im Nörgeln zu wahrer Meisterschaft. Er hat eine
halbe Stunde weniger als üblich geschlafen. Die Sonne
scheint noch nicht. Seine Frau lacht ihn nicht gleich an. Der
Frühstückstisch ist unordentlich gedeckt. Der Tag in der Firma
wird mit einer Aussprache beginnen – glaubt er. Überhaupt
wird dieser Tag nicht sein Tag werden – denkt er. Und ganz

gewiß wird das so sein, wenn er sich weiterhin nur auf das ausrichtet, was ihn ärgert und was er befürchtet. Und seine trüben Gedanken werden sich verdichten.

Und worauf könnte er sehen? Auf seine Frau, die ihn trotz seiner Nörgeleien noch immer liebt, darauf, daß er durchgeschlafen hat, daß es nicht regnet, auf den neuen Frühstücksaufstrich, auf den freundlichen Kollegen etc. Danach müßte unser Nörgler suchen. Und täte er es, käme er seinem Glück ein erhebliches Stück näher.

Sein »kleines Ich« überschreiten

Auf meine Frage, welcher Satz seiner Auffassung nach für Menschen der wichtigste sei, antwortete mein alter Psychoanalytiker, ohne zu zögern: „Ich sehe den anderen.« Schon damals, vor über 30 Jahren, entsprach dieser Satz nicht mehr dem Geist der Zeit; er entspricht ihm heute erst recht nicht. Wichtig scheint heute vor allem zu sein, ob das, was geschieht, „mit mir zu tun hat«, ob »ich nicht zu kurz komme«, ob ich mich gegen andere „abgrenzen« kann, ob ich meinen Vorstellungen entsprechend bekomme und lebe, was ich und wie ich es will.

Mir ist klar, daß die Jahrhunderte andauernde *Unterschätzung* der Bedeutung der eigenen Bedürfnisse, Wünsche und Vorstellungen die Menschen nicht gerade liebesfähiger, geschweige denn freier oder gar glücklicher gemacht hätte, im Gegenteil. Wer sich chronisch danach richtet, was Dogmen, Konventionen oder Mitmenschen von ihm erwarten, verliert sich selbst und damit seine Liebe zum Leben. Die Wende von der einseitigen Ausrichtung auf andere und anderes hin zur vorläufigen *Überschätzung* der Bedeutung der eigenen Bedürfnisse, Wünsche und Vorstellungen war verständlich und notwendig. Schließlich ist es ein Gesetz des Lebens, daß große geistesgeschichtliche Veränderungen zunächst über das intendierte Ziel hinausschießen.

Worauf will ich hinaus? Ich möchte zeigen – nicht moralistisch, sondern phänomenologisch –, daß die in unserer Zeit zu beobachtende Tendenz, das »kleine Ich« in den Mittelpunkt zu stellen, das Gegenteil von dem bewirkt, wonach sich Menschen sehnen. Mit dem „kleinen Ich" meine ich das Egomane: den überstarken Drang, sich selbst zu wichtig zu nehmen, vor allem die eigenen Wünsche und Belange durchzusetzen und daher andere und anderes zuwenig im Blick zu haben.

Ein Beispiel:

Ein Mann befindet sich auf einer Abendgesellschaft. Viele reden. Das Thema ist ihm nicht vertraut. Er weiß nichts dazu zu sagen. Er will aber etwas sagen, nicht, weil ihn das Thema interessiert, sondern weil er bemerkt werden will. Zunächst schweigt er. Bald hört er nicht mehr zu. Angespannt sitzt er da. Sein Gesicht verkrampft sich. Nervös achtet er darauf, ob jemand ihn ansieht. Seine Unruhe wächst. Da lacht jemand. Der Mann lacht mit, obwohl er gar nicht weiß, worüber der andere lacht. Immerhin nimmt man sein Lachen zur Kenntnis. Das Gespräch geht weiter.

Plötzlich bietet sich ihm eine Gelegenheit, die Aufmerksamkeit auf sich zu lenken. Er spricht von sich, was allerdings nicht ganz zum Thema paßt. Höflich geht man darauf ein. Wohl ist dem Mann nicht. Trotzdem gibt er nicht auf. Er beugt sich vor und reißt das Gespräch an sich. Man sollte in der Runde ruhig etwas lockerer sein, wirft er ein und redet weiter. Einen Augenblick spürt er Genugtuung. Er ist dran! Man sieht auf ihn. Endlich steht er im Mittelpunkt. Das hat er gewollt! Doch was er eigentlich wollte, bekommt er nicht: Sympathie. Er verabschiedet sich.

Auf dem Heimweg fühlt er ein wenig Scham. Er gesteht sich ein, daß er bei den anderen nicht angekommen ist, weil er nicht auf sie zugegangen ist. Nur äußerlich war er bei ihnen. Nur sich hatte er im Blick, die anderen nicht.

Da kommt Trotz auf: Hatte er nicht das Bedürfnis zu reden? Hatte er nicht ein Recht darauf, mehr beachtet zu werden? Wozu hatte man ihn eingeladen?

Die Gedanken kommen auch nicht zur Ruhe, als er sich schlafen legt. Wer waren die Menschen, mit denen er den Abend verbrachte? Woher kamen sie? Wie hießen sie? Worum ging es im Gespräch? Kein Name, kein Gesicht, kein Inhalt kommt ihm nahe. Er war an dem Abend unter den vielen allein. Er ist es auch jetzt.

Was geschieht, wenn man übermäßig um sein »kleines Ich« kreist?

Je häufiger ein Mensch dieses Ich im Blick hat, desto häufiger ist er darauf fixiert. Je mehr er auf sein Ich fixiert ist, desto mehr fixiert er sich auf seine Wünsche und Vorstellungen. Je mehr er sich auf seine Wünsche und Vorstellungen fixiert, desto mehr verengt sich sein Wertgesichtsfeld. Je mehr sich sein Wertgesichtsfeld verengt, desto weniger Gründe für Sinn und Glück findet er. Je weniger er Gründe für Sinn und Glück findet, desto mehr leidet er an sich. Je mehr er an sich leidet, desto mehr sieht er auf das, was er nicht ist, nicht hat, nicht kann. Je mehr er auf seine Mängel sieht, desto häufiger kreist er um sein »kleines Ich«. Je mehr er um sein Ich kreist, desto weniger sieht er über sich hinaus. Je weniger er über sich hinaus sieht, desto mehr verfängt er sich in seinen Bedürfnissen, Wünschen und Vorstellungen. Hier schließt sich der Kreis.

Welche inneren Schmerzen und Verluste das „kleine Ich« verursacht, läßt sich besonders deutlich an den Grenzen erkennen. Besonders am neurotischen Menschen kann man die Auswirkungen übermäßiger Ichbezogenheit studieren, d. h. sein Ungleichgewicht im Spannungsfeld zwischen Individualität und Gemeinschaft, Liebe zu sich und Liebe zum Leben. Diese Bemerkung ist keine moralistische Bewertung leidender Menschen, sie ist nur eine nüchterne Beschreibung einer schädigenden Lebenseinstellung und deren Auswirkungen. Daß diese Einstellung nicht bewußt entwickelt wird, ist mir bekannt.

Vier Beispiele:

Der *zwangsneurotische* Mensch kreist permanent, ob es ihm bewußt ist oder nicht, um sein *Schuldgefühl*. Er will alles, nur nicht schuldig sein oder werden. Darum vollzieht er, um zu sühnen, ein Ritual nach dem anderen. Doch indem er sich seines Schuldgefühls zu entledigen versucht, übersieht er seinen Partner, seine Kinder, seine beruflichen Aufgaben, das ganze pralle Leben.

Der *depressive* Mensch kreist permanent um sein *Unvermögen* und klammert sich deshalb an den Nächstbesten. Doch indem er sich symbiotisch an den anderen hängt, treibt er ihn von sich, erfährt dessen notwendige Abgrenzung und erlebt mehr noch als bisher seine Hilflosigkeit.

Der *angstneurotische* Mensch kreist permanent um seine *Angst*, sieht in allem und jedem Gefährliches und versucht deshalb ständig, sich zu schützen. Doch indem er nur noch auf seine Angst starrt und seine Sicherungsstrategien im Blick hat, verliert er immer mehr die Beziehung zu sich selbst und seinen Mitmenschen.

Der *psychosomatisch* Leidende kreist permanent um seine *Störungen* und versucht, was er nicht ist, hat oder kann, mit seiner Krankheit zu rechtfertigen. Doch indem er sich vor allem mit ihr befaßt, verliert er zunehmend die Beziehung zu seiner Seele, zu dem, wozu sie ihn herausfordern möchte, und auch zu den anderen, die ihn in seinen Schmerzen nicht zu verstehen scheinen.

Was wäre aber, wenn ein Mensch – so weit wie möglich – von seinem »kleinen Ich« befreit wäre? Er käme zu sich *selbst*. Und käme er zu sich selbst, dann bräuchte er sich nicht mehr um dieses ihn traktierende Ich zu sorgen. Wie sähe das aus?

Einige Beispiele:

1. Ich sehe ein spielendes Kind. Ich spreche es an, es hört mich nicht. Ich setze mich zu ihm, es beachtet mich nicht. Es ist ins Spiel vertieft. Ins Spiel und zugleich in sich selbst. Das Kind ist in sich selbst vertieft, weil es ins Spiel vertieft ist. Es vergißt seine Umgebung, es vergißt die Zeit, es vergißt sich selbst – und ist doch ganz bei sich, ganz in der Zeit, ganz da.

2. In einer Selbsterfahrungsgruppe fühlte sich ein Teilnehmer zunehmend unglücklich. Mir war aufgefallen, daß er, wann immer er sich äußerte, nur seine Belange einbrachte und wenig Interesse an anderen zu haben schien. Wenn er sich anderen zuwandte, so nur deshalb, um das Gespräch auf seine eigene Problematik zu lenken.

   Ich empfahl ihm, in der nächsten Sitzung gar nichts zu sagen, nur zuzuhören. Ungläubig hörte er sich die Anregung an. Nach der Sitzung kam er gelöst auf mich zu und sagte: »Es darf ja nicht wahr sein. ... Das war ganz fabelhaft. Ich fühle mich gut wie seit langem nicht mehr. Ich habe die ganze Zeit wirklich zugehört. Nichts, aber auch gar nichts habe ich vermißt. Im Gegenteil: Ich war den anderen nahe und sie mir vermutlich auch. Mir ist heute etwas aufgegangen.«

3. Ein Arzt in mittleren Jahren ließ sich vom Krankenhausdienst beurlauben, weil er sich von den Nöten der Menschen im Balkankrieg zutiefst angesprochen fühlte. Er organisierte zahlreiche Hilfsgütertransporte nach Sarajewo und anderen Brennpunkten des Krieges, weitete schließlich sein Engagement auch auf Rußland aus. Darüber wäre viel zu erzählen. Kurzum: Dieser nicht gerade robuste Mensch arbeitete rund um die Uhr und hatte trotz seiner manchmal auftretenden Erschöpfungszustände mehr Energie und Lebensfreude zur Verfügung als in allen Jahren zuvor. Sein

Geheimnis? Sein Blick für andere und die damit verbundene Aufgabe, die *existenzielle Erfahrung*, daß gerade der, der über sein »kleines Ich« hinaussieht, bereichert wird.

Wer von seinem »kleinen Ich« befreit ist, löst sich auch leichter als manch anderer von der peinigenden Sorge um die eigene Bedeutsamkeit. Er ist von der inzwischen überstrapazierten Frage nach dem Selbstwert befreit. Wer aber davon befreit ist, läßt sich mehr auf das Leben ein, das ihm gerade begegnet. Er beansprucht weniger und steht weniger unter dem Druck der eigenen Ansprüche. Er wird wohltuend sachlich. Er gewinnt Augenmaß für das, was hier und jetzt möglich und notwendig ist und was nicht. Er findet das Ja in der Ambivalenz des Lebens.

Frankl hat, was ich meine, in diese Worte gefaßt: »Zum Wesen des Menschen gehört das Hingeordnet- und Ausgerichtetsein, sei es auf etwas, sei es auf jemand, sei es auf ein Werk oder auf einen Menschen, auf eine Idee oder eine Person! Und nur in dem Maße, in dem wir solcherart intentional sind, sind wir existenziell, nur in dem Maße, in dem der Mensch geistig bei etwas oder bei jemandem ist, bei geistigem, aber auch bei ungeistigem anderem Seienden – nur im Maße solchen Beiseins ist der Mensch bei sich.«[63] Deshalb ist das Hauptfeld möglicher Sinn- und Glückserfahrung die Beziehung von Mensch zu Mensch und zu anderem Leben.

Das innere Kind aufleben lassen

In den Wertimaginationen begegnet uns häufig das »innere Kind«. Es ist die Personifizierung der noch ungebrochenen Lebenskräfte. Um ihm wieder näher zu kommen, bedarf es jedoch keiner Wertimaginationen. Sie könnten ihm auch begegnen, wenn Sie täten, was Sie als Kind am liebsten getan haben oder getan hätten: Zu spielen, »Unvernünftiges« zu tun, sich hin und wieder gehen zu lassen, sich zu verwöhnen, sich wie einen Freund zu behandeln.

Lieber Leser, nehmen Sie diesen Hinweis nicht als Scherz. Denn das »innere Kind« bleibt eine Herausforderung an uns Erwachsene bis zum Tod. Es symbolisiert das Wichtigste, wonach wir uns sehnen: Lebensbejahung, Lebensfreude, Liebe zum Leben. Es ist die größte Quelle für Kreativität, für die Gestaltung des Lebens mit tausend Variationen.

Ein Beispiel zur Ermutigung, dieses Kind aufleben zu lassen:
Vor einigen Jahren schrieb ich im »Hamburger Abendblatt« einen Artikel, den eine reife Frau sehr ernst nahm. Als sie ihn gelesen hatte, setzte sie sich in Hamburg ins Flugzeug – sie war keineswegs wohlhabend –, flog nach Paris, trank auf den Champs Elyseé eine Tasse Kaffee und flog gleich danach zurück. Die Reise wurde für sie zum Fest, dessen Wirkung weit über diesen Tag hinaus anhielt. Der Artikel, der den Titel »Verwöhnungstag« trug, enthielt folgenden Wortlaut (ich gebe ihn in verkürzter Form wieder).[64]

Stell dir vor, daß du dich zweimal im Monat, an ganz bestimmten Tagen, von dir selbst verwöhnen läßt.
Du folgst, so weit wie möglich, deinen Wünschen und Impulsen.
Du erlaubst dir das, was du dir sonst nicht erlaubst. Du wirst selber wissen, was das sein könnte.
Es geht an diesen Tagen jedoch nicht nur ums Tun, sondern auch ums Sein. Es geht darum, daß du in dieser Zeit dir selbst ein Freund bist.
Sich selbst ein Freund sein, das bedeutet: Sei so zu dir, wie du deinem Freund gegenüber manchmal sein kannst.
Und wenn dir an deinem Verwöhnungstag einmal oder zweimal das eine oder andere nicht gelingt, dann gilt die

Spielregel, daß du dich so wenig wie möglich darüber ärgerst. Der nächste Verwöhnungstag kommt ganz bestimmt.

Leider gibt es immer nur wenige, die tun, wovon sie träumen. Ich wünsche dir, daß du zu ihnen gehörst.

Versöhnungstag

Der Artikel hatte zur Folge, daß mich Leser auch auf die Möglichkeit eines Versöhnungstages aufmerksam machten. Ein solcher Tag – er sollte einmal im Monat stattfinden – könnte für das Zusammenleben von Menschen große Bedeutung haben: für die Partnerschaft und die Familie, für Freunde und Verwandte, für den beruflichen Bereich. Er könnte deshalb wichtig werden, weil Aggression – wie die Liebe – ein unteilbares Gefühl ist und nie nur den »Beleidigten«, sondern immer auch den »Beleidiger« selbst trifft. Außerdem lebt jede gute Gemeinschaft davon, daß Bedrängendes und Bedrückendes ausgesprochen und überwunden wird.

Wie könnte die Idee eines Versöhnungstages zur Praxis werden?

- Zunächst einmal ist es wichtig, der »Umwelt« die Idee bekanntzumachen, so daß sie sich darauf einstellen und mit ihr vertraut werden kann.
- Dann ist es gut, einen festen Tag zu bestimmen.
- Drittens kommt es darauf an, eine klare Form für den Versöhnungsablauf zu entwickeln, zum Beispiel diese sehr einfache:

Zuerst spricht der »Beleidigte« aus, was ihm zu schaffen gemacht hat, und der andere hört ihm zu. Natürlich können auch Gruppen miteinander sprechen. Danach spricht der »Beleidiger« aus, warum er sich so und nicht anders geäußert hat, und der »Beleidigte« hört ihm zu. Dann spre-

chen beide miteinander darüber, was sie während des Zuhörens gedacht und empfunden haben.

Schließlich geht es darum, wenn möglich, einander die
Hand zu reichen und etwas Heiteres miteinander zu unternehmen.

Sollte eine Versöhnung noch nicht möglich sein, ist späte-
stens am nächsten Versöhnungstag die Möglichkeit dazu gegeben.

Selbstverständlich werden auf diese oder eine ähnliche
Weise keine schwerwiegenden Probleme gelöst. Doch
wer sich auf dieses merkwürdige Ritual einließe, gäbe
dem anderen zu verstehen, daß auch ihm an der Überwindung des Problems gelegen wäre. Selbst wenn nur zehn
Leser einmal im Monat diesen seltsamen Tag einführten,
kämen vielleicht zwanzig oder mehr dem Glück ein erhebliches Stück näher.

Bestimmte Träume leben

Viele Träume vom Leben lassen sich nicht leben. Da fehlt
das Geld oder die Gesundheit, die Jugend oder der große
Mut. Da ist eine soziale Bindung wichtiger oder Mangel
an Begabung verhindert die Erfüllung. Viele Träume können nicht wirklich werden, weil konkrete Wirklichkeiten
sie nicht zulassen. Aber *einen* Traum muß jeder Mensch
irgendwann einmal gelebt haben! Denn wer keinen seiner
Träume verwirklicht, wird arm sterben. Warum? Weil er
nie die pure Lust, nie das Ungewöhnliche, nie das ganz
Große kennengelernt hat. Das ganz Große? Das ist nicht
immer das, was sich nur Wohlhabende erlauben können.
Das ist auch nicht immer das, was auffällig ist. Das ist
vielmehr das, was ein Mensch im Rahmen seiner Möglichkeiten »einfach toll« findet: Vielleicht die eine bestimmte Reise, das eine bestimmte Konzert, der eine be-

stimmte Auftritt als Sänger/in, der Kauf des einen breit-krempigen Hutes, die Begegnung mit dem einen be-stimmten Menschen, das Begreifen des einen bestimmten Zusammenhangs.

Das ganz Große? Das ist das, was wir unbedingt tun, erleben oder erwerben sollten, weil wir ahnen, daß in uns, wenn wir das *für uns* Große nie erlebten, zeitlebens ein schales Gefühl zurück bliebe.

Es geht nicht um Utopien, sondern um erfüllbare Wün-sche. Es geht nicht nur um Vernünftiges, sondern auch um Unvernünftiges, um Lebendiges, um das, was unser Bewußtsein erweitert und die Lust am Leben, also die Be-jahung von Leben vertieft.

Und wenn man einen solchen Traum kennt und nicht den Mut hat, ihn leben zu lassen?

Wer so denkt, steht vor der Wahl: sich entweder auf sein behauptetes Unvermögen zu fixieren – oder den Traum vor seinem inneren Auge so lebendig werden zu lassen, daß er zum Magneten wird.

Vita brevis – das Leben ist kurz.

Spielen[65]

Wie Johan Huizinga in seinem berühmten Buch »Homo ludens«[66] gezeigt hat, ist das Spiel ein Grundelement des Menschen. In kaum einem Kulturbereich fehlen spieleri-sche Elemente.

Das Spiel ist ein beglückendes Reservat in der oft so ernsten Alltagswelt auch und vor allem für Erwachsene, zum einen, weil es ihnen die Kindheit zurückbringt, zum anderen, weil sie, wie die Kinder, spielend in eine andere Zeit wechseln.

In der Alltagswelt ist es in einem bestimmten Jahr an ei-nem bestimmten Tag 12 Uhr. Im Spiel dagegen befindet man sich in der zweiten Runde oder im dritten Akt. Das

Spiel ist eine eigene Welt mit eigenen Regeln, die während seiner Dauer nicht nur die übliche Zeitstruktur, sondern auch andere Regeln des normalen Lebens außer Kraft setzt, so daß es einen Kontrapunkt zur Alltagswelt darstellt. Das hat Entlastung, Befreiung, Freude und Glück zur Folge. Und selbst dann, wenn das Spiel keine Freude bringt, wird die neue Zeitstruktur nicht verlassen.

Was diese Zeitstruktur des Spiels bedeutet, zeigt sich besonders dann, wenn man, vielleicht nur für kurze Zeit, angesichts von Leiden und Tod in seinen beglückenden Schutzraum einbezogen wird.

Dazu ein eindrucksvolles Beispiel:
Kurz vor dem Einmarsch der russischen Armee in Wien gaben die Wiener Philharmoniker noch Konzerte. Weder die Musiker noch ihre musikbegeisterten Hörer ließen sich von dem Kanonendonner, den sie bereits auf dem Weg zum Konzertsaal hörten, abschrecken. Dem Vernehmen nach wurde während der Eroberung der Stadt der Konzertplan nur für eine Woche unterbrochen.

War hier Leichtsinn, Gleichgültigkeit oder gar Hartherzigkeit im Spiel? Oder – in einer konkreten Situation – ein Triumph des Geistes über die Barbarei des Krieges?

Ist das so wichtig?

Die meisten Mensch ärgern sich weit häufiger, als angebracht ist. Das führt dazu, daß sie an vielem, was lebenswert ist, vorbeigehen. Die Ursache für diese betrübliche Tatsache liegt darin, daß sie sich nicht über ihre Werthierarchie im Klaren sind. Sie lassen Ärger über dieses und jenes zu, was so ärgerlich nicht sein müßte. Sie übersehen Beglückendes, was dem Tag eine besondere Note geben könnte.

Die aus diesem Dilemma herausführende Frage lautet: *Ist das (was mich beengt, bedrückt und bedrängt) so wichtig?*

Einige Beispiele:
- Jemand redet hinter Ihrem Rücken nicht gerade charmant über Sie. Ist das so wichtig?
- Der Zeitungsbote bringt nicht rechtzeitig Ihre Lieblingslektüre. Ist das so wichtig?
- Sie kommen ausnahmsweise zu spät zur Arbeit. Ist das so wichtig?
- Sie überziehen kurzfristig Ihren »Dispo«. Ist das so wichtig?
- Der Tag verläuft heute nicht so angenehm wie viele andere Tage. Ist das so wichtig?

Die Frage: »Ist das so wichtig?« stellt zugleich die Frage nach dem Wichtigeren, also danach, worauf es wirklich ankommt. Allerdings wird nur der von dieser Frage auf Dauer profitieren, der sie so einübt, daß sie ein integraler Bestandteil seines Denkens und Fühlens wird. Das zu tun, lohnt sich.

Vieles leichtnehmen

Das war ein herrlicher Abend! In einem heiteren Gespräch mit Studenten kamen wir auf die Idee, uns – in der Vorstellung – auf die Empore des Himmels zu begeben, uns über das große Geländer zu beugen und von dieser höchsten Warte aus das Treiben der Menschen auf ihrem leuchtenden Stern anzusehen. Da sahen wir Erdenkinder, die einander wütend gegenüber standen und sich wegen Geld stritten. Andere hatten sich in ihre Wohnung zurückgezogen aus Angst vor anderen Erdenkindern. Wieder andere langweilten sich in einer Bar am Strand eines blauen Meeres. Einige blickten von morgens bis abends in ein Buch, obwohl nach langen dunklen Wochen die Sonne wieder schien. Wir konnten uns nicht satt sehen an den kuriosen Verhaltensweisen unserer Artgenossen.

Dann wurden wir still, denn ein Student hatte plötzlich sich selbst im Blick. Er befand sich auf dem Weg zu einer Prüfung, den Kopf gesenkt, die Aktentasche verkrampft unter dem Arm haltend, um ihn herum buntes, treibendes Leben. Es schien ihm, als hinge vom Erfolg oder Nichterfolg der Prüfung sein Leben ab. Dann begann er zu lachen. Er konnte sich kaum beruhigen. Schließlich sah er jeden von uns auf seltsame Weise an. Er hatte offensichtlich etwas ganz Wichtiges begriffen. Danach suchten auch wir anderen uns selbst auf der Erde und fanden uns in scheinbar schwierigen Situationen, die jedoch – von höchster Warte aus betrachtet – nur komisch wirkten.

Vieles im Leben leicht nehmen, das wär's. Die lieblose Bemerkung der Freundin, den Neid des Kollegen, den kalt abgefaßten Behördenbrief, die ungefährliche Krankheit und vieles andere mehr. Der Grund, all diese Dinge leicht zu nehmen? Weil sie nicht so wichtig sind. Weil es Wichtigeres gibt als sie. Weil sie, wenn wir sie zu ernst nehmen, das Leben verdunkeln. Weil die Fixierung auf sie ihre Wirkung auf uns nur vertieft. Weil sie von höherer Warte aus betrachtet banal sind.

Im Gleichgewicht bleiben

Kürzlich las ich einen Satz, der mich noch immer begeistert. In der »Schule des Lebens« empfahl ich einer Teilnehmerin, ihn sich in den nächsten vier Wochen täglich zu vergegenwärtigen. Als ich sie wiedersah, berichtete sie von einem erstaunlichen Erfolg. Das lästige Problem, um das es ging, konnte sie aufgrund der täglichen Vergegenwärtigung dieses Satzes gründlich bewältigen. Mehr noch: Die Beschäftigung mit ihm verschaffte ihr häufig Glücksgefühle. Und wie lautet er? *»Wie stellen Sie es an, sich selbst aus dem Gleichgewicht zu bringen?«*[67]

Ein Beispiel, negativ und positiv:

> Ein Mann schwitzt der Begegnung mit einem gebildeteren Herrn entgegen. Zwar hat er die Begegnung nicht gewollt, sie war jedoch unvermeidbar. Als er auf ihn zugeht, bemerkt er, daß er sich linkisch verhält. Er reicht ihm die Hand und greift daneben. Die Situation ist ihm peinlich. Er leidet Stein und Bein. Dann, als sich der Herr entschuldigt, weil selbst er dann und wann verschwinden muß, kommt unserem Leidenden ein befreiendes Gefühl: Er schämt sich, schämt sich darüber, wie er sich aufführt, wie er sich in seiner Gehemmtheit gehen läßt, wie er sich selbst klein macht. Und das empört ihn, und diese Empörung richtet ihn auf. Als der Herr, der übrigens sehr freundlich ist, zurückkehrt, ist auch unser Mann ein Herr, schaut jenen ebenso freundlich an und findet die Worte wieder, die er für einige Minuten verloren hatte.

Lust entwickeln

Eine großartige Hilfe, glücklich zu sein, ist die Lust, die Lust am Leben. Lust am Leben? Das ist Bejahung dessen, was ist. Lust auch am mühsamen Leben? Manchmal auch daran. Warum? Weil Leben aus beidem besteht: aus Mühsamem und Leichtem, und weil es Lust machen kann, Mühsames zu bewältigen. Darf ich Ihnen dazu die Auffassung eines Weisen zumuten, der Folgendes über mühsame Arbeit sagte?

»Alles, wozu man Lust hat, wird leicht und bequem, selbst wenn es mühsam ist. Die eigene Einstellung zu dem Werk hebt die Mühe auf und glättet die Rauhigkeiten, daß man leichter arbeiten kann. Die Bereitwilligkeit siegt immer über die ermüdende Anstrengung und gewinnt die

Oberhand über die in der Arbeit liegenden Schwierigkeiten. Die Empfindung von Mühsal wird durch die gleichzeitige Lust überdeckt, so daß man die Mühe eher für ein Vergnügen als eine Mühe hält und die Schwierigkeiten für Annehmlichkeiten.«[68] Wer Lust am Leben entwickelt, fixiert sich nicht auf das, was wenig lustig ist. Er hadert nicht ständig mit dem, was ihm nicht genehm ist. Er leistet nicht ständig Widerstand gegen ungeliebtes Leben. Er nimmt es an und macht das Beste daraus.

Lachen

Lachen ist gesund. Diese uralte Weisheit drückte ein weiser Arzt des 14. Jahrhunderts so aus: »Die Ankunft eines Hanswursts in einem Dorf tut mehr für die Gesundheit seiner Bewohner als ein ganzer Zug mit Arzneien beladener Esel.« Ein anderer kluger Mann, Jonathan Swift, ergänzte, die besten Ärzte der Welt seien Dr. Diät, Dr. Ruhe und Dr. Fröhlich.

Wenn wir eine weitere ärztliche Begründung für die Wohltat des Lachens brauchen – hier ist sie: Eine Studie britischer Neurologen und kanadischer Psychologen, so das »Hamburger Abendblatt«, hat kürzlich über dpa mitgeteilt, daß jeder gute Witz wie eine Streicheleinheit für das Gehirn sei. Er aktiviere jene Region, die Wohlbehagen als Belohnung für eine – in diesem Fall geistige – Anstrengung verbreite. William Frey von der Stanford-Universität beschreibt in einem Artikel, Lachen steigere nicht nur den Muskeltonus, die Herzfrequenz und den Sauerstoffaustausch, es stimuliere auch den Sympathikus sowie das kardiovaskuläre System. Darüber hinaus steigere Lachen die Produktion von Katecholaminen und Endorphinen und beeinflusse deshalb verschiedene Hormonspiegel, die mit Genuß und Freude zusammenhängen. Dadurch wiederum steige die Schwelle der

Schmerztoleranz, und das Immunsystem werde gestärkt.[69]

Da Lachen nach Meinung auch anderer amerikanischer Wissenschaftler zur Reduzierung von Streß, Hypertonie und depressiven Verstimmungen beiträgt, kann es sein, daß ein Mensch, der oft lacht, sogar sein Leben verlängert.

Beispiele?

- Wer lacht, baut Streß ab und steigert sein Wohlbefinden. So gestattet Lachen frustrierenden und nicht veränderbaren Lebensumständen gegenüber eine spielerische Haltung. Ein Beispiel: Sie können sich über sture Bürokraten schwarz ärgern – sie können sich aber auch über deren geistige Enge amüsieren.

- Befinden Sie sich in einer absurden Situation, sind Sie z. B. der Aggressionskanonade eines Autofahrers ausgeliefert, dessen nobler Karosse Sie einen Kratzer zugefügt haben, so vergegenwärtigen Sie sich die Absurdität dieses Gefühlsausbruchs und lächeln Sie darüber. Auf diese Weise werden Sie rasch die für kurze Zeit fraglich gewordene Selbstachtung wiedergewinnen.

- Ein gutes Lachen ist wie ein kleiner Urlaub. Schaffen Sie Gründe dafür! Einige scheinbar alberne Beispiele: Setzen Sie sich einen verwegenen Hut auf und machen damit einen Abendspaziergang. Sie werden nicht nur sich selbst erheitern. – Nehmen Sie auf einer belebten Straße Ihren Mann oder Ihre Frau an den Händen und drehen Sie sich so schnell wie möglich im Kreis. – Wandern Sie laut singend durch eine belebte Fußgängerzone. – Stellen Sie sich zu einer Gruppe und schauen Sie hoch interessiert zum Himmel, so daß schon bald auch alle anderen Ihrer Blickrichtung folgen. Auf diese Weise werden sicher Sie selbst, wahrscheinlich aber auch die anderen ihr Vergnügen haben, wenn sich herausstellt, daß Sie sie an der Nase herumgeführt haben. Und so weiter! Wann man solche Narreteien veranstalten soll? Man soll's gar nicht. Man kann es, manchmal und immer wieder. Weil Lachen gut tut.

- Auf einer Abendgesellschaft zeichnete ein Karikaturist ein Bild von jedem Gast. Der Spaß war groß. Man lachte viel. Jeder erkannte die Karikatur der anderen, nur die eigene nicht. Und der, der Zeuge dieses Abends war, lachte in sich hinein, weil ihm Wilhelm Buschs Satz in den Sinn kam: »Dummheit, die man bei anderen sieht, wirkt meist erhebend aufs Gemüt.«

    Über andere lachen – das entlastet die Seele, ist Balsam fürs eigene, oft geschundene Selbstwertgefühl, schafft Abstand zu der oft grimmigen Welt, kann manchmal sehr befreiend sein – und darf auch hin und wieder sein.

Tiefgreifender und weitmachender jedoch ist das Lachen über uns selbst, jenes Lachen, das aus dem Herzen kommt und daher vom Ort der Liebe.

Ein Beispiel:

   Ferien am Meer. Sommer. Blauer Himmel. Lauwarmer Wind. Die Ferien haben gerade begonnen.

   Wir gehen am Strand entlang. Die Wellen umspielen unsere Füße. In der Ferne fahren weiße Schiffe – vielleicht in die Karibik, vielleicht nach Tahiti.

   Da bleibt meine Frau plötzlich stehen, schaut mich mit sonderbaren Augen an. Ich stutze – und lache los, lache über mich selbst.

   Ich bin nicht, wie wir es wollten, am Strand entlang geschlendert. Ich bin, einem kraftvollen Wagenpferd gleich, gestampft, wie ich es manchmal tue, wenn ich gestreßt und also in Eile bin.

   Ich kam mir allzu komisch vor, denn mir ging auf, wie wenig ich mit meinem Gestampfe hineingehörte in dieses Bild von Traum und Licht und Freiheit. Das Lachen tat mir gut, mir selbst und auch meiner Frau. Danach begann das Schlendern.

Ein anderes Beispiel:

   Ich fuhr nach der Arbeit mit dem Auto nach Hause. Es regnete. Es war dunkel. Und dunkel war es auch in mir. Ich war verstimmt, mißgelaunt, mir selbst unausstehlich. Da kam mir die glänzende Idee, mich danach zu erkundigen, worin meine spezifische Stimmung begründet sein könnte. Nichts fand ich, was meinen Zustand hätte erklären können, dafür kam mir eine andere Idee:

Ich begann, mich zu bemitleiden, begann, mich selbst auf den Arm zu nehmen, und malte – halblaut mit bewegender Stimme – ein verzerrtes Bild von dem, was ich am Tage erlebt hatte:

Du armer Mann hast heute nur Menschen erlebt, die dich nicht mögen. Alle sind sie nur in die Therapie gekommen, weil sie dir ihre Ablehnung demonstrieren wollten. Auch die Sekretärin wollte, als sie den Termin vergaß, nichts anderes als dich ärgern. Du hast es schwer im Leben, wahrscheinlich viel zu schwer ...

Ich ließ es zu, das Lachen über mich selbst, das leise kam und leise blieb, das mich umspielte und stärker war als das kleine mürrische Ich.

Wir können uns auch wechselseitig die Bälle zuwerfen, um über uns lachen zu können, wenn der eine am anderen Marotten, Eigenschaften oder Verhaltensweisen erkennt, die ihm selbst sehr vertraut sind.

Ein Beispiel:
Ich ging mit Corinna, meiner Tochter, an einem See entlang. Da riß ihr aus irgendeinem Grund der Geduldsfaden. Sie schimpfte wie ein Rohrspatz und wirkte auf mich allzu komisch.

Da plötzlich sah ich es. Da sah ich mich in ihr und sagte: »Das kommt mir so bekannt vor.« Sie verstand mich sofort. Unser gemeinsames Lachen, jeder über den anderen und jeder über sich selbst, hörte so rasch nicht auf. Ich werde es nicht vergessen.

Wer über sich selbst lacht, nimmt sich selbst auf den Arm, lacht über das Kind in sich, und Kindern gilt noch immer unsere größte Sympathie. Und wer sich selbst auf den

Arm nimmt, kann nicht von anderen auf den Arm genommen werden.

Wer über sich selbst lacht, erlaubt sich, das Unzulängliche und Unvollkommene in sich sein zu lassen, anzunehmen, als zu sich gehörig zu akzeptieren. Er weiß oder ahnt etwas von der Begrenztheit und Vorläufigkeit des Lebens und sagt »ja« dazu. Er steht in dem Moment über der Situation, kann unterscheiden zwischen dem, was wichtig ist und was nicht und nimmt – oh, welche Wohltat! – sich selbst nicht gar so wichtig. »Wer sich nicht selbst zum besten haben kann,« hat der ernsthafte Goethe gesagt, »der ist gewiß nicht von den Besten.«

• Ein besonderes Kapitel ist das Lachen über einen Witz. Im Vorwort zu seinem amüsanten Buch »Der Witzableiter oder Schule des Gelächters« schreibt Eike Christian Hirsch: »Das laute Lachen (ist) wie der Nachhall eines harten Kampfes. Der Körper zuckt, die Zähne sind gebleckt, der Atem geht schwer, die Stimme grunzt und schreit. Es mag wohl sein, daß Lachen ... dazu da ist, den Sieg über einen Feind zu feiern.« Über welchen Feind? In aller Regel ist kein äußerer gemeint, »sondern irgendein innerer Gegner, das Gewissen vielleicht oder eine Hemmung, ein moralisches Verbot oder ein unterdrückter Haß.« Was geschieht dabei? »Was da festsaß, das schüttet man nun im Lachen aus; man sprudelt es mit dem Ausatmen weg.«[70] Und weil bekanntlich so wenig nicht in der menschlichen Seele festsitzt, gibt es in der Witzwelt eine Vielzahl von Aspekten.

Erlauben Sie mir drei Beispiele:

Im folgenden Witz sprudelt der Erzähler seinen geheimen Ärger über den Mangel an guter Bildung weg:

»Peter«, fragt der Lehrer, »wer schrieb ›Die Räuber‹?«

»Ich nicht,« antwortet Peter.

Der Lehrer ist empört über die Antwort und läßt Peters Vater zu sich kommen.

»Als ich Peter fragte«, erzählt er dem Vater, »wer ›Die Räuber‹ geschrieben habe, wurde er frech und antwortete: ›Ich nicht!‹«

»Sehen Sie«, meint der Vater, »ich weiß, mein Sohn ist kein Engel, aber ist es nicht möglich, daß er die Wahrheit gesagt hat? Vielleicht schrieb er sie wirklich nicht.«

Als der Vater seiner Frau von der Unterredung berichtet, meint sie entsetzt: »Konntest du denn nicht diplomatischer vorgehen? Du hättest dich für deinen Sohn entschuldigen müssen und dann erklären sollen, daß – obwohl er ›Die Räuber‹ diesmal geschrieben hat – er sie nie wieder schreiben wird.«

Ob der folgende Witz eine gewisse Abneigung gegen die Psychoanalyse verrät oder nur ein weiteres Beispiel für den Ärger über Bildungsmangel darstellt?

Die Eltern haben ihren Sohn zum Psychoanalytiker geschickt. Nach Wochen rückt er zu Hause mit der Diagnose heraus, er habe einen Ödipuskomplex. »Ach was«, sagt seine Mutter und drückt ihn tröstend an sich, »Ödipus-Schnödipus! Hauptsache, du hast deine Mutter lieb!«

Das letzte Beispiel: Als Anspielungen mit Doppelsinn werden Witze immer dort erzählt, wo Tabus herrschen, etwa in Diktaturen:

Ein alter Beamter soll im Dritten Reich zum Abschied ein Bildnis des Führers bekommen und darf wählen, ob er ihn als Bild oder als Büste haben will. »Ich kann mich nicht entscheiden«, sagt er nach langem Grübeln, »ob ich ihn lieber aufhängen oder an die Wand stellen möchte.«

Humor

Nicht darum geht es, daß wir ständig lachen, auch darum nicht, daß jeder es sogleich bemerkt. Das Lachen hat viele Töne, ist sehr nuancenreich. Eine besondere Form der Bereitschaft zum Lachen ist der Humor. Humor ist mehr als gute Stimmung, mehr auch als Lustigkeit und Witz, ist jenes Lachen, das vom Herzen kommt und manchmal nur in Augenwinkeln sichtbar wird.

Humor ist Sache der inneren Freiheit, des inneren Abstandes zu sich und anderem Leben, ist helle, warme Heiterkeit des Herzens, die viel Erfahrung hat mit Leben und ganz viel davon weiß, daß Leben möglich ist, so oder so.

Humor ist die Fähigkeit des Menschen, in den Wechselfällen des Lebens zwischen Wichtigem und nicht so Wichtigem unterscheiden zu können und die Welt in der angemessenen Perspektive zu sehen. Humor kann daher als »die höchste Form der Selbstbehauptung gegen die Sinnlosigkeit des Daseins und der bösen Zufälle«[71] bezeichnet werden. Humor »scheint«, schreibt Ernst Kris, und das macht Hoffnung nicht nur für das Alter, »die späte Form der Komik zu sein, die der Mensch auf seinem Lebenslauf auszubilden vermag.«[72]

Der humorvolle Witz ist nicht bissig, schon gar nicht boshaft. Er ist milde und nachsichtig. Er nimmt nicht nur die eigenen inneren Knoten aufs Korn, sondern glättet auch die äußeren Unebenheiten des Lebens. Er »ist eine (humorvolle) Spiegelung der Gefangenschaft des Geistes in der Welt«. Er erkennt und relativiert zugleich die seltsam-komischen Diskrepanzen des Lebens, so daß das Tragische mindestens für die Dauer des komischen Erlebens außer Gefecht gesetzt ist. »Wenn der Humor uns über die Gefangenschaft des Geistes lachen macht, so steckt darin die ... Möglichkeit, sie zu überwinden.«[73]

Ein kleines Beispiel?

> An der Ampel ist der Kleinwagen eines Anfängers stehen geblieben. Die Ampel zeigt grün, dann gelb, dann rot, schließlich wieder grün. Da der Wagen den Verkehr aufhält, tritt ein Polizist an den Wagen heran und fragt den verstörten Fahrer: »Haben wir denn keine Farbe, die Ihren Geschmack trifft?«

Wie alles Gute in der Welt, hat auch der Humor, der eine besondere Seite des Glücks darstellt, seine Gegenspieler. Der ärgste ist die Eitelkeit. Und ausgerechnet sie steckt in uns allen, manchmal nur verdeckt, deshalb jedoch nicht weniger wirksam.

Die Eitelkeit sei allen Menschen im gleichen Maße zugeteilt, verschieden aber seien die Mittel und die Art, sie sehen zu lassen, fand La Rochefoucauld heraus. Und Nietzsche meinte gar, verletzte Eitelkeit sei die Mutter aller Trauerspiele.

Eitel nennen wir einen Menschen, dessen tatsächliches Sein und Können im Widerspruch steht zu seiner überhöhten Selbsteinschätzung. Ein solcher Mensch lebt nicht aus sich und ruht nicht in sich, ist ständig angespannt, in sich verfangen, sich selber fremd, ist nicht gelassen, hört nicht genug auf seine innere Stimme, ist deshalb verstimmt und sieht die Wirklichkeit verzerrt.

Wer eitel ist, riskiert nicht viel, um sich selbst zu erkennen. Doch nur, wer es wagt, die Schlangen und die Wölfe und alle anderen Tiere, die uns im Innern stören und gefährden, beim Namen zu nennen, wird auch die Schmetterlinge und die Hummeln und alles andere in uns, was uns leichter und freier machen könnte, zum Leben kommen lassen. Nur wer sich traut, sich und anderen wenig vorzumachen, wird erfahren, wie bunt es in ihm aussieht, wie merkwürdig und komisch so vieles sich zusammenreimt. Dann wird ihm auch das Lachen kommen, das liebevolle Lachen über so viel Seltsamkeit im Leben, im äußeren wie im inneren.

Dankbarkeit

»Die kleinste Übung«, so Klemens Tilmann, »heißt
›Danke‹. Wenn du innerlich zur Ruhe und Sammlung
kommst, im Sitzen oder Spazierengehen, schau dir alles
Gute an, das du hast und was auf dich zukommt und sag
immer ›Danke‹. Das Wort führt in eine unermeßliche
Fülle.«[74]

Es gibt Menschen, die sich an jedem Abend vergegenwärtigen, was sie während des Tages an Gutem erlebt haben. Dabei denken sie keineswegs nur an große Ereignisse
oder Begegnungen, denn die gibt es bekanntlich nicht so
häufig. Sie denken eher an Freundlichkeiten, Überra-
schungen, angenehme »Zufälligkeiten« oder sinnvolle
Handlungen. Und diese Dinge, die für den, der offen
durch den Tag geht, gar nicht selten sind, wirken beglückend und lösen Gefühle der Dankbarkeit aus. Dankbarkeit aber ist die Folge der Besinnung auf gehaltvolles,
sinnerfülltes Leben. Wer diese »Schule der Wahrnehmung« häufig genug praktiziert, wird zunehmend für beglückende Werte sensibilisiert und damit auch für Sinnfindung trotz mancher Leiderfahrung.

Begeisterung für das Leben entwickeln

Gemeint ist nicht die Begeisterung, die aufkommen
könnte, wenn wir die Nöte in der Welt und auch der eigenen leugneten, uns aus der Welt zurückzögen und uns nur
noch an inneren Bildern berauschten. Ich denke an
Gründe für Begeisterung mitten im Leben.

Begeisterung? Das Zentrum dieses Wortes ist Geist.
Und Geist ist die entscheidende Dimension des Menschen, weil sie ihm die Fähigkeit vermittelt, zu erkennen,
zu lieben und zu handeln. Geist – das ist die schöpferische Kraft, die ihn befähigt, sein inneres und äußeres Le-

ben innerhalb bestimmter Grenzen frei gestalten zu können.

Geist ist lebendig nur dann, wenn er sich auf Werte bezieht, und Werte sind die »Vitamine und Mineralien«, die »Nährstoffe« für Leben. Ohne das Zusammenspiel von Geist und Wert gibt es keinen Sinn. Ohne dieses Zusammenspiel gibt es keine Zufuhr von Leben und keine Begeisterung für Leben.

Was ist Begeisterung – und was geschieht dabei?
Begeisterung, das ist zunächst einmal freudige, überschwengliche Erregung, Schwung, Glut, Rausch, Leidenschaft, Enthusiasmus. Wer begeistert ist, hat Feuer gefangen, ist Feuer und Flamme, ist erfüllt, ergriffen, hingerissen, trunken, fassungslos, glücklich.

Denken Sie an ein Gospel-Konzert:
Der Chor stimmt sich ein. Er beginnt zu singen. Die Sänger beginnen sich zu bewegen. Sie stoßen erste Freudenrufe aus. Der Funke springt auf die Hörer über. Nicht nur die Füße der Sänger setzen sich in Bewegung. Der Konzertsaal beginnt zu summen.

Die Gesichter der Hörer hellen sich auf. Je länger der Chor singt, desto strahlender werden die Gesichter. Längst sind die Sorgen, die manchen Besucher vor Beginn des Konzerts besetzt hielten, verflogen. Freude durchflutet den Saal.

Am Ende des Konzertes stehen die Besucher auf, stürmen die Bühne, fordern Zugaben, singen selbst nach dem Konzert weiter, sind aufgeräumt, glücklich, begeistert. Mit Gedanken ans Konzert schlafen sie ein. Mit Gedanken ans Konzert stehen sie auf. Und – vielleicht – entschließen sie sich, ihr Leben zu ändern: häufiger ins Konzert zu gehen, weniger zu arbeiten, sich nicht von der eigenen schlechten Laune oder der anderer unterkriegen zu lassen.

Was ist da geschehen?
Die Menschen hörten *hin* auf die Musik. Sie nahmen Beziehung zu den Sängern auf, zur Musik, zu den Nachbarn, zum Saal, zum ganzen Geschehen hier und jetzt.

Wenn »Geist« die Mitte der Begeisterung ist, dann ist klar, daß es nicht nur die hinreißende, weithin spür- und sichtbare Begeisterung gibt, sondern auch deren stillere Ausgabe. Begeisterung kann auch leise Züge haben. Und wenn sie da ist, ist das Herz erfüllt, das Gemüt warm, das Gesicht lächelnd. Dann ist der Wunsch da, nur hier und jetzt und nirgendwo anders sein zu wollen.

Es gibt viele Brücken zwischen Geist und Wert. Wer über diese Brücken geht, kann Begeisterung erfahren, die überschwengliche ebenso wie die stille.

Drei dieser Brücken will ich hier vorstellen:

1. *Wachheit angesichts der wechselnden Situationen des Lebens:*

   Ich stehe vor einem Bild. Ich sehe seine Formen und Farben. Das Bild berührt mich nicht.

   Ich habe mich in meinen Gedanken verloren.

   Dann sehe ich hin auf das Bild, nehme Beziehung zu ihm auf, mache mich zunächst mit den Einzelheiten vertraut, dann mit dem ganzen Bild.

   Ich lasse es auf mich wirken, erkenne seinen Wert und Sinn – und werde in meinem eigenen Wert- und Sinngefühl berührt. Freude entwickelt sich in mir.

   Ich fahre mit dem Auto nach Hause. Mein Kopf ist mit tausend Gedanken beschäftigt. Ich befinde mich in jener Stimmung, die man nur seinem besten Feinde wünscht. Leise spielt das Radio. Doch ich höre nur Musikgeräusch.

   Dann höre ich hin. Die Folge: Ein Melodiebogen verschafft sich Einlaß in meine Seele. Endlich bemerke ich, daß die Musik, die ich schon lange gehört habe, schön ist. Ich höre mich in sie hinein. Sie berührt mich so tief, daß das, was mich eben noch gefesselt hat, sich aufzulösen beginnt. Es ist so, als habe sich die Musik mit mir selbst verbündet. Ich werde nicht nur anders gestimmt. Ich singe auch begeistert mit.

Ich sitze im Zug einem Menschen gegenüber. Gelangweilt schaue ich aus dem Fenster.
Noch ist er mir gleichgültig. Die Zeit vergeht. Dann sehe ich ihn an. Seine Augen sind warm. Ich beginne ein Gespräch, frage ihn nach dem Ziel seiner Reise. Er nennt es und sagt, warum er nach München reise. Zwischen uns entsteht eine unsichtbare, aber breite Brücke. Wir werden miteinander vertraut. Rasch vergeht die Zeit. Wir mögen uns gar nicht verabschieden. Die Zeit miteinander – sie war gefüllt.

Worauf sehe ich? Worauf höre ich? Worauf richten sich meine Gedanken? Was suche ich? Was läßt mich aufmerken? Womit verbindet sich mein Geist? Mit dem, was Leben stört, gar zerstört? Mit dem, was Leben fördert?
Was suche ich *primär*? Die Widerstände oder die Lösungen? Die Aggression oder die Liebe? Das Absurde oder den Sinn und das Glück? Das in mir, was Leben verneint – oder das, was Leben bejaht?
Wir können *wählen*.
Wir *können* wählen.

2. *Bewußtmachung der Endlichkeit des Lebens*
Ich werde einen Film nicht vergessen, in dem eine Frau und ein Mann – beide hatten Krebs und nicht mehr lange zu leben – die Idee verwirklichten, die ihnen verbleibende Zeit so gut wie möglich zu nutzen. Sie taten lauter Dinge, die sie nie zuvor getan hatten. Besonders eine Szene ist mir in Erinnerung:
Eines Nachts klettert der Mann mit viel Mühe auf einen Turm und schreibt mit riesigen Buchstaben dar-

auf den schönsten Satz der Welt: »Ich liebe dich.« Am nächsten Morgen bleiben viele Menschen lächelnd vor dem Turm stehen. Vor allem die geliebte Frau ist entzückt angesichts dieser ungewöhnlichen Liebeserklärung. Freudetrunken liegen sich beide in den Armen.

Wie kamen die beiden dazu, nach einem durchschnittlich verlaufenen Leben ihr Leben umzugestalten? Die Antwort ist klar:

Solange ein Mensch nur mit Alltagsdingen beschäftigt ist, ist ihm der Gedanke an sein Ende fern. Er neigt dazu, die Gunst der einzelnen Stunden, Tage, Zeiten zu übersehen. Er geht durch die Zeit, als höre sie nie auf. Er geht nicht tief genug in sie hinein. Er sucht zu wenig die gefüllte Zeit, den Kairos, den Sinn, das Glück der jeweiligen Situation. Er begreift nicht, daß es zu diesem Leben keine Alternative gibt. Wie könnte einen solchen Menschen das Leben begeistern?

Lebt er gar im Dauerstreß, vergißt er gänzlich, daß Leben endlich ist. Streß aber ist einer der wichtigsten Gründe für die Entwicklung existenzieller Frustration und damit für die Verhinderung von Begeisterung[75]. Wer sein Leben so empfindet, wird sich zunehmend fremd und verliert die Beziehung zu den Schönheiten des Lebens.

3. *Bewußtmachung der Liebe als Hauptwert*
Begeisterung für Leben – das ist mehr als eine kleine oder große Glückserfahrung, das ist vor allem Liebe zum Leben, weil sie der Hauptwert ist. Warum? Weil Liebe »ja« sagt zum Leben, zum eigenen und zum Leben überhaupt.

Zu diesem Leben mit all dem, was an Schrecklichem da ist?

Ja, zu diesem Leben – zu welchem sonst?

Was wäre denn das Liebenswerte daran?

Wer das Leben bejaht und liebt, hat das Gefühl, »dabei« zu sein.

Wobei zu sein?

Im Leben dabei zu sein.

Was heißt das?

Sich zu fühlen, das Leben zu fühlen, lebendig zu sein.

Und wozu?

Wer Ja zum Leben sagt, bildet die Brücke zwischen Geist und Wert. Wer diese Brücke bildet, von dem geht Wärme aus, dem kommen kreative Phantasien, der verändert Leben, bei dem wird auch anderes Leben warm.

Die meisten Menschen meinen, glücklich sei vor allem der, der geliebt werde. Ob das stimmt? Ob nur der, der geliebt wird, glücklich sein kann? Kann denn ein Mensch glücklich sein, der nicht zugleich selbst liebt? Was wäre das für eine Liebe, die nur in Empfang nähme?

Die wirkliche Liebe bezieht sich immer auf beide: auf den Geliebten ebenso wie auf den Liebenden selbst. Doch wenn das geschieht, wenn Menschen einander lieben, ist in der Tat das Glück nahe.

Doch gibt es auch eine Liebe, die einseitig sein kann. Ich meine nicht nur die zu Menschen, sondern auch zu Tieren, zu Pflanzen, zur Natur, zur Kunst, zum Universum insgesamt. Auch diese Liebe kann beglücken, ganz gewiß, weil sie ein Ja zum Leben und Liebe ein unteilbares Gefühl ist. Darüber wäre noch viel zu sagen.

Was möchten Sie sagen können, wenn es einmal zum Sterben geht?

185

Wenn es zum Sterben geht, möchte ich sagen können:
Ich habe die Sterne gesucht
und den Menschen nebenan.
Ich habe das Glück gesucht
und das Unglück nicht verachtet.
Ich habe die Gerechtigkeit gesucht
und mich von Ungerechtigkeiten nicht verbittern lassen.
Ich habe die Liebe gesucht und bin ihr auch begegnet.
Ich habe die Weisheit gesucht und ihren Saum gesehen.
Ich habe Gott gesucht, und er hat mich gefunden.
Wenn es zum Sterben geht,
möchte ich sagen können:
Ich möchte wieder zum Leben kommen.

Wege zum Selbstvertrauen

Was ist Selbstvertrauen?

Selbstvertrauen ist die Fähigkeit, mir selbst vertraut zu sein, nicht nur in dem, was ich nicht bin, nicht habe, nicht kann, sondern auch in dem, was ich bin, habe, kann und werden könnte.

Selbstvertrauen ist die Fähigkeit, mir selbst treu, mir selbst verläßlich und daher mit mir eins zu sein.

Selbstvertrauen ist Ausdruck innerer Freiheit und also der Fähigkeit, sich zu sich selbst und anderem Leben einstellen und frei verhalten zu können. Innere Freiheit wiederum ist die Fähigkeit, aus dem, was ist und mich begrenzt, das Beste zu machen.

Selbstvertrauen ist das tiefgreifende Gefühl eines Menschen, aufgrund seiner Unverwechselbarkeit Daseinsrecht in dieser Welt zu haben und mit allen anderen gleichberechtigt zu sein.

Selbstvertrauen ist mehr noch als dies alles: Es ist das Gefühl, nicht nur seinen Fähigkeiten, sondern auch dem in der Seele aufscheinenden Selbst vertrauen zu können.

Die Möglichkeit, Selbstvertrauen zu gewinnen, hat jeder. Das ihm zugrunde liegende Gefühl kann unentwickelt, verschüttet oder verdeckt sein, abhanden kommt es keinem, denn es ist ein spezifisch menschliches und daher ursprüngliches Phänomen. Niemand könnte über einen längeren Zeitraum in dieser Welt der Widersprüche leben, würde er nicht wenigstens in Ansätzen von diesem Gefühl beeinflußt sein.

Mangel an Selbstvertrauen –
ein allgegenwärtiges Problem

Und doch: Das Problem, das wie kaum ein anderes die Menschen verbindet, ist der Mangel an Selbstvertrauen. Dieses Gefühl hat viele Facetten.

Da werden Sätze gesagt wie diese:
> Ich mag mich nicht. Ich bin nichts wert. Ich bin unsicher. Ich bin gehemmt. Ich bin ja so verkrampft. Ich fühle mich überflüssig. Ob ich da bin oder ob in China die Pappel rauscht ...
> Ich glaube nicht, daß ich das kann. Das wird nicht gutgehen. Dafür bin ich nicht geeignet. Das schaffe ich nie. Das werde ich nie verwinden. Davon komme ich nicht los. Das kann ja nur mir passieren.
> Ich bin ein Trottel. Ich bin nun mal ein Pechvogel ...

Es kann auch sein, daß kein solcher Satz fällt, daß das Problem versteckt, geleugnet oder nicht einmal bewußt wird und sich lediglich im Verhalten ausdrückt: in leiser oder künstlicher Sprache, in auffällig moderner oder mausgrauer Kleidung, in überbescheidenem oder aufwendigem Lebensstil, in Ersatzhandlungen wie übermäßigem Essen oder Alkoholkonsum und vielem anderen mehr. Kein Alter, keine Berufs-, keine Gesellschaftsgruppe ist vor dem Mangel an Selbstvertrauen gefeit, nicht einmal die anerkannten öffentlichen Leistungsträger.

Ist dieses Phänomen neu?

Sicher ist, daß, wie alles im Leben, auch das Selbstvertrauen dem Gesetz der Polarität unterliegt und es deshalb keinen Menschen gibt, der ständig dieses Gefühl hätte (trotz gegenteiliger Behauptungen).

Sicher ist auch, daß infolge zunehmender Möglichkeiten, sich selbst erfahren zu können, der Blick mehr als in anderen Zeiten auf die eigenen Problemfelder gerichtet wird.

Sicher scheint mir, daß der Mensch um die Wende zum Dritten Jahrtausend mehr als in anderen Zeiten zur »Seinsvergessenheit« (E. Spranger) neigt, weil er sich von der »Dimension der Tiefe« entfernt, was zur Folge hat, daß die Fähigkeit zum Wertfühlen abnimmt. Nimmt aber das Wertfühlen ab, dann nimmt auch der Abstand zum eigenen Selbstwertgefühl ab.

Sicher scheint mir darüber hinaus, daß infolge des Säkularisierungsprozesses, d. h. im Zuge der Verweltlichung der Welt, der Mensch auf sich selbst geworfen ist und daher vor der neuen Aufgabe steht – ungeübt und unerfahren – anstelle Gottes nun sich selbst zum Grund des Vertrauens machen zu sollen. Doch es scheint, als seien die dadurch ausgelösten Seinsfragen noch lange nicht beantwortet.

Weitere Ursachen und Gründe des Mangels an Selbstvertrauen

Die Ursachen und Gründe dieses Mangels sind unterschiedlichster Art. Ich fasse die Hauptpunkte kurz zusammen. Sie können

- lebensgeschichtlich verursacht sein (aufgrund starker persönlicher Verletzungen sowohl in Kindheit und Jugend als auch in späteren Jahren),
- personal begründet sein (aufgrund des selbstverantworteten Mangels an Aus- und Weiterbildung der eigenen Persönlichkeit),
- soziogen verursacht sein (z. B. aufgrund gesellschaftlicher Geringschätzung bestimmter Gruppen, etwa der »Alten«, der »Ausländer«, der »Homos«).
- Eine wichtige Frage in diesem Zusammenhang ist die nach dem Typus. Es hat sich nämlich gezeigt, daß die typologischen Voraussetzungen zur Entwicklung von Selbstvertrauen unterschiedlich sind. Ich will sie kurz skizzieren:

1. Der *Reformer* ist ein stark polarisierter Mensch. Ja und Nein zu sich wechseln einander ab. Manchmal ist er von sich und dem, was er denkt und tut, zutiefst überzeugt, an anderen Tagen löst bereits die leiseste Kritik tiefe Selbstzweifel aus. Sein Selbstvertrauen sinkt in dem Maße, in dem sich sein Grundproblem, die Aggressivität, gegen ihn selbst richtet.

2. Dem *Helfer* geht es gut, wenn er anderen durch Rat und Tat zugewandt ist und sein Verhalten gebührend anerkannt wird. Sein Selbstvertrauen sinkt in dem Maße, in dem seine Verdienste übersehen werden.

3. Der *Erfolgsmensch* blüht auf, wenn er im Mittelpunkt steht, warum auch immer. Sein Selbstvertrauen sinkt in dem Maße, in dem die »Erfolge« ausbleiben und »die Welt« ihn nicht mehr ausreichend beachtet.

4. Der *Romantiker* genießt sich, wenn seine Besonderheit bemerkt und akzeptiert wird. Sein Selbstvertrauen sinkt in dem Maße, in dem man ihn in seiner Besonderheit verkennt.

5. Der *Beobachter* denkt über Selbstvertrauen wenig nach, wenn er Abstand zu anderen und Überblick über die Situation hat. Es wird ihm jedoch in dem Maße zum Problem, in dem er Abstand und Überblick verliert.

6. Der *Loyale* fühlt sich sicher, wenn die ihn umgebende Gemeinschaft gesichert ist. Selbstvertrauen wird ihm in dem Maße zum Problem, in dem ihm seine Basis, die Gemeinschaft, entzogen wird.

7. Der *Glückssucher* ist vergnügt in sich selbst und frei von Selbstwertproblematik, solange er genußfähig sein kann. Selbstvertrauen wird ihm in dem Maße zum Problem, in dem er sich Schmerzhaftem zu stellen hat.

8. Der *Starke* hat weniger als Menschen anderer Strukturen mit unserem Thema zu tun. Er kennt seine

Durchsetzungskraft und kann sich auf sie verlassen. Doch wird selbst ihm Selbstvertrauen zum Problem, wenn seine dunkle, zum Schwermütigen neigende Seite Beachtung verlangt.

9. Der *Ursprüngliche* hat aus doppeltem Grund mit Mangel an Selbstvertrauen zu tun: Das Leben selbst, auch das eigene, erscheint ihm in seiner Sinnhaftigkeit fragwürdig. Deshalb meidet er so weit wie möglich Konflikte. Weil er jedoch Konflikten auszuweichen neigt, macht er zuwenig Erfahrungen mit dem, worin er sich und dem Leben vertrauen könnte.

Die Sehnsucht nach Selbstvertrauen entdecken

Wer lernen will, sich selbst vertrauen zu können, muß sich gründlich nach Selbstvertrauen sehnen. Denn wer sich gründlich nach etwas sehnt, streckt sich mit allen Fasern seines Seins danach aus. Dann rückt das, wonach er sich sehnt, in den Vordergrund. Dann wird es für ihn zur Hauptsache. Dann gilt ihm seine Aufmerksamkeit. Darauf konzentriert er sich. Darum kreisen seine Gedanken. So kommt er dem, was er will, näher.

Eine konkrete Hilfe zur Annäherung an das ersehnte Ziel ist deshalb die Frage: Was wäre, wenn ich Selbstvertrauen hätte? Mögen Sie die Augen schließen und sich Einfälle kommen lassen? Mir selbst fallen diese Gedanken ein:

Ich hätte weniger Angst. Ich wäre wie ein Fels in der Brandung. Ich würde anderen freier begegnen. Ich würde mehr wagen. Ich wäre offener. Ich würde sagen, was ich denke. Ich hätte das Gefühl, mit mir eins zu sein. Ich hätte andere mehr im Blick. Da wäre mehr Musik in meinem Leben! Vieles von dem, was ich bislang unwillig tue, würde ich nicht mehr tun. Ich hätte mehr Kraft, mehr Ausdauer, mehr Durchhaltevermögen. Ich könnte mich in mir selbst zurücklehnen, wäre gelöster und gelassener. Ich wäre weniger aggressiv. Ich ruhte in mir selbst ...

Den Teilnehmern der »Schule des Lebens« gebe ich auch diese Anregungen:

- Schließen Sie die Augen.
- Lassen Sie die Gedanken abfließen, so gut es geht.
- Öffnen Sie sich für das Wort *Selbstvertrauen*.
- Lassen Sie sich Einfälle und Bilder zu dem Wort kommen.
- Strecken Sie Ihre »inneren Arme« seitwärts nach oben, so daß sie einem Trichter gleichen, und lassen Sie Bilder kommen, die Sie mit dem Wort verbinden.

Ein Beispiel:
Zunächst wird es vor den inneren Augen einer Teilnehmerin ganz hell. Die Helligkeit formt sich zu einer warm scheinenden Sonne, deren Strahlen in sie hineinfließen und sie ausfüllen. Dann nähert sich ihr leicht und beschwingt eine Gestalt. Die Frau ist verwundert, denn die Gestalt ist sie selbst, obwohl sie größer ist.

Die »Andere« lacht sie an. Die Frau reicht ihr beide Hände und spürt, was von der »Anderen« zu ihr herüberfließt: Leichtigkeit, Freundschaft, Güte und viel Kraft. Lange bleiben die beiden so stehen, bis sie miteinander verschmelzen. Deutlich spürt die Frau den »Zuwachs« in sich. Die Begegnung mit sich selbst wirkt lange in ihr nach.

Erschütterung und Empörung aufkommen lassen

Allerdings wird sich nur der nach Selbstvertrauen sehnen, der sich einzugestehen wagt, wie unsicher, gehemmt und ängstlich er sich durch die Tage gehen läßt. Deshalb wird nur der eine starke Sehnsucht entwickeln, der sich erschüttern läßt vom Einblick in sein kummervolles Dasein, der nicht mehr zurückweicht vor der gefühlten Erkenntnis, daß das Maß seiner inneren Unfreiheit endgültig voll ist. Und nur der, der sich tief genug erschüttern läßt, hat das Zeug dazu, sich zu *empören*, d.h. in diesem Zusammenhang sich aufzurichten und sich dagegen aufzubäumen, daß er sein Leben selbst zu wenig führt.

Selbsterkenntnis suchen

Sich sehnen ist wichtig, sich erschüttern und empören sind wichtig. Wichtiger ist, sich selbst weit mehr als bisher zu erkennen. Worum geht es denn bei der *Selbsterkenntnis?*

Um persönliche Stellungnahme zu früheren einschneidenden Verletzungen, inneren Widerständen und Fesseln, vor allem aber um die Erkenntnis und Anerkennung der verdeckten Lebenskräfte, Begabungen und Potentiale und des wartenden Lebens. Einige wichtige Fragen und Gedankenanstöße aus dem großen Feld möglicher Selbsterfahrung sind:

• Was haben Sie noch nicht ausgeweint, ausgetrauert, ausgeklagt und ausgezürnt? Womit sind Sie noch nicht fertig?
• Kennen Sie Ihr hauptsächliches Problem, jene »Giftquelle«, die all Ihre Gedanken, Gefühle und Handlungen bestimmt?
• Wartendes Leben ... fällt Ihnen dazu Konkretes ein?
• Ahnen Sie, welche Begabungen Sie nicht leben?
• Kann es sein, daß Sie zuwenig Selbstvertrauen haben, weil Sie sich in konkreten Dingen *selbst* nicht trauen?
• Ahnen Sie, wer *Sie* sein könnten?
• »In jedermann ist etwas Kostbares, das in keinem anderen ist. Was aber an einem Menschen ›kostbar‹ ist,

kann er nur entdecken, wenn er sein stärkstes Gefühl, seinen zentralen Wunsch, das in ihm, was sein Innerstes bewegt, wahrhaft erfaßt.«[76] Es gibt Worte, die man 1000 mal lesen, bedenken, durchdenken, befühlen, mit anderen besprechen und vor allem in der Stille auf sich wirken lassen muß. Dieses Buber-Wort ist eines davon.

Standfest werden

Die konkreteste und wahrscheinlich rascheste Art, Selbstvertrauen zu gewinnen, ist diese: Wann immer ein Mensch in den wechselnden Situationen seines Lebens nicht ausweicht, sondern sich dem stellt, was ist, gewinnt er Zuwachs an innerer, vielleicht sogar äußerer Freiheit.

Denn wer in dieser Welt lebt, braucht Standfestigkeit. Standfestigkeit ist die Fähigkeit, sich selbst in dem treu zu bleiben, was er als wichtig und richtig erkannt hat. Standfestigkeit ist nicht Sturheit, sondern Ausdruck von Freiheit und Unabhängigkeit.

Wer standfest ist, hat einen langen Atem. Er läßt übermäßige Sorge nicht zu. Alltagsproblemen begegnet er souverän. Probleme sind für ihn interessant, aber nicht beängstigend. Er hält Abstand zu dem Bedrängenden und Bedrückenden. Er weiß: »Die Umstände haben weniger Gewalt, uns glücklich oder unglücklich zu machen, als man denkt; aber die Vorwegnahme zukünftiger Umstände in der Phantasie eine ungeheure.«[77]

Auch das gehört zum Standfesten: Er setzt sich in dem durch, was er für notwendig und wesentlich hält. Er behält seine Ziele im Blick und erfährt auf diese Weise, daß er sich selbst vertrauen kann.

Ob das schwer ist oder leicht? Das hängt davon ab, mit welchem Bewußtsein ich durch meine Tage gehe. Versuche ich längere Zeit, so oft wie möglich standfest zu bleiben, werde ich wieder und wieder die Erfahrung machen, daß ich mir selbst treu sein, mir also selbst trauen kann.

Qualitätsgefühl entwickeln

Besonders in unserer Zeit sind die folgenden Bonhoeffer-Sätze von unschätzbarem Wert. Ich brauche sie nicht zu kommentieren:

»Wenn wir nicht den Mut haben, wieder ein echtes Gefühl für Distanzen aufzurichten und darum persönlich kämpfen, dann kommen wir in einer Anarchie menschlicher Werte um. Die Frechheit, die ihr Wesen in der Mißachtung aller menschlichen Distanzen hat, ist ebenso das Charakteristikum des Pöbels, wie die innere Unsicherheit, das Feilschen und Buhlen um die Gunst des Frechen, das Sichgemeinmachen mit dem Pöbel der Weg zur eigenen Verpöbelung ist. Wenn man nicht mehr weiß, was man sich schuldig ist, wo das Gefühl für menschliche Qualität und die Kraft, Distanz zu halten, erlischt, dort ist das Chaos vor der Tür. ... Quantitäten machen einander den Raum streitig, Qualitäten ergänzen einander.«[78]

Gelassenheit entwickeln

Aus dem Militärgefängnis in Berlin-Tegel schreibt Dietrich Bonhoeffer an seinen Freund Eberhard Bethge: »Ich beobachte hier immer wieder, daß es so wenige Menschen gibt, die viele Dinge gleichzeitig in sich beherbergen können; wenn Flieger kommen, sind sie nur Angst; wenn es etwas Gutes zu essen gibt, sind sie nur Gier; wenn ihnen ein Wunsch fehlschlägt, sind sie nur verzweifelt; wenn etwas gelingt, sehen sie nichts anderes mehr.« Das hat zur Folge, schreibt er weiter, »daß sie an der Fülle des Lebens« vorbeigehen und »alles Objektive und Subjektive sich für sie in Bruchstücke auflöst.«[79]

An anderer Stelle lesen wir: »Ich habe es hier besonders erfahren, daß die Tatsachen immer bewältigt werden können und daß nur die Sorge und die Angst sie vorher ins Maßlose vergrößern.«[80] Mit anderen Worten: Wer sich auf das fixiert, was ihn hier und jetzt am stärksten bedrängt, beengt oder reizt und beglückt, verliert das größere, weitere Leben aus dem Blick. Sein Leben wird eindimensional.

Gelassenheit ist eine Haltung des Geistes. Sie ist Ausdruck der gefühlten Einsicht, daß die Schwierigkeiten im Leben immer nur *ein Teil der mehrdimensionalen Wirklichkeit* sind. Deshalb läßt sich der Gelassene nicht von den Fesseln des Daseins verschlingen. Er weiß, daß die größere Wirklichkeit genügend Werte für ein sinnvolles Leben in sich birgt. Daher bleibt er sachlich, d. h. »frei von den Projektionen seiner kleinen Ängste und Wünsche, die ihm die Wahrheit der Dinge verhüllen, wie auch frei von der Starrheit eines einmal gewonnen Standpunktes.«[81]

Vertrauen ins Leben suchen

Dem Leben vertrauen können, das ist das starke Gefühl, mich verlassen zu können – auf anderes Leben und auf mich selbst. Dem Leben vertrauen heißt auch, daß ich mit dem Unglück nicht eins werde, daß ich immer »mehr« bin als das, was auf mir lastet, daß die Vögel des Lichtes immer wiederkehren und sich nicht immer von ihren dunklen Artgenossen vertreiben lassen. Dem Leben vertrauen heißt ebenso, daß ich von der *hintergründigen Wirklichkeit* mehr erwarten kann als von der *vordergründigen Realität*, daß ich mich im Leben zu Hause fühle trotz allem, was Tod im Leben ist. Denn dem Leben vertrauen, das ist die im Herzen verwurzelte Hoffnung darauf, daß Sinn durchs Leben strömt, auch dann, wenn ich ihn manchmal nicht sehe.

Dem Leben vertrauen, weniger dem nur Sachlichen, das wir anfassen, messen und erklären können, mehr dem, was nicht gleich ins Auge fällt, dem Kern, dem Wesen der Dinge, dem, wovon die Kinder wissen, den verborgenen Schätzen, die oft geleugnet werden, nur weil man sie nicht sieht. Dem Leben vertrauen, das heißt im Tiefsten, der hellen warmen Hand zu vertrauen, von der die inneren Bilder wissen, jener Hand, die das ganz große und das ganz kleine Leben trägt.

Ichbezogenheit[82] überwinden

Fragt man die Weisheit der Hochreligionen, was ein Mensch vor allem zu lernen habe, erhalten wir von allen die eine Antwort: das Ich (gemeint ist das »kleine Ich«) zu überwinden.

Kaum etwas ist befreiender, kaum etwas schafft bessere Bedingungen für die Erweiterung der Persönlichkeit, kaum etwas beseitigt gründlicher die schmerzenden Gefühle, die der Mangel an Selbstvertrauen auslöst, als die Reduzierung der Ichbezogenheit.

Je mehr ich um mein Ego kreise, desto lebensunfähiger und unglücklicher werde ich. Je mehr ich darüber klage, was ich nicht habe, und mich darüber ärgere, was ich nicht bin, je mehr ich fordere, was doch mir wie allen anderen zusteht, je mehr ich das Leben um mich herum aus dem Blick verliere, desto mehr entferne ich mich von dem, was und wie ich im Grunde sein und leben könnte: heiter, gelassen, selbstvertrauend – auch wenn die Umstände nicht günstig sein sollten. Kaum etwas macht mich andererseits gelöster, gelassener, nichts bringt meine besten Seiten leichter zum Vorschein als das Bemühen darum, das Ego-Zentrische nicht ständig zum Zuge kommen zu lassen. Wer freier wird von seiner Ichbezogenheit, dem weitet sich der Blick, damit zugleich die ganze Seele. Wer weniger ichbezogen und daher weniger einseitig denkt, fühlt mehr das Herz der Welt und damit gewiß auch sein eigenes.

»Ich bin, der ich bin. Ich will niemand anders sein. Ich versuche nicht klüger, reicher, geistvoller, attraktiver oder selbstsicherer zu sein, als ich jetzt bin. Ich muß nicht von allen geliebt und bewundert werden.« So beginnt ein Text, den Lutz Müller denen zu bedenken gibt, die unter ihrer »Fassadenhaftigkeit«, mit der sie ihre Unsicherheit zu verdecken suchen, leiden. Er fährt fort: »Ich kann es auch aushalten, dumm, lächerlich und fehlerhaft zu erscheinen. Die Welt wird dadurch nicht untergehen. Ich bin bereit, die Überlegenheit und Mittelpunktstellung des anderen anzunehmen, und kann mich selbst mit solchen Ansprüchen in Ruhe lassen.«

Tun Ihnen diese Sätze Lutz Müllers auch so gut wie mir?

»Die Kunst des Loslassens der eigenen Bedeutsamkeit und der Bejahung des So-Seins«, schreibt er weiter, »ist der wichtigste Schlüssel zum Geheimnis angstfreieren Lebens.«[83]

Warum ist das so?

Weil der übermäßige Drang eines Menschen nach Bedeutsamkeit und Wichtigkeit ihn von sich selbst entfremdet. Je mehr er diesem Drang nachgibt und sich mit einer künstlichen Fassade verfremdet, desto mehr Angst entwickelt er vor der Enthüllung seiner Unsicherheit, was wiederum zur Folge hat, daß er seine Fassade verstärkt. Er wird zum Sklaven seiner Sorge um das Urteil der anderen. Die anderen aber sind ständig präsent.

Eine besondere Variante der Ichbezogenheit ist das Alltagsphänomen *Selbstmitleid*. Nur wenige Menschen sind davon frei, doch nur wenigen scheint es bewußt zu sein, obwohl gerade dieses Gefühl die Entwicklung von Selbstvertrauen behindert wie kaum ein anderes.

Selbstmitleid äußert sich in tragischem Gebaren. Es kreist nur um seinen Inhaber und ist deshalb richtungslos. Deshalb hat es auch nicht die Tendenz, sich aufzulösen. Wer sich bemitleidet, fragt auch nicht danach, was er selbst mit der Entwicklung seines gegenwärtigen Zustandes zu tun hat, sondern macht Gott und die Welt dafür verantwortlich. Er spielt das altbekannte Schuldverschiebespiel. Für dieses Spiel hat jedoch niemand Sympathie, und deshalb wenden sich die anderen von ihm ab – natürlich mit der Folge, daß auch noch der Rest an Selbstvertrauen verlorengeht.

Warum fallen so viele auf dieses zersetzende Gefühl herein? Auf diese Frage hat die Psychoanalytikerin Ursula Gruner in einem Psychologie-Heute-Interview[84] geantwortet, Selbstmitleid sei die letzte Bastion vor Selbstverlust und Selbstaufgabe. »Denn zum Selbstmitleid gehört«, so sagt sie weiter, »daß man sich vom [verletzenden, Anm. d. Verf.] Gegenüber zurückzieht in eine Art narzißtischen Kokon, dem einzigen Raum, in dem die authentischen Gefühle bewahrt werden können, der aber nicht mehr in Kontakt mit den Mitmenschen ist.«

Dann wäre Selbstmitleid Selbstschutz? Keiner, der tatsächlich weiterhilft, sondern, vielleicht, stark neurotische Menschen vor endgültigem Selbstverlust bewahrt.

Der Weg zur Befreiung von überstarker Ichbezogenheit?

Zunächst kommt es darauf an, daß ich begreife, in welchem Maße ich von meinem Ego und seinen Bedürfnissen, Wünschen und Vorstellungen versklavt bin. Es muß mir aufgehen, wie oft und wie leidvoll ich immer wieder um das kreise, was ich begehre, was ich mir wünsche und vorstelle. Es muß mir *fühlbar* werden, daß ich nur selten dem spielenden Kind gleiche und nur selten ichvergessen bin.

Ich muß in mir die Erschütterung darüber zulassen, daß ich vieles von dem, was mir an Wichtigem und Wesentlichem begegnet, nur erblicke, nicht erkenne, nur sehe, aber keine Verbindung zu ihm aufnehme. Meine Ichbezogenheit muß mir auf die Nerven gehen! Vielleicht lasse ich dann eines fernen Tages auch die heilsame Trauer darüber zu, daß ich zuwenig das Leben liebe, mein eigenes nicht und das große Leben nicht. Kurzum: Es muß mir deutlich werden, daß es ein Unglück ist, sein Ich zu wichtig zu nehmen.

Eine praktische Anregung, die kleine Wunder bewirken kann: Nehmen Sie sich vier Wochen lang an jedem Abend zehn Minuten Zeit für die Frage, in welchen Situationen des Tages Sie zu stark auf sich fixiert waren. Wenn Sie sich auf diese bescheidene Selbsterfahrungskur einlassen, werden Sie schon bald viel sensibler Ihre egomanen Tendenzen erkennen und produktiv-gereizt darauf reagieren. Die Kur schmerzt wie Jod in frischer Wunde, erleichtert und befreit jedoch für eine gewisse Zeit ganz ungemein.

Es kann eine Hilfe sein, eine gewisse Zeit ichbezogene Menschen zu studieren – nicht pharisäisch, denn dazu gibt es keinen Grund. Sie studieren, das heißt: auf ihre Körperhaltung zu achten, ihr Gesicht wahrzunehmen, zu entdecken, daß ihr Blick meistens nach innen gerichtet ist, zu bemerken, worüber sie sprechen, wie sie sprechen, wie oft sie das Wort ergreifen, wie sie auf den Gesprächspartner wirken etc. »Gerade in Kleinigkeiten, bei welcher der Mensch sich nicht zusammennimmt, zeigt er seinen Charakter, und da kann man oft an geringfügigen Handlungen, an bloßen Manieren den grenzenlosen, nicht die mindeste Rücksicht auf andere kennenden Egoismus bequem beobachten, der sich nachher im Großen nicht verleugnet, wiewohl entlarvt.«[85] Wozu dieses Studium gut sein soll? Um sich in guter Weise darüber erschrecken zu lassen, wie wenig liebenswert wir sind, wenn wir primär und zu oft uns selbst im Blick haben.

Und der Weg zur Befreiung von Selbstmitleid? Was wäre zu tun? Dieses unselige Gefühl sich einzugestehen, seinen Facettenreichtum aufzuspüren und ihn sich zu vergegenwärtigen! Oder, wie U. Gruner in dem erwähnten Artikel sagt: »Nur die nüchterne Beobachtung der Situation aktiviert jene Kräfte, die vor dem Gefühlssog, arm und hilflos zu sein, bewahren.« Die Wirkung ist verblüffend. Wer sich diese Beobachtung zumutet, wird frei, frei für die unbequeme Nachfrage nach den Ursachen, die ihn in seine Lage gebracht haben, frei für die Situation, in der er sich befindet, frei vom ständigen Kreisen um das begehrliche Ich.

Aufgaben annehmen

Selbstvertrauen gewinne ich auch, indem ich sowohl Aufgaben, die mir entsprechen, als auch jenen, die ungewollt in mein Blickfeld kommen, nicht ausweiche. Denn, so Ortega y Gasset: »Leben heißt etwas Aufgegebenes erfüllen; und in dem Maße, wie wir es vermeiden, unser Leben an etwas zu setzen, entleeren wir es,«[86] d. h. entleeren wir uns, entsteht in uns Leere, kann in die innere Leere vieles einfließen, wonach wir nicht gerufen haben, so auch das Gefühl der Verunsicherung. Deshalb kann man sich die Einsicht Sigmund Freuds nicht oft genug ins Gedächtnis rufen: »Menschen sind stark, solange sie eine starke Idee vertreten; sie werden ohnmächtig, wenn sie sich ihr widersetzen.«[87]

Ein Mensch kommt erst dann zu einer gewissen Reife, wenn er die ihn selbst verletzenden Bahnen des Ich-Kreises verlassen hat und zu begreifen beginnt, daß Leben heißt, Antwort zu geben. Was damit gemeint ist, hat der Schriftsteller Willy Kramp so beschrieben:

> »Alles wesentliche Leben nämlich heißt: Antwort geben. Ein Leben ist so viel wert, als es Antwort gibt. Denn wir Menschen sind immerfort gefragt. Der Hund, der Sperling, die

Ratte fragen uns in ihrer Lust und Qual. Der Mensch an unserer Seite fragt uns. Das Sein insgesamt fragt uns mit tausend Fragen. Zu jeder Stunde anders. Mit tausend Stimmen,
laut und schweigend, beglückend und quälend. Immerfort
sind wir gefragt. Das ist unsere Gabe und unsere Last als
Menschen. Dies macht es aus, daß kein einziger Augenblick
unseres Lebens mit dem anderen verglichen werden kann.
Lebendig sein heißt: in jeder Stunde die ganz neue und andere Frage hören, die das Leben uns stellt, und mit einem
Wort antworten, das immer wieder ein gleichsam erstes
Wort ist.«[88]

Es geht in der Begegnung mit Leben jedoch nicht nur um
Wahrnehmungen, Empfindungen, Gefühle und Worte. Es
geht auch ums Mitverantworten, Mithandeln, Mitverän-
dern. Denn Liebe ist konkret. Und auch unser ursprüngliches Wesen ist keineswegs nur darauf aus, sich selbst zu
genießen, sondern seinem In-der-Welt-Sein konkreten
Ausdruck zu geben.

Manchmal denke ich in meiner Arbeit mit unglücklichen Menschen, was wohl wäre, wenn der eine oder andere sich aufmachte, trotz seiner Verstimmung oder
Ängstlichkeit an solchen Aufgaben teilzunehmen, die
hier und jetzt für das Gemeinwohl wichtig sind.

Zum Nachdenken einige Fragen:
• Kann es sein, daß Sie wissen, welche Aufgaben auf Sie
  warten, vielleicht schon zu lange warten?
• Ist die Aufgabe, an die Sie jetzt denken, zu groß für Sie?
  Sie würden sich auf sie einlassen, wenn sie kleiner
  wäre? – Ist die Aufgabe, an die Sie jetzt denken, zu
  klein für Sie? Sie würden sich auf sie einlassen, wenn sie
  größer wäre?
• Wenn Sie keine konkrete Aufgabe für sich sehen – gibt
  es in unserer Zeit keine »starke Idee«, die Ihnen entspräche und Sie locken könnte?

Kein Mensch gleicht einem anderen

Kein Mensch gleicht einem anderen und daher auch kein Lebensweg dem eines anderen. Doch gerade aus dem Vergleich mit anderen resultieren die meisten Unsicherheitsgefühle. Statt einer theoretischen Erörterung begnüge ich mich mit einigen Anregungen, die nicht wenig bewirken könnten, nähmen wir uns für die Antworten genügend Zeit.

- Was sagt der Jasager in Ihnen, was sagt der Neinsager in Ihnen zu Ihrer Person? Auf wen lassen Sie sich am häufigsten ein?
- Möchten Sie mit irgendeinem anderen Menschen tauschen?
- Wer sorgsam die Bilder seiner Träume studiert, kommt zu der überraschenden Einsicht, daß zwar seine innere Landschaft mit der anderer vergleichbar ist, nicht aber seine persönliche Stellungnahme zu den Bildern.
- Je tiefer sich die Stille in uns ausbreitet, desto näher kommen wir unserem Zentrum. Je näher wir unserem Zentrum kommen, desto mehr verdichtet sich das Gefühl für unsere Originalität. Je mehr sich dieses Gefühl verdichtet, desto klarer zeigt sich uns der Weg, den wir zu gehen haben. Je entschiedener wir ihn gehen, desto unabhängiger werden wir von der Meinung und dem Urteil anderer – und gehen unseren eigenen Weg.

> Wer den *eigenen Weg* geht,
> geht nicht die Wege der anderen,
> folgt nicht fremden Wünschen und Vorstellungen,
> hört auf die eigene Stimme,
> wird in seinen eigenen Entscheidungen klar,
> wagt zu sagen, was er denkt,
> wagt zu tun, was er sagt,
> weicht nicht aus,
> entwickelt Stehvermögen,
> steht zu sich selbst,

ist sich selbst ein Freund,
fängt an, sich und andere zu lieben,
schiebt das Dunkle nicht von sich auf andere,
wird sich selbst treu,
vertraut sich selbst und anderen,
sagt »ja« zum Leben,
lebt mitten im Leben,
schöpft das Leben aus,
sagt »ja« zum Tod,
geht *seinen Weg zu seinem Ziel.*

Bedingungsloses Angenommensein

Zu den ungewöhnlichsten Entdeckungen in Wertimaginationen gehört, daß Menschen mit unterschiedlichem Typus, unterschiedlichstem Lebenslauf und unterschiedlichster Weltanschauung nach längerer »Wanderung« in die Tiefe an einen »Ort« gelangen, an dem sie die Erfahrung machen, daß sie bedingungslos angenommen sind. Besonders beachtenswert ist dabei, daß selbst jene, die eine schwere Kindheit durchlitten, Erfahrungen dieser Art machen. Daraus schließe ich, daß das Gefühl, angenommen und geliebt zu sein, ein Existenzial, ein zu jedem Menschen gehörendes Phänomen ist, das verdeckt, verschüttet und unentwickelt sein kann, doch nicht verloren geht. Gerade dieses Gefühl aber ist die wichtigste Voraussetzung dafür, sich selbst vertrauen zu können. Denn wer sich geliebt fühlt, fühlt sich ernstgenommen. Wer sich ernstgenommen fühlt, wagt sich aus sich heraus. Wer sich aus sich herauswagt, ist weltoffen. Wer weltoffen ist, transzendiert sich selbst auf etwas hin, auf jemanden, auf die Welt – und verwirklicht sich selbst.

Wo liegt denn jener »Ort«, an dem der Mensch sich geliebt fühlt? In uns selbst. Und wer schenkt diese Liebe? Symbolgestalten numinosen Charakters, wie wir sie auch aus Märchen, Mythen und Träumen kennen. Die Eindrücke solcher Begegnungen gehen tief. Sie gleichen Berichten von Mystikern. Das Gefühl des Angenommenseins ist überwältigend und lebensverändernd.

Eine dieser Imaginationen möchte ich vorstellen: Sie handelt von einer älteren Frau mit bewegter Lebensgeschichte. Zu vielem, was sie erlebte, konnte sie stehen, zu vielem nicht. Ziel der Wanderung war der »Ort des Selbstvertrauens«:

Nach längerem Weg gelangt sie zu einem domähnlichen Gebäude. Als sie den Vorhof betritt, sieht sie eine Gestalt auf sich zukommen. Schon von fern ahnt die Frau, daß ihr eine besondere Begegnung bevorsteht. Als die beiden voreinander stehen, erschrickt sie. Das Gesicht der Gestalt sieht aus, als habe es alles Leid der Welt selbst durchlebt. Doch die Augen strahlen etwas ganz anderes aus, etwas, was die Frau nie zuvor gesehen hat: nicht beschreibbare Güte, unbedingte Bejahung, volle Annahme, Liebe – und das Gefühl, sein zu dürfen, wie sie nun einmal ist. Ein langes befreiendes Weinen beendet die Imagination.

Erst Wochen danach sagte die Frau, es sei »ja wohl klar«, welcher Gestalt sie begegnet sei. Die Begegnung wurde für sie zum wichtigsten Meilenstein auf dem Weg zu ihrem Wesen.

Es gibt auch Grund zum Jubel

Dann und wann in deinem Leben mußt du einfach in Feuer und Flammen stehen, mußt du brennen vor Lust am Leben!

Du hast keinen Grund dazu?

Weißt du so wenig von dem, was Lust am Leben ist?

Ich denke nicht an das, was du hast,
auch nicht an das, was du bist.

Ich denke überhaupt nicht an dich.

Ich denke an das Leben: an die funkelnden Sterne und die schäumenden Wolken, an die duftende Erde und den grünnassen Baum, an die Schönheit von Häusern und prachtvolle Straßen, an kapitulierende Wissenschaftler und selbstbewußte Verkäufer, an originelle Gesichter und das Strahlen Behinderter, an heitere Kranke und vor Glück heulende Männer, an sich schämende Politiker und betende »Atheisten«, an tanzende Alte und ernsthafte Junge, an das Lichtermeer zugunsten der »Fremden« und alle Proteste für ein menschliches Leben, an ... an ...

Ich denke an das Leben!

Verstehst du?

An dieses verdammt geliebte Leben!

Daher:

Juble, wenn du kannst.

Schrei vor Wonne, wenn du kannst.

Umarme das Leben, wenn du kannst.

Küß das Leben, wenn du kannst.

Du kannst das nicht? Du kannst es.

Du kannst es deshalb, weil die Lust am Leben in dir ist, zu dir gehört, ausgelebt werden will, soll und kann.

Du sagst, die Umstände ließen den Jubel nicht zu?

Wie lange noch willst du so reden?

Hast du es nicht satt, so rundum satt, dich in deiner Jubellosigkeit immer wieder nur auf deine äußeren und inneren Bedingungen zu berufen?

Gewiß ist vieles, was dein Leben erschwert, von außen oder innen, auf dich zugekommen. Doch sind viele Umstände, die deinen Jubel zu verhindern scheinen, nichts anderes als Ausdruck deines eigenen Lebens. Und wenn das so ist, kannst du sie ändern, die einen vielleicht nicht, die anderen wohl.

Überwindung von Streß

Streß scheint für viele Zeitgenossen keineswegs ein Problem zu sein, im Gegenteil: Es scheint, als sei er noch immer ein Statussymbol. Wer Streß hat, ist beschäftigt, wird gebraucht, ist wichtig, gilt etwas. So scheint es.

Für viele andere dagegen ist Streß durchaus eine Not. Doch obwohl sie deren Ursachen kennen, scheinen sie keine Lösung finden zu können.

Was ist Streß – wie wirkt er sich aus?

Streß und seine Auswirkungen

Der Begriff Streß (engl.: Druck, Kraft) stammt aus der Physik und meint ursprünglich den Druck und die Spannung, durch die sich ein Gegenstand verformt. 1936 führte der englische Physiologe Hans Selye den Begriff in die Medizin ein und beanspruchte ihn für ein charakteristisches Reaktionsmuster von Menschen und Tieren auf erhöhte Beanspruchungen. Nicht lange danach nahm sich auch die Psychologie des Themas an. Inzwischen ist es in aller Munde. Sehen Sie nur in die Regale der Buchhandlungen! Ich habe jedoch den Eindruck, daß das Phänomen selbst noch immer nicht deutlich genug erfaßt worden ist und daher die vielfältig angebotenen Hilfen nicht tief genug greifen.

Wenn ich in Seminaren die Teilnehmer bitte, sich Einfälle und Assoziationen zu bestimmten Begriffen kommen zu lassen, werden zu »Streß« besonders viele Aspekte genannt. Für manche Teilnehmer scheint es geradezu eine Wohltat zu sein, endlich all das beim Namen nennen zu können, worunter sie seit langem leiden.

Da werden Begriffe geäußert wie

> Druck, Termindruck, Leistungsdruck, Konkurrenzdruck, Über-anstrengung, Erschöpfung, Ärger, Aggressivität, Überreiztheit, Nervosität, Hochspannung, Getriebensein, hoher Blutdruck, Depression, Zerschlagenheit, Angst, Konflikte, Störungen, Sinnlosigkeit, Müdigkeit, Hetze[89].

Andere Teilnehmer äußern kurze Sätze wie diese:

> Ich werde nie fertig. Die Aufgaben fressen mich auf. Ich bin mir selbst fremd. Ich kann mich nicht mehr entscheiden. Ich treffe nur noch falsche Entscheidungen. Meine Widerstands-kräfte erlahmen. Ich habe keine Kraft mehr. Ich will hier weg. Meine Beziehung geht kaputt. Was soll das Ganze? Ich bin ausgebrannt. Ich will nicht mehr (leben).

Was ist Streß?

Wir unterscheiden *Eustreß*, den positiven Streß, und *Di-streß*, den negativen Streß. *Distreß* ist ein Zustand, der ein-tritt, wenn wir körperlich und seelisch so gefährdet sind, daß wir alle verfügbaren Kräfte aufbieten müssen, um uns selbst verteidigen, schützen und bewahren zu können.

Doch nicht jeder Streß gefährdet uns, im Gegenteil: Es gibt auch den *Eustreß*. Keineswegs nämlich ist es von Vor-teil, ständig nur entspannt zu sein: »Was ... der Mensch in Wirklichkeit braucht,« so Frankl, »ist ... eine gewisse, eine gesunde Dosis von Spannung – etwa jene dosierte Span-nung, wie sie hervorgerufen wird durch ein Angefordert-und Inanspruchgenommensein durch einen Sinn.«[90]

Das bedeutet konkret?

Jede Anforderung, die wir spüren, fordert uns zum Han-deln heraus. Jede schwierige Situation, in der es um Verwirklichung von Sinn geht, fordert uns auf, uns auf den Wert auszurichten, der eine Situation sinnvoll machen kann. Ob uns das erste Rendezvous bevorsteht oder das letzte Examen, ob wir ein schwieriges Gespräch zu einem guten Ende bringen wollen oder einen 5000 m-Lauf, ständig begegnen wir Situationen, die nicht *Entspannung* von uns verlangen, sondern *Anspannung*. Doch nur dann, wenn das, wofür wir uns anspannen, sinnvoll ist, geraten wir nicht in Distreß, erleben wir Eustreß. In diesem Abschnitt soll allerdings nur von Distreß und seiner Vorbeugung bzw. Überwindung die Rede sein.

Wie entsteht Distreß?

1. Der körperliche Aspekt

Ein Mensch gerät in eine Situation, die er weder geplant noch erwartet hat. Darauf reagieren unsere Sinne. Im Gehirn wird das sogenannte Streßsystem aktiviert, damit die bedrohliche Situation gemeistert werden kann. Die Nebenniere wird aufgefordert, verstärkt die Hormone Adrenalin und Noradrenalin auszuschütten. Diese wiederum erhöhen – gemeinsam mit dem anregenden Sympathikus-Nerv – die Herztätigkeit, den Blutdruck und die Atmung, damit Gehirn und Muskeln ausreichend mit Sauerstoff versorgt werden. Die Leber ihrerseits stellt Zuckerreserven für die erhöhte Muskelanspannung zur Verfügung. Eine wahre Kettenreaktion entsteht. Der Funktionsablauf erstreckt sich schließlich auf alle menschlichen Bereiche – auf Körper, Seele und Geist! Wen wundert es, daß in dem Maße, in dem ein Mensch gestreßt ist, seine Schwachstellen in Mitleidenschaft gezogen werden und sein Energiefluß behindert oder gar blockiert wird.

Wie sich Distreß auf den Einzelnen auswirkt und wann jemand an dessen Folgen erkrankt, hängt selbstverständlich von der jeweiligen Person ab und davon, in welcher Situation sie sich befindet. Um zu veranschaulichen, wie er sich auswirken kann, möchte ich die folgende Liste vorstellen[91]:

- Das Gehirn sagt: »Mir steigt alles zu Kopf.« Die Folgen können sein: Migräne, Kopfschmerzen, Konzentrationsstörungen, Depressionen.
- Das Auge sagt: »Das kann ich nicht mehr mit ansehen.« Die Folgen können sein: Überempfindlichkeit gegen grelles Licht, Zucken und Schleier vor den Augen, Übermüdung, Sehstörungen.
- Die Blutgefäße sagen: »Das Blut gefriert mir in den Adern.« Die Folgen können sein: Durchblutungsstörungen, Schwindelgefühle, Schwindelanfälle, kalte Hände oder Füße.
- Die Speicheldrüse sagt: »Vor Schreck bleibt mir die Spucke weg.« Die Folgen können sein: Kloß im Hals, trockener Mund, Verdauungsstörungen.
- Die Lunge sagt: »Etwas schnürt mir die Kehle zu.« Die Folgen können sein: Atemnot aufgrund von Sauerstoffmangel, zu schnelle, flache Atmung, Asthmaanfälle.
- Das Herz sagt: »Ich glaub', ich bekomme einen Schlag.« Die Folgen können sein: Herzrhythmusstörungen, Schmerzen und Stiche im Brustbereich, Angstgefühle, einen Infarkt zu erleiden.
- Der Magen sagt: »Ich hab mir vor Wut ein Loch in den Bauch geärgert« oder: »Mir schlägt alles auf den Magen.« Die Folgen können sein: Magenschleimhautentzündungen, Geschwüre.
- Galle und Leber sagen: »Mir läuft vor Wut die Galle über.« Die Folgen können sein: erhöhte Leberwerte, Gallenblasenentzündungen, Leberzirrhose.
- Die Bauchspeicheldrüse sagt: »Ich bin total auf dem Hund.« Die Folgen können sein: Hungergefühle, Schwäche, Schweißausbrüche, Unterzuckerung.
- Die Nieren sagen: »Alles geht mir an die Nieren.« Die Folgen können sein: Klopf- und Druckschmerzen, Nierenbeckenentzündungen, Bluthochdruck.

- Der Darm sagt: »Ärger schlägt mir auf den Darm.« Die Folgen können sein: Stuhldrang, Blähungen, chronische Verstopfung, Durchfälle.
- Die Blase sagt: »Das schlägt mir auf die Blase.« Die Folgen können sein: Harndrang, Schmerzen beim Harnlassen, Entzündungen.
- Die Geschlechtsorgane sagen: »Ich hab zu nichts mehr Lust.« Die Folgen können sein: Menstruationsbeschwerden, Verlust der Libido, Impotenz.
- Die Muskulatur sagt: »Ich bin vor Schreck wie gelähmt.« Die Folgen können sein: allgemeine Abgespanntheit, Krampfneigung, Rückenschmerzen.

Einige Zeit vor seiner Einlieferung ins Krankenhaus hatte ein erfolgreicher Mann diesen Traum gehabt – und kaum beachtet:

Auf einer spiegelblanken Eisfläche lief er mit seinen Schlittschuhen herrliche Figuren und Bögen. Die phantastische Vorführung beendete er mit einer Pirouette. Schneller und schneller drehte er sich um seine eigene Achse – bis er zusammenbrach.

2. Der seelisch-geistige Aspekt

Wieder gilt: Ein Mensch gerät in eine Situation, die er weder geplant noch erwartet hat. Unbehagen stellt sich ein. Unbehagen wird zu Nervosität. Nervosität entwickelt sich zu Ängstlichkeit, die sich z. B. in Reizbarkeit oder Deprimiertheit äußert. Aus Ängstlichkeit wird Angst. Die Angst verzerrt seine Wahrnehmung. Ernsthafte Beziehungsstörungen zeigen sich. Klagen über »Zeitmangel« nehmen zu. Übermäßige Ichbezogenheit wird spürbar. Der Welt- und Werthorizont verengt sich: Der Gestreßte sieht kaum noch Schönes, Positives oder Wichtiges. Die Frage nach Sinn in dem, was er ist, was er erlebt und was er tut, stellt sich konkret. Er fühlt sich existenziell frustriert. Die Frage wird wieder beiseite geschoben, das Sinnvakuum durch Ersatzmittel gefüllt. Gerade dadurch aber verdichtet sich die existenzielle Frustration und ebenso der Streß.

Anders gewendet:

Zeit ist die Form, durch die der Inhalt Leben fließt. Je enger diese Form ist, desto weniger Leben fließt hindurch. Distreß aber verhindert das Sein des Menschen in der Zeit. Weil der Gestreßte Druck empfindet, hastet er von einer Situation in die andere: Er ist nicht mehr geistes-gegenwärtig. Er verweilt nicht mehr im Augenblick. Er nimmt die in der Gegenwart sich anbietenden Werte nicht mehr wahr. Er findet keine Zeit mehr, Entscheidungen reifen zu lassen. Er ist nicht mehr genug bei sich. Und das hat Folgen:

Er wird sich zunehmend fremd, kommt sich selbst nicht mehr nahe, kommt nicht mehr zu sich selbst, ist nicht mehr bei sich, steht nicht mehr zu sich, hat kein Stehvermögen mehr. Er fühlt sich »ausgehöhlt«. Er fühlt innere Leere. In diese Leere aber fließen all jene Gedanken, Empfindungen und Gefühle, die er um keinen Preis will. Deshalb begibt er sich so rasch wie möglich wieder in die unselige Umlaufbahn des Stresses, um ja nicht zur Besinnung zu kommen. Wer jedoch nicht mehr zur Besinnung kommt, findet keinen Sinn mehr.

Allgemeine Aspekte

Sollte ich alle möglichen *Stressoren* beschreiben – gemeint sind die Bedingungen, Ursachen und Gründe, die zu Distreß führen können –, sollte ich darüber hinaus verdeutlichen, warum gerade der Distreß zu einer der markantesten Geißeln unserer Zeit wurde, hätte ich ein ganzes Buch zu füllen.

Hier muß ich mich mit folgenden Hinweisen begnügen:

Alles, was ich nicht will – und doch tue und erlebe bzw. tun und erleben muß, kann Distreß verursachen. Alles, was mich in meiner Selbstbestimmung beschränkt und meinen Freiheitsraum einengt, kann mich stressen.

Beispiele?

Der Lärm, die Abgase, das gespritzte Obst, der dingliche Wertepluralismus, der geistige Wertepluralismus, die Orientierungslosigkeit, die Krankheit, die Arbeitslosigkeit, die soziale Ungerechtigkeit, das Minderwertigkeitsgefühl, das Schuldgefühl, das Angstgefühl, die Auseinandersetzung mit dem Partner, den Kindern, den Kollegen, der Umzug, die Scheidung, der Tod eines nahen Menschen, die Vergangenheit, die noch immer schmerzt, die Gegenwart, die nicht ausgefüllt ist, die Zukunft, die keine Hoffnung zu erlauben scheint.

Distreß stellt sich immer dann ein, wenn ein Mensch auf Dauer nicht so lebt, wie es ihm entspricht. Daher ist er weit mehr als ein »modernes Problem«. Er ist eine tiefgreifende Not unserer Zeit und eine besondere Quelle der existenziellen Frustration.

> In einer Wertimagination wanderte ein streßgeplagter Mann zu seinem Herzen. Er staunte darüber, wie schön es war. Er freute sich über die Farbigkeit der Wände und genoß den Duft, der durch den Raum drang. Er legte sich nieder und erlebte, wie gut es war, in seinem Herzen zu Hause zu sein. Hier wollte er bleiben.
>
> Da erschien nach einiger Zeit sein »zweites Ich« in der Tür seines Herzens. Bei näherem Hinsehen bemerkte er in dessen Augen eine tiefe Traurigkeit. Auf die Frage, was er hier suche, antwortete jener: »Ich hüte dein Herz, wann immer du nicht zu Hause bist.«

Weil das Erscheinungsbild von Distreß sehr komplex ist, und kein Mensch einem anderen gleicht, gibt es für einen angemessenen Umgang mit ihm keine bestimmte Methode. Daher werde ich die Möglichkeiten zur Vorbeugung oder Überwindung auch so vielfältig wie möglich darstellen. Sie, lieber Leser, werden selbst sehen – sofern Sie denn streßgeplagt sind –, welche Punkte Ihnen behilflich sein können.

Distreß durchschauen

Zunächst ist es wichtig, den Distreß wahrzunehmen, sich einzugestehen und konkret zu untersuchen, wodurch er ausgelöst, verursacht oder begründet ist, d. h. die Stressoren zu finden. Man sollte allerdings nicht das Kind mit dem Bade ausschütten und Eustreß als Distreß mißdeuten.

Wer sich seinem Distreß stellt und sich dessen Ursachen und Wirkungsgeschichte vergegenwärtigt, wird sich darüber empören, was ihm andere aufgebürdet haben oder er sich selbst zugemutet hat. Am Anfang jeder existenziellen Wende steht immer beides: die gefühlte Erkenntnis des Problems und seiner Wirkungsgeschichte und der Entschluß, sich nicht mehr wie bisher durch die Tage gehen zu lassen.

Prioritäten und Ziele

Welche Prioritäten und Ziele sollen für Ihr Leben gelten? Was ist für Sie *wirklich* wichtig? Was wollen Sie *unbedingt* leben – in Ihrer Familie, Ihrem Freundeskreis, Ihrem Beruf? Wenn Sie wissen, was für Sie wirklich wichtig ist, wissen Sie auch, was Sie daran hindert, es in der Tat zu leben – Geldsucht, Geltungssucht, Mangel an Durchsetzungskraft, Konformismus etc.?

Wahrscheinlich brauchen wir gar nicht viel, um relativ streßfrei leben zu können. Wahrscheinlich brauchen wir nur dieses eine: zu wissen, was die Hauptsachen in unserem Leben sein sollen – und sie leben.

Ganz gewiß haben nicht Geld oder Geltung, nicht Karriere oder Erfolg, ganz gewiß haben nicht die rasch verlierbaren Dinge des Lebens das Zeug dazu, Hauptsachen im Leben sein zu können. Dazu eignen sich nur solche, die innere Freiheit schaffen und Frieden, innere Wärme und Gelassenheit.

Nichts darf »alles« sein

Es gibt nicht einen Wert, es gibt viele Werte. Daher macht nicht *ein* Wert ein Leben wertvoll, und sei er noch so honorig. Erst mehrere gelebte Werte bringen Erfüllung.

Der Beruf ist nicht alles, die Ehe nicht alles, die Familie nicht, die eine Leidenschaft nicht, das eine Projekt nicht, die Vision nicht.

Jede Fixierung auf einen Wert engt das Wertgesichtsfeld ein und führt irgendwann unweigerlich in die existenzielle Frustration, besonders dann, wenn der eine Wert, z. B. der Erfolg im Beruf, dahinschwindet. Jede Fixierung auf einen Wert hat irgendwann auch Distreß zur Folge, weil sie zur Verarmung des Wertgefühls für sich, andere und anderes führt. Und das wiederum bedeutet eine Reduzierung der Fähigkeit zur Selbstbestimmung, also der Voraussetzung, sich nicht über Gebühr stressen zu lassen.

Die Sorge vermindern

»Obwohl sie nicht hundert Jahre alt werden«, sagt ein chinesisches Sprichwort, »bereiten sich die Menschen Sorge für tausend Jahre.«

Zu den gefährlichsten, weil am wenigsten durchschaubaren Stressoren gehört die Sorge. Der sich sorgende Mensch ist jemand, der die Gegenwart nicht genießen kann, weil er nicht eins mit ihr ist. Und weil er nicht eins mit ihr ist, lebt er gespalten in ihr. Innere Gespaltenheit aber ist der Streßfaktor Nr. 1.

Einerseits lebt der Sorgende in der Gegenwart, andererseits sorgt er sich über sie hinweg, da er der kommenden Gegenwart mißtraut. Mißtrauen aber ist die Mutter der Sorge. Der mißtrauische Mensch hofft wenig, glaubt wenig, sucht wenig, wagt wenig, liebt wenig. Er wartet. Er wartet vor allem darauf, daß das eintrifft, was er befürchtet. So zwingt er das Negative geradezu herbei. Das aber bestätigt ihn wieder in seiner düsteren Auffassung vom Leben, in seiner ständigen Sorge. Wer so lebt, lebt nicht ohne Gewinn: Er täuscht sich seltener als der Vertrauende. Er traut seiner Vertrauenslosigkeit. Er fühlt sich als Realist. Und doch: Das Leben wird nicht warm bei ihm und ist darum frustrierend.

> Als die einfallsreichsten Wesen der inneren Welt gelten die Sorgengeister, die überall auf den Straßen der inneren Welt zu sehen sind. Man erkennt sie schon von weitem an ihrer dünnen Gestalt und ihren farblosen Gewändern.
>
> Die meisten anderen Wesen haben Respekt vor ihnen, nur die inneren Kinder nicht. Sie haben nämlich ein Geheimnis: Wenn ihnen ein Sorgengeist entgegenkommt, laufen sie einfach in ihn hinein, und dann löst er sich auf. Selbstverständlich haben die Kinder ihr Geheimnis längst den Erwachsenen anvertraut. Die Großen sagen jedoch immer nur, solche Geschichten seien nichts als Märchen.[92]

Wer unter Distreß leidet, sollte danach fragen, welche »Sorgengeister« ihm am häufigsten begegnen. Und auch danach, ob das, worum er sich sorgt, tatsächlich sorgenswert ist. Die in diesem Zusammenhang hilfreiche Frage lautet: *Ist »das« so wichtig?*

Mehrdimensionales Denken

Nicht die Tatsachen bedrängen unser Leben, sondern die Gefühle, die wir ihnen entgegenbringen. Nicht die Tatsachen bestimmen die Qualität eines Lebens, sondern unsere Einstellung zu ihnen! Nicht die Arbeit, nicht der Konflikt, nicht die Krise, nicht die Krankheit, nicht das, was uns fehlt, nicht das, was uns das Schicksal vorenthält, nicht diese Zeit, sondern die Art unserer Reaktion darauf bestimmt, wie wir unser Leben finden(!). Welche Befreiung liegt in dieser Erkenntnis! Welche Ermutigung geht davon aus! Es liegt vor allem an uns. Nicht primär an den Umständen. Es liegt an uns, ob wir und wie wir unser Leben führen. Es liegt deshalb auch an uns, ob wir uns dem möglichen Distreß ergeben oder nicht.

Und wie macht man das?

So, daß man sich die Mehrdimensionalität des Lebens vergegenwärtigt.

Was heißt das?

Statt einer theoretischen Erörterung möchte ich Ihnen zwei Übungen vorstellen. Die erste zeigt nicht nur, was mehrdimensionales Denken und Fühlen ist. Sie ist auch eine ausgezeichnete Hilfe, sich zu sammeln, zu sich zu kommen und sich zu entstressen.

> Setzen Sie sich in einen Raum, in dem Sie ganz für sich sind.
> Schließen Sie die Augen.
> Sie brauchen nicht zu denken und keine Gefühle zu orten.
> Sie brauchen auch keine Probleme zu lösen. Sie brauchen nur zu hören.
> Worauf?
> Auf das, was Sie hören:
> auf den Wind, auf das Hupen der Autos, auf den Ruf des Vogels, auf das Signal des Notarztwagens, auf das Kinderlachen, auf die bärbeißige Stimme des Nachbarn, auf alles, was Laut gibt, auf die gesamte Vielstimmigkeit der Welt, die Sie umgibt. Nur hören, nichts als hören ...

Im Laufe der Zeit werden Sie bemerken, daß Sie in verschiedene »Etagen« und Räume hineinhören, in die Höhe, in die Tiefe, in die Breite, nach vorn, nach hinten, nach allen Seiten. Sie werden die Geräusche, Stimmen und Klänge deutlich unterscheiden und auseinander halten können. Sie werden die Erfahrung machen, daß Sie aufgrund der Polyphonie, der Vielstimmigkeit der Töne, sich auf keinen Laut fixieren müssen, sogar auf die Stimme des unfreundlichen Nachbarn nicht. Sie werden im Laufe der Zeit empfinden – und das tut gut! –, daß alles, was Sie hören, zu Ihrer Welt gehört, auch jene Geräusche, die Sie bislang störten. Sie werden bei sich sein, ganz nah bei sich, sofern Sie bei dem sind, was Sie hören.

Selbst wenn Sie keine der in diesem Buch beschriebenen »Übungen« praktizieren – lassen Sie sich auf *diese* ein. Tun Sie es, werden Sie sie vermutlich zum festen Bestand Ihrer Arbeit an sich selbst machen und erfahren, daß diese einfache Kur Ihren Blick fürs Leben verändern wird.

Nicht weniger hilfreich ist der wertimaginative Gang in den »inneren Saal«:

> Schließen Sie die Augen und lassen Sie die Gedanken abfließen.
>
> Lassen Sie vor Ihren inneren Augen einen großen Saal erscheinen.
>
> Lassen Sie sich für das Problem, das Sie bedrückt, ein Bild, ein Symbol, kommen und »stellen« Sie es an den Ort des Saales, der Ihnen dafür angemessen erscheint.
>
> Lassen Sie sich dann Bilder, Symbole, für die Lebensbereiche kommen, die Ihnen wertvoll sind (Partnerschaft, Beruf, Freundschaft, Bücher, die eine Leidenschaft), und »verteilen« Sie sie auf den ganzen Saal.
>
> Und nun schauen Sie sich das Ganze an!
>
> Worauf sehen Sie? Nur auf das Problem? Auf die anderen Lebensbereiche nicht? Sollten Sie von dem Problem mehr

angezogen werden, als Ihnen lieb ist, so versäumen Sie es nicht, Ihren Blick bewußt auch auf die anderen »Bilder« zu lenken.

Lassen Sie sich für diese Innenansicht so lange Zeit, bis Sie eingesehen haben, daß die Mehrdimensionalität Ihres Lebens stärker auf Sie wirkt als das eine, Sie belastende Problem.

(Ein griesgrämiger Mann verließ nach einer solchen Wertimagination lächelnd seinen »inneren Saal«).

Geduld wachsen lassen

Gibt es eine wichtigere Eigenschaft, die geeignet wäre, dem Distreß entgegenzuwirken, als die Geduld? Doch wie gewinnt man sie? Worte, die wir rasch denken, sagen, hören oder lesen, verfliegen wie der Hauch des Windes. Erst das Wort, bei dem wir bleiben, in das wir uns eindenken und einfühlen, dessen Facettenreichtum wir kennenlernen, kann auf uns einwirken und seine Wirkungsgeschichte entfalten. Wenn ich mich also auf das Wort *Geduld* einlasse, gewinne ich eine Beziehung zu seinen Wurzeln.

Was ist Geduld? Geduld ist die im Grunde jedem Menschen eigene Fähigkeit, sich selbst und dem, was ihm begegnet, die innere und äußere Entwicklung zu erlauben, die er und anderes Leben braucht. Um ihrem Wesen näher zu kommen, nehme ich zunächst verdichtete Einsichten von Schriftstellern zu Hilfe:

> »Geduld ist das Schwerste und das Einzige«, sagt Hermann Hesse, »was zu lernen sich lohnt. Alle Natur, alles Wachstum, aller Friede, alles Gedeihen und Schöne in der Welt beruht auf Geduld, braucht Zeit, braucht Stille, braucht Vertrauen, braucht den Glauben an langfristige Vorgänge ...«
>
> Geduld führt zur Identität, denn, so Ramon Llull: »Wer Geduld hat, besitzt sich selbst.«

Wie man sie und damit sich selbst findet, sagt Francisco de Osuna in seinem Loblied auf die Sanftmütigen: »Die Sanftmütigen besitzen wahrhaft die Dinge dieser Erde, denn bei ihrem Verlust verlieren sie nicht die Sanftmut, und sie lassen das Verlorene in Frieden dahingehen, worin sich zeigt, daß sie nicht von ihnen besessen sind.«

Einen bescheideneren Aspekt nennt Jean Anouilh: »Das Leben besteht aus lauter kleinen Münzen, und wer sie aufzuheben weiß, hat ein Vermögen.«[93]

Die Liebe hat zwei Töchter, sagt ein Sprichwort, die Güte und die Geduld. Ob Hugo von Hofmannsthal an dieses Wort gedacht hat, als er schrieb, der Teufel fürchte nichts mehr als die Geduld eines Menschen?

Geduld ist nichts Passives. Geduld ist etwas Aktives. Geduld verlangt gelassenes Stehvermögen, und gelassenes Stehvermögen verlangt innere Freiheit. Innere Freiheit aber lebt nur der Weitsichtige, und weitsichtig ist nur der, der sich von den Störungen der gegenwärtigen Situation nicht übermäßig irritieren läßt.

Geduld geht mit Hoffnung einher, und darin ist sie stark. Denn indem die Geduld hofft, sieht sie über das gegenwärtig Bedrängende hinaus in der gewissen Erwartung, daß neues Leben sich zeigen wird.

Eine kleine Übung:

    Schließen Sie die Augen.

    Schauen Sie sich an, wie es in Ihnen atmet.

    Lassen Sie die Gedanken abfließen, so gut es geht.

    Sprechen Sie das Wort *Geduld* einige Male halblaut aus.

    Schauen Sie mit Ihren »inneren Augen« auf Ihr Sonnengeflecht. Es zeigt sich in der Regel als gold-gelbes Bild.

    Warten Sie darauf, bis sich Ihnen Bilder der Geduld zeigen.

    Bleiben Sie bei diesen Bildern, bis Sie vom Geduldsgefühl ganz ausgefüllt sind.

Sich auf den Tag vorbereiten

Wie ein Tag wird, hängt oft davon ab, wie man in ihn hineingeht. Ich jedenfalls kann mir nicht vorstellen, wie ein Tag sinnvoll werden kann ohne vorherige Besinnung auf ihn. Die Möglichkeiten solcher Besinnung sind selbstverständlich unterschiedlich. Drei Beispiele:

1. Selten hilft zur Vorbeugung oder Überwindung von Streß ein minutiös ausgearbeiteter Plan für den Tag. Alle Erfahrungen besagen, daß gerade dadurch Streß entsteht. Stattdessen können Fragen hilfreich sein, wie diese:
   - Was will ich heute bestimmt erreichen? Was wäre heute nicht so wichtig?
   - Wovor will ich mich heute schützen?
   - Welchen Genuß werde ich mir heute erlauben?
2. Von guten Erfahrungen berichten jene, die sich am Morgen auf einen bestimmten Wert besinnen und sich dazu innere Bilder kommen lassen, der Ruhe, der Gelassenheit oder des Stehvermögens.
3. Möglich ist auch, sich bequem hinzusetzen, die Augen zu schließen, die störenden Gedanken der Nacht kommen zu lassen, sie nicht abzuwehren und zu erleben, wie sie sich nach einiger Zeit von selbst zurückziehen. Denn alles Leben, auch das unangenehme, will sich zeigen. Wer es wahrgenommen hat, wird von ihm weniger als zuvor zur Wahrnehmung gezwungen werden. Und wer am Morgen mit relativ freiem Kopf in den Tag geht, wird am Abend weniger gestreßt sein.

Sich auf die Nacht vorbereiten

Auch wie die Nacht wird, hängt häufig davon ab, wie ich in sie hineingehe. Der Tag ist vergangen. Es gibt nichts mehr zu tun. Ich kann mich schlafen legen, ich kann mich auch noch auf das besinnen, was heute war.

Was war am Tage? War da Besonderes? War da Schönes, Schwieriges? War ich selbst da in dem, was ich erlebte?

Ich lasse die Bilder noch einmal kommen, lasse sie zu, lasse sie an mir vorbeiziehen, schaue sie nur an, betrachte sie nur – und verabschiede mich für heute von ihnen.

Wer auf der Schwelle zum Raum des Schlafes die Bilder des Tages noch einmal aufnimmt, nimmt sie zur Kenntnis und verdrängt sie nicht. Wer sie am Ende des Tages nicht verdrängt, drängt sie nicht in den Anfang der Nacht. Wer noch einmal die Bilder anschaut und überblickt, dem ordnen sich die Eindrücke des Tages und erscheinen ihm in einem gewissen Zusammenhang. Alles aber, was in ihm zusammenkommt, überwindet sein Gespaltensein, führt zum Einssein mit ihm selbst. Wer sich vom Tage verabschiedet, ist frei für die Nacht und frei vielleicht auch für den Morgen.

Sich entspannen

Für die Vorbeugung oder Überwindung von Streß gibt es keine bestimmte Methode. Das gleiche gilt für die Entspannung. Der eine macht beste Erfahrungen mit dem Autogenen Training, der andere mit Eutonie, ein dritter hat eine bestimmte Meditationsform entdeckt. Von stark streßgeplagten Menschen hören wir jedoch oft, sie fänden diese oder jene Hilfe ganz fabelhaft, könnten sich aber trotzdem nicht entspannen, weil ihnen tausend und mehr Gedanken durch den Kopf jagten. Besonders für diese Unruhegeister scheint mir die folgende Entspannungsform vorteilhaft zu sein, weil sie leichter als andere Übungen den alltäglichen Fluß der Gedanken zu unterbrechen scheint.

Herbert Benson, Harvard-Kardiologe, hat sein Anti-Streß-Programm, das er »Relaxation Response« nennt, in einem Interview mit »Psychologie heute« vorgestellt.[94] Von dieser Methode sagt Benson, sie wirke nicht nur, wenn sie gerade praktiziert werde. Sie beeinflusse auch den Rest des Tages. So sei unser Gehirn unmittelbar nach der Entspannungsübung klar und frisch und fähig, neue Informationen zu verarbeiten.

Der Weg zur Entspannung führt über folgende Stufen:

1. »Wählen Sie ein Wort [z. B. Ruhe, Gelassenheit, Mut, Anm. v. Verf.] ..., das Sie als Fokus verwenden wollen, oder konzentrieren Sie sich nur auf Ihren Atem.
2. Sitzen Sie ruhig in einer bequemen Haltung.
3. Schließen Sie die Augen.
4. Entspannen Sie die Muskeln.
5. Atmen Sie langsam und natürlich, wiederholen Sie Ihr Fokuswort jedesmal beim Ausatmen.
6. Bleiben Sie passiv, kümmern Sie sich nicht darum, ob Sie es gut machen. Wenn Ihre Gedanken ›wandern‹, lenken Sie sie auf den Fokus zurück.
7. Halten Sie diese Prozedur 10 bis 20 Minuten durch.
8. Entspannen Sie sich nach dieser Methode ein- bis zweimal pro Tag.«

Weitere konkrete Hinweise

In dem bereits erwähnten Buch von A. und C. Lazarus findet sich eine Reihe praktischer Hinweise zur Prävention und Überwindung von Distreß, von denen ich Ihnen die Wichtigsten zusammenfassend vorstellen möchte[95]:

• Die mit dem Beruf verbundenen *persönlichen* Aufgaben erkennen,
• Verantwortung delegieren,
• sich keine überflüssigen Verpflichtungen aufladen, sich vor perfektionistischen Tendenzen hüten,

- sich die Grenzen der Belastbarkeit bewußtmachen und notwendige Grenzen ziehen,
- zu bitten lernen, jedoch nicht damit rechnen, daß Bitten immer erfüllt werden,
- Kollegialität pflegen, bei möglicher Bedrohung miteinander stark sein,
- sich selbst zu verzeihen lernen, wenn sich Fehler zeigen,
- Abwechslung in die Arbeit bringen,
- niemals wegen der Arbeit die Gesundheit aufs Spiel setzen,
- neben der Arbeit auch anderen Interessen nachgehen,
- einen »sanften« Übergang zwischen Arbeit und Feierabend schaffen (z. B. durch ein Bad, ein »Nickerchen«, durch Musik, dadurch, daß Sie dem Tag positive oder komische Seiten abgewinnen),
- auf die Gesundheit achten (genügend Schlaf, gute Ernährung, Sport treiben, sich Muße gönnen),
- das Leben so weit wie möglich nach den eigenen Vorstellungen gestalten,
- falls notwendig, therapeutische Hilfe in Anspruch nehmen.

Exkurs: Brief an einen gestreßten Ehemann

Lieber Herr D.,

wie Sie wissen, war Ihre Frau gestern bei mir. Sie wirkte bedrückt und hilflos. Nach dem Gespräch schlug ich ihr vor, Ihnen zu schreiben. Sie war damit einverstanden. Der Grund für den Brief? Die Hoffnung Ihrer Frau, Ihre Ehe könnte sich noch einmal zum Guten wenden, ist nicht mehr groß. Deshalb würde ich gern wieder einmal mit Ihnen sprechen.

Doch, Ihre Frau liebt Sie noch, aber ihre Gefühle für Sie ziehen sich zurück, und sie kann offenbar wenig gegen diese innere Entwicklung tun. Sie ist so still geworden. Nur manchmal noch flammt ihr Zorn auf Sie auf. Wer zornig ist, will Veränderung, mobilisiert seine Kräfte, um das, was veränderungsbedürftig ist, herbeizuführen. Sie haben ja diese Kräfte oft zu spüren bekommen ...

Es sieht so aus, als liebten auch Sie Ihre Frau. Doch Liebe ist, wie Sie ja wissen, mehr als ein Wort. Ob Ihre Liebe seit längerem zuwenig konkret gewesen ist? Jedenfalls scheint sie sich zuwenig ausgewirkt zu haben, auf Ihr eigenes Leben nicht und nicht auf das Ihrer Frau. Daran aber läßt sich jede gelebte Liebe erkennen, daß sie das Leben beider in guter Weise bestimmt und verändert.

Worunter Ihre Frau meiner Meinung nach am meisten leidet? An Ihrer häufigen Gereiztheit, Ihrer Müdigkeit, Ihrem Mangel an Zärtlichkeit, vor allem aber daran, daß

Sie sie – und das ist wohl die Hauptsache und der Grund für alles andere – so wenig im Blick haben und daher so wenig miteinander sprechen.

»Ganz schön starker Tobak«, höre ich Sie sagen. Das stimmt. Sie wissen jedoch, daß ich Sie nicht verurteile und Verständnis für Ihre Situation habe. Und Verständnis für Sie hat auch Ihre Frau. Sie ist sich dessen bewußt, daß sie nicht wenig zur Entfremdung in Ihrer Beziehung beigetragen hat. Sie kennt ihre Neigung, Sie zu oft zu kritisieren und findet sie »schrecklich«. Deshalb kommt sie ja auch zu mir. Sie weiß darüber hinaus von Ihren starken Belastungen im Beruf und geht nicht einfach darüber hinweg. Und doch:

Obwohl Sie beide an der Entwicklung Ihrer Schwierigkeiten beteiligt sind: Kann es sein, daß ein Großteil der Probleme, die Sie miteinander haben, im Zusammenhang mit Ihren Beruf und Ihrer Einstellung zu ihm steht?

Diesen Eindruck hat Ihre Frau, diesen Eindruck habe auch ich aus den Gesprächen gewonnen, die Sie und ich hatten und die Sie leider – aus Zeitgründen, wie Sie sagten – vorläufig unterbrachen.

Sie sind beruflich erheblich belastet und so stark gefordert, daß der Hauptteil Ihrer Energie in Ihre Arbeit fließt. Sie sagten mir, Sie sähen keine Möglichkeit, aus diesem Dilemma herauszukommen.

Ich glaube Ihnen, daß Sie im Moment keine Lösung sehen. Ich glaube Ihnen, daß Sie darüber manchmal verzweifelt sind. Ich habe auch Phantasie genug, mir vorzustellen, daß Sie, wenn Sie nach Hause kommen, müde und erschöpft sind und nicht mehr reden mögen. Trotzdem: Eines scheint mir – und vor allem Ihrer Frau – klar zu sein: Ändert sich der berufliche Druck nicht und damit all das, was er an Mißgefühlen in Ihnen auslöst, kann Ihre Ehe scheitern. Ich formuliere diesen Satz so klar, weil Sie wissen, welche persönliche Katastrophe ein solches Scheitern für Sie beide bedeuten würde. Das Scheitern vieler Ehen aber hat mit den Problemen begonnen, die Ihre Frau mir beschrieben hat.

Lassen Sie uns deshalb darüber nachdenken, ob nicht doch Lösungen möglich sind, die Sie bisher nicht sehen konnten.

Darf ich Ihnen einige Fragen stellen und Sie bitten, mit mir demnächst einmal darüber zu sprechen? Darf ich Sie auch bitten, sich für deren Beantwortung Zeit zu nehmen?

- Mit welchen Gedanken legen Sie sich abends zu Bett?
- Sie nehmen sich morgens Zeit, sich innerlich auf den Tag vorzubereiten?
- Sie lassen sich auch für die Verabschiedung von Ihrer Frau Zeit?
- Die erste Stunde im Betrieb – spüren Sie, daß Sie ausgeruht sind?
- Sie sehen die Freundlichkeit Ihrer Kollegen und Kunden?
- Sie regen sich häufig auf, wenn Kollegen oder Kunden nicht so sind, wie sie Ihrer Meinung nach sein sollten?
- Sie nehmen sich manchmal Zeit, mit ihnen nicht nur über das Geschäft zu reden?
- Wenn sich im Geschäft ernsthafte Probleme ergeben haben – überschatten sie den ganzen Tag oder gar die ganze Woche?
- Setzen Sie sich, bevor Sie nach Hause fahren, manchmal fünf Minuten hin, vielleicht auch zehn, um in aller Ruhe den Tag Revue passieren zu lassen? Oder fahren Sie gleich mit all dem, was Ihnen noch nachhängt, nach Hause?
- Denken Sie auf dem Heimweg auch an die freundlichen Worte, erheiternden Begebenheiten und guten Begegnungen, die Sie tagsüber gehabt haben?
- Wenn Sie bedrückt nach Hause fahren – denken Sie auch einmal daran, daß wieder ein Tag Ihres Lebens vorbei gegangen ist?

- Die Arbeit macht Ihnen Freude, sagten Sie vor längerer Zeit. Macht sie Ihnen die größte Freude? Die größte Freude macht Ihnen die Arbeit? Ist sie das Wichtigste in Ihrem Leben? Darf ich Sie fragen, welchen Raum sie am Abend im Gespräch mit Ihrer Frau einnimmt? Der Beruf ist auch das Hauptthema, wenn Sie mit Freunden sprechen?
- Wenn Sie zwischen Ihrer Frau und Ihrer beruflichen Stellung zu wählen hätten – Ihrer Frau zuliebe würden Sie auf die Stellung verzichten? Ihre Frau wäre Ihnen wichtiger als sie?
- Sagen Sie anderen häufig, wieviel Sie zu tun haben? Sie würden es gar nicht gut finden, wenn Sie einmal sagen müßten: Ich habe Zeit?
- Sie wissen, wozu Sie so hart arbeiten?
- Es macht Ihnen nicht Angst, daß Sie einseitig leben, nicht einmal der Gedanke an Ihre körperliche Gesundheit?
- Ich und die Arbeit sind eins. Sie würden diesen Satz weit von sich weisen?

Ich hoffe, daß Sie jetzt nicht allzu böse auf mich sind, weil auch ich Ihnen Arbeit zumute.

Ich hoffe vielmehr, daß ich Sie mit meinen Fragen beunruhigt habe, damit wieder Ruhe – und mehr als Ruhe – in Ihre Ehe einzieht.

Halten Sie mir bitte nicht entgegen, ich kennte Ihre Firma nicht von innen, ich verstünde nichts von Ihrem aufreibenden Geschäftsleben, und außerdem seien diese Fragen weltfremd. Man müsse schon unterscheiden zwischen privater und beruflicher Welt. Dächten Sie so, würde das unser Gespräch nicht erleichtern.

Zugegeben, ich hatte Bedenken, Ihnen den Brief zu überlassen. Ich hörte Sie gereizt fragen: Was soll ich denn tun? Wo und wie kann ich was verändern? Haben *Sie* etwa eine Lösung?

Natürlich habe ich keinen konkreten Rat für Sie. Wahrscheinlich gibt es vorläufig keine Strukturveränderungen, die Sie entlasten könnten. Hätte ich jedoch nur daran gedacht, hätte ich Ihnen diesen Brief nicht geschrieben.

Worauf ich hinaus will?

Ich vermute, Sie haben bei Ihren bisherigen Überlegungen, wie Sie sich entlasten könnten, nicht daran gedacht, woran viele Ihrer Leidensgenossen nicht denken:

Sie suchen – das zeigte besonders unser letztes Gespräch – fast ausschließlich nach *äußeren* Lösungen, nach organisatorischen und personellen Veränderungen. Sie fragen zuwenig nach Ihrer Haltung und Einstellung zu Ihrer Arbeit und Ihrem gesamten Leben. Wenn man jedoch die Menschen und Dinge nicht ändern kann, so doch vielleicht die Beziehung zu ihnen. Denn nicht nur die Liebe, auch die innere Freiheit ist mehr als ein Wort.

Wie Sie das mit der inneren Freiheit »machen« sollen?

Wie wäre es, wenn Sie in der nächsten Zeit bei der Vorbereitung auf den Tag nur fünf Minuten den Satz auf sich wirken ließen:

Ich habe Arbeit – aber die Arbeit hat nicht mich.

Ich würde mich an Ihrer Stelle in diesen Satz eindenken, einfühlen und einleben, vielleicht nicht nur morgens. Ließen Sie sich darauf ein, würden Sie sich wundern, wie dankbar Ihre Seele ihn aufnähme und wie phantasievoll sie darauf reagierte.

Dann sind da noch die Fragen und Anregungen, die ich für Sie aufgeschrieben habe. Lassen Sie sich auf sie ein. Wehren Sie sie nicht ab. Der »Sinn« für die »Realität« ist das eine, der für die »innere Wirklichkeit« ein anderes.

Lassen Sie mich zum Schluß kommen:

Sie haben mir beide vom Beginn Ihrer Liebe erzählt und von den Wünschen und Möglichkeiten, die für Sie keine Illusionen waren. Könnten Sie sich Zeit nehmen, sich mit Ihrer Frau gemeinsam diese ersten Monate noch einmal ins Gedächtnis zu rufen? Ihre Frau wäre bestimmt dazu bereit.

Sie zögern?

Sie denken daran, wann Sie »so etwas« noch in Ihrem Kalender unterbringen sollen?

Haben Sie etwa Angst vor dem Vergleich, wie Ihre Liebe damals aussah und was daraus geworden ist?

Wenn wir uns sehen, werden Sie sicher einiges gerade rücken von dem, was ich Ihnen geschrieben habe. Seien Sie aber versichert, daß die Eindringlichkeit, die ich Ihnen an einigen Stellen des Briefes zugemutet habe, in meinem Wunsch begründet ist, Sie und Ihre Frau möchten sich wiederfinden.

Mit herzlichen Grüßen

Ihr U.B.[96]

Überwindung von Lebensangst[97]

Lebensangst in dieser Zeit

Das Wort *Angst* leitet sich vom lateinischen »angustiae« ab und bedeutet »Enge«. Charakteristisch für Angst ist das *unbestimmte* Gefühl des Bedrohtseins.

Furcht dagegen ist Angst vor Konkretem. Sie bindet sich an Objekte, Situationen und Vorstellungen, als Angst vor einem bestimmten Menschen, vor einem Hund, einer Prüfung, einem konkreten Versagen etc.

Jede Beeinträchtigung des Lebens kann Angst erzeugen. Die Weite dieses Phänomens kommt sprachlich in der Vielfalt der Begriffsvariationen zum Ausdruck. So spricht man auch von Bangigkeit, Feigheit, Bedrückung, Unruhe, Unbehagen, Scheu, Beklemmung, Unsicherheit, Zaghaftigkeit, Mutlosigkeit, Verlegenheit, Ungewißheit, Aufregung, Bangen, Bestürzung, Schrecken, Grauen, Entsetzen, Panik usw.

Wenn ein Mensch die Welt als Kosmos versteht, in den er sinnvoll eingeordnet ist, dann gibt es für ihn zwar Anlässe für Furcht, doch bestimmt die Angst nicht sein ganzes Leben. Zerbricht dieses Weltbild – und das geschah in der Neuzeit im 19. Jahrhundert, als die Sicherheit des rational aufklärerischen Weltbildes vielen Menschen verloren ging –, dann fühlt sich der Mensch auf sich selbst gestellt. Dann fühlt er sich für sich selbst verantwortlich. Dann fühlt er sich »dazu verurteilt«, so Jean Paul Sartre, »frei zu sein«. Dann muß er den Sinn selbst herstellen. Dann wird die Angst vor dem Leben, wie Martin Heidegger in »Sein und Zeit«[98] sagt, zur »Grundbefindlichkeit des Daseins«. Doch von welcher Weltanschauung auch immer ein Mensch ausgeht – Angst gehört zum Leben, auch wenn sie unterschiedlich tief erlebt wird.

Zweifellos hat sich die Lebensangst seit dem Fall der New Yorker Türme vertieft. Das zeigen auch die Träume der Menschen. Doch scheint es, als habe sie sich schon lange vor diesem grausamen Ereignis ausgeweitet: Drogen, Aids, Verbrechen, Kindesmißhandlungen, Fremdenmißhandlungen, Verkehrstote, Organhandel, Umweltverschmutzung, Innenweltverschmutzung, atomare Bedrohung, Kriege – diese und andere Begriffe und deren schreckliche Inhalte lesen, sehen, hören, erfahren, erleiden wir seit Jahrzehnten.

Die Seelen der Kinder wissen das. Die Seelen der Erwachsenen wissen das. Die Seelen der Verantwortlichen wissen das. Die Seelen der Verantwortungslosen wissen das vermutlich auch.

Druck zieht durch die Länder. Leiden am Leben, am sinnlosen Leben zieht durch die Länder, Angst zieht durch die Länder, auch deshalb, weil sie mehr noch als bisher zusammengerückt sind.

Die Angst schnürt viele Seelen ein. Der Mut zum Sein geht vielen verloren. Die Hoffnung vieler trägt Trauerkleider. Der Sinn kommt vielen abhanden.

Die Bedrohung kommt aus zwei Richtungen und äußert sich als

1. Angst vor der *sichtbaren Welt*, vor Katastrophen, vor der Unübersehbarkeit einer Lebenssituation, vor dem Verlust der wirtschaftlichen Basis, vor der Zerstörung der Natur, vor Krieg und Tod, und der Überlegenheit anderer Menschen;
2. Angst vor der *inneren Welt*, also vor sich selbst, vor Erinnerungen, Ahnungen, verdrängten Wünschen, verkapselter Wut, vor dem Gewissen, dem Verlust der

Hoffnung, vor Sinnlosigkeit, davor, keinen Halt zu finden, Gott nicht zu genügen.

Die Angst hat viele Auslöser. Sie fließt auch durch viele Kanäle. Doch hat sie vielleicht nur einen Grund. Auf die Frage nach ihrem Grund gibt es jedoch unterschiedliche Antworten. Wie immer sie beantwortet wird – sie hängt vom Menschenbild ab.

Meiner Auffassung nach ist die Hauptquelle der Angst der Verlust der »Dimension der Tiefe« und damit die fortschreitende Entfremdung des Menschen von seiner inneren Welt und den damit verbundenen *geistig-emotionalen* Gefühlskräften. Denn wenn er sich von diesen Kräften entfremdet, entfremdet er sich von der Quelle für Wert und Sinn, für Freiheit und Liebe, für den Mut zum Sein, für den Zugang zur Transzendenz. Dann verliert er den Halt. Dann verbreitert sich die Kluft zwischen Denken und Fühlen, Kopf und Herz. Dann ist er gespalten. Dann gewinnt der »Innere Gegenspieler« die Oberhand. Nichts aber macht letztlich mehr Angst als diese innere Macht, denn sie zerstört und führt ins Nichts.

Die Wirkungen der Angst

1. Zunächst hat Angst für den Menschen eine lebenswichtige Mahn- und Warnfunktion. Sie macht wach und aufmerksam. Sie spannt an, wenn Anspannung erforderlich ist, sie fordert zu Höchstleistungen heraus, wenn solche zur Bewahrung von Leben erforderlich sind. Dann aber gilt:
2. Angst verzerrt den Blick. Sie stört die Wahrnehmung der Wirklichkeit. Wer Angst hat, sieht Bilder, die nicht der Realität entsprechen. Er überträgt seine angstvollen Vorstellungen auf das, was in der Realität ganz anders aussieht und anders ist.

3. Angst bestimmt elementar das Selbstwertgefühl. Wer Angst hat, ist nicht in seiner Mitte. Wer nicht in seiner Mitte ist, fühlt sich selbst nicht (mehr).
4. Angst beeinflußt in starkem Maße den Motivationsbereich. Wer Angst hat, ist nur mit diesem Gefühl beschäftigt und hat nur das eine Ziel, sie loszuwerden. Nichts scheint wichtiger zu sein als dieses Vorhaben. Sein Wertgesichtsfeld reduziert sich auf dieses eine Vorhaben. Andere Ziele scheinen nicht mehr wichtig zu sein.
5. Angst beeinträchtigt die intellektuellen Möglichkeiten. Wer Angst hat, ist daher in seiner Konzentration auf das Wesentliche und Wichtige gestört.
6. Angst behindert das Erkundungs- und Neugierverhalten. Wer Angst hat, verliert das Interesse an Neuem. Er ist nur darauf bedacht, die gegenwärtig mißliche Situation hinter sich zu lassen.
7. Angst ist ein Mittel zur seelischen und sozialen Unterdrückung Einzelner und ganzer Völker. Zahllose Beispiele zeugen davon.

Sich der Angst stellen

Wer behauptet, er habe keine Angst, kennt die Menschen und sich selbst nicht. Er lebt gefährlich. Ängste aber, die nicht zugelassen werden, bahnen sich ihre eigenen Wege, z. B. im übermäßigen Streben nach Sicherheit, Sexualität oder in Süchten unterschiedlichster Art.

Wer sich dagegen seinen Ängsten stellt, erkennt, in welcher Weise sie sein Leben einengen und begreift, was sie mit ihm treiben. Er gewöhnt sich nicht an sie, im Gegenteil: Er empört sich über sie, daß sie ihn dorthin treiben, wohin er nicht will. Er hat ein starkes Motiv, sich von ihnen distanzieren zu wollen.

Ängste differenzieren

Manchmal durchzieht uns die Angst, als gäbe es für sie keinen Widerstand. Dann ist es gut, aufzuschreiben, was ängstigt, und zu überlegen, was das Schlimmste, das Zweitschlimmste, das Nächstschlimmste etc. zu sein scheint. Warum? Weil die Differenzierung der Ängste deren globalen Druck verringert. Denn nicht alles, was uns bedrängt, ist in gleicher Weise einengend. Das eine ist weniger schwer zu ertragen als das andere.

Wenn Sie danach fragen, was schlimmstenfalls dabei passieren kann, werden Sie erkennen, daß das, was Sie besonders ängstigt, zwar unangenehm werden, in aller Regel aber nicht katastrophal enden wird. Und wenn Sie zwischen dem Schlimmsten, dem Zweitschlimmsten etc. differenzieren, werden Sie leichter erkennen, welches Problem vorrangig, welches danach und welches gut und gerne auch später gelöst werden könnte.

Viele Dinge, die uns Angst machen, treten nicht so ein, wie wir sie befürchten. Das ist bekannt. Weniger bekannt ist, warum wir daraus keine Schlußfolgerung ziehen. Auch viele Dinge, auf die wir uns freuen, treten so nicht ein, wie wir sie uns vorgestellt haben. Das ist ebenso bekannt. Kann es sein, daß die erfreulichen Vorstellungen deshalb häufig nicht Wirklichkeit werden, weil wir sie mit unseren oft grundlosen Befürchtungen mischen?

Sich entspannen

Wer Angst hat, ist *über-spannt*, geistig, seelisch und körperlich. Wer daher den Körper entspannt, entspannt zugleich Seele und Geist. Fragen Sie sich, womit Sie sich am besten entspannen können. Vielleicht treiben Sie Sport, vielleicht erlernen Sie das Autogene Training. Auch die bloße Wahrnehmung Ihrer Atmung kann kleine Wunder wirken. Eutonie ist möglich. Die Regale der Buchhandlungen sind voll von Büchern, die Ihnen gute Anregungen geben können.

Angstauslösende Situationen aufsuchen

Eines der besten und erprobtesten *Lebens-Mittel*, mit der Angst umgehen zu lernen, besteht darin, so oft und so weit wie möglich angstauslösende Situationen aufzusuchen. Das gilt für die Beziehung zu Menschen, das gilt für die Beziehung zum Leben überhaupt.

Wenn Sie es wagen – vielleicht zunächst mit ein paar Perlen auf der Oberlippe – sich dem, wovor Sie sich ängstigen, zu nähern, werden Sie in aller Regel erfahren, daß die angstvolle Vorstellung nicht mit der tatsächlichen Erfahrung übereinstimmt. Jeder erste Schritt nach vorn – zu einem überlegen wirkenden Menschen, in eine »hochintelligent« wirkende Gruppe, in ein streng wirkendes Behördenhaus – wird zwar zunächst unangenehm, doch selten katastrophal sein.

Deshalb könnte diese Erfahrung Sie zu einem nächsten Schritt ermutigen. Tun Sie ihn, und tun Sie ihn immer wieder, werden Sie entdecken, daß die *Erwartungsangst* zu Ihren gefährlichsten Gegnern zählt. Sie ist nämlich eine ideenreiche Gauklerin: Sie macht Ihnen etwas vor, was tatsächlich ganz anders ist. Sie löst in Ihnen Vorstellungen aus, die der Realität nicht entsprechen. Wenn sie sich Ihnen nähert, täuscht und verwirrt sie Ihre Sinne. Sie engt Ihren Blick ein. Sie stört Ihre Wahrnehmung. Sie hält Ihnen scheinbar eindeutige Beweise hin. Sie drängt Ihr Vertrauen zurück.

Je klarer Sie jedoch diese Gauklerin durchschauen, desto eher werden Sie bereit sein, durch Ihren kalten Nebel hindurchzugehen, um das zu tun, was Sie wollen. Wenn sich Ihre Erwartungsangst vermindert, vermindert sich auch Ihre verzerrte Wahrnehmung. Vermindert sich Ihre Wahrnehmungsstörung, fühlen Sie sich weniger gefährdet und können umso leichter jene Situationen aufsuchen, die Sie einstmals fürchteten.

Seien Sie nicht zu streng mit sich und auch nicht zu lasch, wenn Sie damit beginnen, diese zweifelsfrei höchst wirksame Lebenshilfe gegen die Angst in die Tat umzusetzen. Nehmen Sie sich nicht gleich die größten Probleme vor, sondern zuerst solche, von denen Sie annehmen, daß Sie sie auch bewältigen können. Doch verzagen Sie nicht, wenn die alte Angst Sie bei Ihren neuen Bemühungen zu stören versucht. Denn zu vertraut sind ihr (noch) die Wege, auf denen sie sich Ihnen nähern kann.

Von der Trotzmacht des Geistes

Im Militärgefängnis Tegel zitierte Bonhoeffer fast mit Vergnügen den trotzig-heiteren Satz Lessings: »Ich bin zu stolz, um mich unglücklich zu denken –, knirsche eins mit den Zähnen – und lasse den Kahn gehen, wie Wind und Wellen wollen. Genug, daß ich ihn selbst nicht umstürzen will.«[99] Dieser Satz trifft das, was Frankl vor ein paar Jahrzehnten die »Trotzmacht des Geistes« nannte. Dieses altertümliche Wort hat inhaltlich nichts von seiner Brisanz verloren. Gemeint ist damit die in jedem Menschen vorhandene, doch oft vergessene Grundfähigkeit, sich von bedrängenden Emotionen distanzieren und sich befreienden Gefühlen zuwenden zu können, selbst dann, wenn letztlich nicht bekannt ist, woher die störenden Einflüsse kommen.

Die »Trotzmacht des Geistes« – das ist die gesammelte, unverbrauchte geistige Kraft, die einen Menschen dazu befähigt, sich nicht nur gehen, sondern auch stehen zu lassen. Sie ist sein Aufbegehren gegen ein Leben, das seiner nicht würdig ist. Sie verschafft ihm die Erfahrung, daß er größer sein kann als das, was ihn kleinzumachen droht.

»Ich lasse mir von mir selber nicht alles gefallen!« Dieser fabelhafte Satz – auch er stammt von Frankl – könnte der Schlüssel dafür sein, um die trotzmächtigen Kräfte tatsächlich in Gebrauch nehmen zu können. Diesen Satz muß man sich einverleiben!

Wie? Dadurch, daß Sie ihn sich immer wieder kommen lassen, vor allem dann, wenn sich das Angstgespenst erneut aufmacht, Ihre Kreise zu stören. Daran sollten Sie jedoch auch denken: So wie es bestimmte Krankheiten gibt, gibt es auch angstauslösende Situationen, denen Sie mit einem Augenzwinkern begegnen könnten.

Mut entwickeln

Eine besondere Ausformung der »Trotzmacht des Geistes« ist der Mut. Er ist der Gegenpol zur Angst. Er ist keineswegs nur eine angeborene Eigenschaft, keineswegs auch nur das Ergebnis kluger Erziehung. Er hat vor allem mit Geist zu tun. Mut, das ist das starke Gefühl, sich von inneren und äußeren Bedrängnissen nicht »unterkriegen« zu lassen, sondern darauf selbst Einfluß zu nehmen. Mut ist das starke Gefühl, Schwierigkeiten gewachsen zu sein. Mut ist die jedem gegebene Möglichkeit, sich durch die Angst »hindurchzuglauben« und ihr so wenig wie möglich Raum zu lassen. Mut, das ist der bewußt einseitige Blick auf die Möglichkeiten, die im Leben liegen. Mut ist das Gefühl, das sich bei dem einstellt, der sich gegen einengendes, leeres, krankmachendes Leben empört.

Mut kommt in dem Maße auf, in dem ich mir darüber Klarheit verschaffe, was mir besonders wichtig ist und was ich unbedingt will. Je klarer mir das ist, desto leichter entwickelt sich in mir der Mut. Wenn ich begriffen habe, daß Unwahrhaftigkeit mich belastet und Wahrheit mich befreit, werde ich – mutiger als bisher – sagen, was ich denke, und tun, was ich sage.

Den Teilnehmern der »Schule des Lebens« gebe ich zur weiteren Annäherung an den Mut die folgenden Anregungen für eine kurze Wertimagination:

> Schließen Sie die Augen.
> Lassen Sie die Gedanken abfließen, so gut es geht.
> Öffnen Sie sich für das Wort *Mut*.
> Lassen Sie sich Einfälle und Bilder zu dem Wort kommen.
> Strecken Sie Ihre »inneren Arme« seitwärts nach oben, so daß sie einem Trichter gleichen.
> Lassen Sie Bilder des Mutes in sich hineinfließen.

Das Beispiel eines Teilnehmers aus der »Schule des Lebens«:

> Er wird ganz ruhig. Vor ihm zeigt sich ein Regenbogen mit intensiven Farben. Die Farben fließen in ihn hinein und durchströmen warm seinen Körper. Der Wärmestrom verdichtet sich in der Wirbelsäule. Der Wärmestrom wird zum Energiestrom. Der Mann bemerkt, daß sein Rückgrat fest und stark wird. Danach umgibt ihn eine Lichthülle, die ihm das Gefühl vermittelt, ganz geborgen zu sein.

Es gibt Wichtigeres als die Angst

Von dieser »Methode« zur Angstüberwindung kann ich nur schwärmen – Frankl nannte sie »Dereflexion«:

- Sie könnten z. B., wenn Sie vor Menschen reden müssen, angstvoll darauf achten, wann Sie steckenbleiben. Sie könnten aber auch den einen oder anderen Hörer ansehen und sich darum bemühen, ihn nicht zu langweilen.

- Sie könnten, wenn Sie über den schmalen Grat eines hohen Berges wandern, angstvoll in die tiefen Schluchten starren, zuerst rechts, dann links, dann wieder rechts. Sie könnten aber auch Ihren Blick auf den durchaus stabilen felsigen Grund richten, der Sie zweifelsfrei zu tragen vermag.
- Sie könnten, wenn Sie im Flugzeug sitzen, angstvoll darauf warten, wann sich der Flieger der Erde zuneigt. Sie könnten aber auch die Mitreisenden studieren, das Eintauchen in die Wolkenbänke oder sogar – endlich einmal – die Welt da unten von einer höheren Warte aus betrachten.

Wer sich anschickt, seine Aufmerksamkeit auf Wichtigeres und Sinnvolleres als die Angst zu lenken – und das ist in vielen angstauslösenden Situationen möglich! –, wird zwar nicht gleich beim ersten Versuch angstfrei sein, jedoch erfahren, daß er mit diesem Maß an Angst gut leben kann.

Darf ich auch Ihnen, lieber Leser, ein persönliches Beispiel anvertrauen, das ich zu erzählen nicht müde werde:

Ein Freund »quälte« mich längere Zeit mit höchst attraktiven Angeboten: Er lud mich ein, mit ihm nach Stockholm, nach Wien oder nach Rom zu fliegen. Zwar wußte ich, daß er ein hervorragender Pilot war, meine Angst vor dem Fliegen war jedoch so groß, daß ich seinen Verlockungen immer wieder widerstand. Statt meiner flog – bei Kurzflügen – Andreas mit, mein damals noch kleiner, flugsüchtiger Sohn.

An einem herrlichen Sommermorgen fuhren wir wieder einmal zum Flughafen. Auf der Fahrt erfaßte mich einerseits der Wunsch, dieses Mal mitzufliegen, andererseits überschütteten mich geradezu angstvolle Gedanken. Ich dachte an das winzige Flugzeug, das sich in den blauen Tiefen des Himmels verlieren könnte. Ich dachte an brennende Tragflächen. Ich dachte daran, daß der Freund einen Herzinfarkt erleiden könnte ... Längst war die kleine Cessna in meiner Phantasie zu einem Todesvogel geworden. Redlich hatte ich mich um vernünftige Gedanken bemüht, doch hatten sie sich nur kurz im reißenden Fluß meiner turbulenten Phantasien halten können.

Dann kam die Wende: Liebevoll, fast ohne Spott, erklärte mir der Freund, daß das Flugzeug aufgrund bestimmter aerodynamischer Gesetze gar nicht abstürzen könne, und außerdem seien die Wetterbedingungen an diesem Tag so günstig wie selten. Ich begann, mich in seine Argumente einzuhören. Entscheidend jedoch war der werbende Blick meines Jungen und sein Satz, wie sehr er sich freute, wenn ich mitflöge. Und da begriff ich etwas, was ich lange vorher nur gewußt hatte: daß es Wichtigeres gibt als die Angst.

Sogleich, nachdem ich ins Flugzeug eingestiegen war, lenkte ich meine Aufmerksamkeit bewußt von mir weg und hin auf alles, was wichtig, interessant und neu für mich war: Ich sah auf meinen vor mir sitzenden Sohn, der sich nicht nur über meine Anwesenheit freute, sondern auch darüber, daß sein angstgepeinigter Vater die Auseinandersetzung mit der Angst begonnen hatte. Ich verfolgte die Gespräche des Piloten mit dem Tower. Ich studierte die Einzelteile des Cockpits. Ich betrachtete die mir aus der Luft nicht vertraute Landschaft unter mir. Ich staunte über die Grünflächen Hamburgs. Alles, was ich tat, tat ich so aufmerksam wie möglich und lernte, so weit wie möglich über meine Angst hinwegzusehen. Dann geschah etwas, was meinen sich anbahnenden Mut zum Fliegen auf eine harte Probe stellte: Mein Freund (?) begann, mir Kunststücke vorzuführen, und überließ dann für eine kurze Zeit sogar meinem Jungen die Führung. Selbstverständlich vergaß dieser seinen Vater und überließ sich seiner Lust, auch künstlerisch tätig zu werden.

Und der Vater? Ich faßte nur einen Gedanken: Nun, da ich bisher mit einigem Anstand meine Angst bewältigt hatte, wollte ich meinem Sohn weder Schande durch Lamentieren bereiten noch ihm seinen Spaß am Fliegen verderben.

> Das Ergebnis: Ich hatte zwar noch Angst, doch hatte die Angst nicht mehr mich! Sie hatte sich zwar nicht gänzlich aufgelöst, doch konnte ich manches, was ich sah, genießen. Diese Erfahrung wurde für mich zur Hilfe für mein ganzes Leben.

Auf das Wichtigere als die Angst sehen! Denn wer sich seinen angstvollen Gedanken hingibt, fixiert sich auf sie und wird von ihnen aufgesogen. Der äußere und innere Horizont verengt sich ihm. Er sieht keine Auswege und erst recht keine Glückswege mehr.

Mit der Angst nicht eins werden

Von Thomas von Aquin stammt die Erkenntnis, daß das in uns, was bestimmte Dinge erkennt, diese nicht in seiner eigenen Natur haben kann. Das bedeutet konkret: Der »Teil« in uns, der Schmerz fühlt, ist selbst frei von Schmerz. Der »Teil« in uns, der Melancholie fühlt, ist selbst frei von Melancholie. Der »Teil« in uns, der Angst spürt, ist selbst frei von Angst. Damit ist gesagt, daß jeder Mensch, der Schmerz, Melancholie, Angst oder andere bedrängende Gefühle wahrnimmt, »mehr« ist als sein Problem – und also »mehr« als das, was ihn stört, behindert, einengt oder krankmacht.

Diese Tatsache kann für leidende Menschen große Bedeutung gewinnen. Wie?

Wer Angst hat, sollte in der Stille – bei geschlossenen Augen – die folgenden Sätze auf sich einwirken lassen. Wichtig ist, daß er sie sich vorher einprägt, damit er sie nicht mühsam erinnern muß.

> Ich habe Angst – aber die Angst hat nicht mich.
> Die Angst bindet sich an mich – aber ich binde mich nicht an sie.
> Die Angst stört mich – aber ich verliere nicht meinen Standort.

Die Angst ist das eine – ich selbst bin das andere.
Ich bin mehr als meine Angst.
Ich bin ich selbst.
Ich fühle mich selbst.

Die Nähe von Menschen suchen

Viele ängstliche Menschen neigen dazu, sich aus dem Leben(!) zurückzuziehen und sich hinter selbst gezogenen Grenzen zu isolieren. Wer sich jedoch isoliert, macht keine mutmachenden Erfahrungen und verliert immer mehr Vertrauen zu sich und dem Leben. Er öffnet weiteren, vielleicht sogar neurotischen Ängsten Tür und Tor. Weil der Mensch nicht nur ein Individuum, sondern auch ein Gemeinschaftswesen ist, ist es wichtig, mit anderen in Beziehung zu bleiben. Die diversen Einwände gegen eine solche Möglichkeit sind meiner Erfahrung nach selten stichhaltig.

»Auch der Gorilla ist ein Individuum«, sagt Martin Buber, »... aber Ich und Du gibt es in unserer Welt nur, weil es den Menschen gibt, und zwar erst vom Verhältnis zum Du ... Erst der Mensch mit dem Menschen ist ein rundes Bild«[100].

Angst vor Menschen überwinden

Nichts macht Menschen so viel Angst wie andere Menschen.

Woran liegt das?

1. Zum einen an den unbewußt ablaufenden Projektionen, also daran, daß sie sich ihrer eigenen Aggressionen nicht bewußt sind und sie deshalb, weil sie damit nicht leben können, von sich auf andere schieben.

Ein Beispiel:

> Da sitzen sie vor Ihnen. Sie haben zu reden begonnen. Alle sehen auf Sie. Alle schweigen. Sie reden. Sie fühlen sich allein. Sie fühlen sich von den anderen getrennt. Sie möchten weg. Sie möchten überall sein, nur nicht hier. Sie sehen Feinde, lauter Feinde. Keiner von denen da ist Ihr Freund. Jedenfalls empfinden Sie diejenigen so, die jetzt vor Ihnen sitzen.

> Aber: Wer ist hier wem Feind?

> Sind die anderen Ihnen Feind, oder sind Sie deren Feind, vielleicht deshalb, weil Sie nicht glauben können, daß sie Ihnen – ausgerechnet Ihnen – tatsächlich zuhören wollen?

2. Die Ursachen liegen zum anderen an den unbewußt ablaufenden *Übertragungen* alter seelischer Bilder (von Vater, Mutter, Nachbarn, Lehrern) auf reale Menschen hier und heute, die eine Übertragung durch ihr Aussehen, ihre Stimme oder ein bestimmtes Verhalten auslösen, ohne daß sie tatsächlich mit den Gestalten von einst vergleichbar wären.

3. Ursache kann selbstverständlich auch die tatsächlich vorhandene Macht sein, die Menschen über andere haben. Doch zeigen zahllose Beispiele, daß machtvolle Menschen dem Schwächeren zwar manches nehmen können, nicht aber die Würde, wenn der Schwächere es nicht zuläßt.

Die Probleme, um die es hier geht, sind so komplex, daß ich Lösungen nur andeuten kann:

- Wer Menschen gegenüber unsicher ist oder Angst hat, muß an seinem Selbstvertrauen arbeiten. Darf ich Sie deshalb bitten, sich den diesem Thema gewidmeten Abschnitt (siehe S.187 ff.) noch einmal zu vergegenwärtigen?
- Selbstverständlich ist eine gründliche Selbsterfahrung die beste Hilfe, um Projektionen und Übertra-

gungen zu reduzieren. Doch sollten Sie auch die folgenden Fragen in ihrer Wirkung nicht gering schätzen: Kann es sein, daß ich den oder die, vor dem ich Angst habe, nicht mag? Worüber möchte ich am liebsten mit niemandem reden, nicht einmal mit mir selbst? Welche angstauslösenden Personen der Gegenwart erinnern mich an angstauslösende Personen der Vergangenheit?

- Haben Sie vor tatsächlich einflußreichen Menschen Angst, kann diese Einsicht herausfordernd wirken: »Dem wird befohlen«, so Nietzsche, »der sich nicht selber gehorchen kann.«[101]

Weitere Hilfen:

- Je schmaler die Kluft ist zwischen dem, *wie* jemand ist und dem, was er nach außen hin *darstellt*, je weniger er sich selbst oder anderen etwas »vormacht«, desto mehr ist er mit sich identisch. Je mehr er mit sich identisch ist, desto mehr lebt er von sich selbst, desto unabhängiger ist er auch vom Urteil anderer. Das zu erreichen ist schwer. Das zu erleben, ist herrlich, weil es freimacht, weil es leicht macht, weil es Sinn macht.

- Wichtig ist das Begreifen der Tatsache, daß ein Mensch nicht nur einzigartig ist, sondern auch einem Typus angehört. Je klarer wir diesen Sachverhalt erkennen, desto deutlicher wird uns, daß Menschen nicht nur unter äußeren Zwängen, sondern auch nach inneren Notwendigkeiten handeln, daß sie in einer bestimmten Weise denken, empfinden, fühlen und handeln. In dem Maße, in dem wir das verstehen, verringert sich unsere Angst vor ihnen.

- Vor tatsächlich »großen Leuten« braucht man am wenigsten Angst zu haben, weil sie aus ihrer Mitte leben und daher liebesfähig sind.

Ein eindrucksvolles Beispiel dafür erlebte ich während eines Staatsexamens:

> Ein Kandidat, der wegen seiner unorthodoxen politischen Ansichten bekannt war, fürchtete sich am meisten vor der Prüfung bei einem Professor, der seine politische Meinung nicht teilte und darüber hinaus nicht nur in seinem Fach eine Kapazität, sondern auch eine großartige Persönlichkeit war.
>
> Nach der Prüfung war der junge Mann verwirrt. Warum? Weil er es kaum fassen konnte, wie human, ja fast freundschaftlich ausgerechnet dieser Prüfer ihn durch den schwierigen Stoffdschungel geleitet hatte.

• Zu den verletzendsten Ängsten gehört die Angst vor dem Urteil der Menschen. Deshalb ist die Gegenwart jener, die andere nicht bewerten, eine der größten Wohltaten. Nicht weniger wohl fühlen diese sich selbst. Woran mag das liegen? Vor allem daran, daß sie eine wohlwollende Achtung vor dem letztlich fremden Wesen anderer Menschen haben, das man bestenfalls erahnen, niemals aber ganz erkennen kann. Seit vielen Jahren begleitet mich ein Text von Antoine de Saint-Exupéry, der diese angstfrei machende Haltung in bewegender Weise zum Ausdruck bringt:

> »Zu dir kann ich kommen, ohne eine Uniform anziehen oder einen Koran hersagen zu müssen; kein Stück meiner inneren Heimat brauche ich preiszugeben. In Deiner Nähe habe ich mich nicht zu entschuldigen, nicht zu verteidigen, brauche ich nichts zu beweisen; ich finde den Frieden. ... Über meine ungeschickten Worte, über die Urteile hinweg, die mich irreführen können, siehst Du in mir einfach den Menschen. Du ehrst in mir den Boten eines Glaubens, gewisser Gewohnheiten und besonderer Zuneigungen. ... Du befragst mich, wie man den Reisenden befragt.

Ich, der ich wie jeder das Bedürfnis empfinde, erkannt zu werden, ich fühle mich in Dir rein und gehe zu Dir. ... Weder meine Bekenntnisse noch meine Haltung haben Dich darüber belehrt, wer ich bin. Dein Jasagen zu dem, was ich bin, hat Dich gegen Haltung und Bekenntnis nachsichtig gemacht, sooft es nötig war. Ich weiß Dir Dank dafür, daß Du mich so hinnimmst, wie ich bin. Was habe ich mit einem Freund zu tun, der mich wertet? Wenn ich einen Hinkenden zu Tische lade, bitte ich ihn, sich zu setzen, und verlange von ihm nicht, daß er tanze.«[102]

Angst ist nicht in der Liebe

Wer Angst hat, ist vor allem auf seine Angst und deren mögliche Auslöser fixiert. Wer liebt, dem weitet sich der Blick für die Wirklichkeit. Er übersieht zwar nicht, was ihn gefährden, er sieht jedoch auch, was ihn halten und schützen könnte. Er starrt nicht auf die Löcher im Leben, er hält danach Ausschau, was trägt. Wer liebt, bejaht Leben und wird von ihm dafür belohnt.

Was soll man denn lieben?

Es geht nicht um dies oder das. Es geht um die Haltung dem Leben gegenüber, um die Einstellung zu ihm. Alles Leben will angenommen sein! Wer das begriffen hat und sich so weit wie möglich daran hält, hat wenig Angst.

Wer Leben liebt, dem beantwortet sich auch, und das keineswegs nur im Kopf, die allerwichtigste Frage: die nach dem Halt im Leben. Warum? Weil sich ihm die Brücke zwischen Bewußtsein und Unbewußtem verbreitert, so daß er Zugang zur inneren Welt und zum Lebensgrund findet. Wer aber dazu Zugang hat, dem verändert sich auch der Blick für die reale Welt, weil er Vertrauen ins Leben gewinnt. Ich höre noch immer in mir die Stimme eines weisen Mannes, als er sagte: »Angst ist nicht in der Liebe.«

Man muß nicht jede Angst überwinden

Man muß nicht jede Angst überwinden, selbst jene nicht, die andere sich nicht einmal vorstellen können. Man muß nicht unbedingt in Tiefen schwimmen, auf Pferden reiten, auf Türmen Ausschau halten. Man kann sogar auf Fahrstühle verzichten, Spinnen aus dem Wege gehen, um Hunde einen Bogen machen. Man muß nicht unbedingt jede Angst überwinden, weil vieles, wovor wir uns fürchten, nicht zur Mitte des Lebens gehört.

Es gibt auch Ängste, die in Lehrbüchern neurotisch genannt werden und doch im konkreten Fall gar nicht neurotisch sind. Es gibt Ängste, die ganz reale Gründe haben – aus der Sicht von Menschen, die manches im Leben sensibler wahrnehmen als manche ihrer Zeitgenossen.

Wer allerdings seine Ängste um jeden Preis überwinden will, sollte sich fragen, ob er es möchte, um mehr Freiheit zu gewinnen oder deshalb, weil er mit Schwächen schwer leben kann. Sollte letzteres der Fall sein, wäre die Angst nicht sein größtes Problem.

Überwindung von Niedergeschlagenheit[103]

Nicht jede Niedergeschlagenheit ist eine Depression

Niedergeschlagenheit ist das Gefühl eines Menschen, nicht mehr aufrecht stehen und sein Leben nicht mehr frei und eigenständig führen zu können. Niedergeschlagenheit ist das Gefühl, so stark belastet zu sein, daß die Freude am Leben dem Druck im Leben weicht. Die krankhafte Form von Niedergeschlagenheit nennen wir Depression.

Man darf nicht jedes Leiden dieser Art krankhaft nennen.[104] Es gibt »depressiv« genannte Zustände, die in bestimmten Zeiten zum Leben gehören und daher »menschlich«, also ein natürlicher, situativ angemessener Zustand sind. Ich denke an die Pubertäts- oder die Pensionierungskrise, an den Verlust eines geliebten Menschen oder den der Arbeit. Man darf überhaupt, so der Philosoph und Psychiater Karl Jaspers, menschliche Nöte – wie die existenzielle Frustration, existenzielles Versagen oder das Leiden an der Zeit – nicht mit Neurose verwechseln. Man darf nicht den Nichtleidenden zum Maß der Beurteilung dessen machen, wer krank sei und wer nicht. Es ist ein Unding, jede Lebensnot von vornherein als Krankheit abstempeln zu wollen.

Der Mensch ist seinem Wesen nach auch ein »homo patiens«, ein Leidender, sagt Frankl mit Recht. Leiden gehört zum Leben. Daher ist es in vielen Fällen auch nicht die Aufgabe, Menschen zu therapieren, sondern ihnen die Annahme und Bejahung ihres Leidens erschließen zu helfen. Daß im übrigen Leid, Not und Konflikte, auch wenn sie unumkehrbar sind, eine starke Herausforderung zur Reifung sein können, mag zwar im Widerspruch zu den Wünschen vieler Zeitgenossen stehen, die Leidlosigkeit zur Lebensmaxime proklamieren. Doch sind leidende Menschen selbst nicht selten anderer Meinung, gewiß nicht in den Anfängen ihrer Not, wohl aber im Lauf der Zeit. Denn wer in Not ist, gräbt oft tiefer als andere, um Schätze zu bergen, die nicht an der Oberfläche zu finden sind. [105]

Ursachen und Gründe von Niedergeschlagenheit

1. Niedergeschlagenheit kann vom *Körper* verursacht sein. Denken Sie nur an den Kopfschmerz nach einer zu kurzen Nacht oder den »verdorbenen Magen«. Weil der Mensch eine Einheit von Körper, Seele und Geist ist, wirkt sich jede Störung in allen drei Dimensionen aus, auch wenn wir uns dessen nicht immer bewußt sind. Die Palette der Möglichkeiten körperlicher Verursachung ist für den medizinisch nicht Geschulten unüberschaubar.

2. Niedergeschlagenheit kann auch *seelisch-geistige* Ursachen und Gründe haben, und auch sie sind nicht immer durchschaubar: Vielleicht ist sie eine Reaktion auf eine unsensible Bemerkung des Partners, vielleicht die Vorahnung eines sich anbahnenden Problems im Beruf, vielleicht ein Mißerfolg.

3. Mag sein, daß sich Niedergeschlagenheit als Folge von Dauerbelastung entwickelt, z. B. durch Streß, Einsamkeit, eine schwere Ehe, einen ungeliebten Beruf, dadurch, daß eine wichtige Lebensfrage nicht lösbar erscheint.

4. Es kann auch sein, daß jemand nicht weiß, wozu er überhaupt noch da und also existenziell frustriert ist. Dann fühlt er sich leer. Dann breitet sich in seinem »leeren Raum« das Gefühl von Niedergeschlagenheit aus. Dann hat er keine Abwehrkräfte mehr.

Ärztliche Hilfe

Wer sich längere Zeit niedergeschlagen fühlt und ahnt, daß sein Zustand seinem ursprünglichen Lebensgefühl nicht mehr entspricht, sollte zunächst einen Arzt aufsuchen, selbst dann, wenn er plausible Gründe für seine Niedergeschlagenheit zu haben glaubt. Möglicherweise hat seine Störung doch körperliche Ursachen. Es könnte sonst sein, daß sich aus der Störung ein handfestes Problem entwickelte, körperlich und seelisch.

Fast jede Krise ist eine Gunst

In einem Traum befand sich ein älterer Mann im »Reich des Schattens«. Im Zwielicht dieses Reiches begegnete er Menschen, mit denen er Konflikte gehabt, und solchen, die gut zu ihm gewesen waren, deren Freundschaft er aber abgewiesen hatte.

Zunächst erstaunt und dann entsetzt war er jedoch, als er vor einem grau gewordenen Herzen stand, auf dem er seinen eigenen Namen las. Noch lebte das Herz, doch wurden seine Töne merklich schwächer. Er wollte schreien, doch schnürte ihm die Angst die Kehle zu.

Da hörte er eine Stimme, die von weit her zu kommen schien und dreimal sprach: »Noch gibt es Tage des Lebens.«

Ich werde nicht müde, diesen Satz zu sagen: Fast jede Krise ist das Fieber der Seele, die ihren Sinn nicht (mehr) hinreichend kennt und daher auf neues, sinnvolles Leben drängt. Fast jede Krise ist Ausdruck ungelebten Lebens, das darauf wartet, gelebt zu werden. Vor allem aber: Fast jede Krise ist eine Herausforderung zur Veränderung des Lebens.

Lassen Sie uns unter diesem Gesichtspunkt einige Hilfen betrachten, die der Niedergeschlagenheit Schranken setzen oder sie überwinden können.

Vitalisierung des Körpers

Die Vitalisierung des Körpers bedeutet immer zugleich eine Vitalisierung der Seele, denn der Mensch ist eine Einheit und Ganzheit. Um gleich praktisch zu werden: Laufen, Schwimmen, Sport treiben, gute Ernährung etc. sind vielfach beschworene Hilfen für den Körper. Daß sie aber auch der Seele gute Hilfen sein können, wird zuwenig beachtet. Sollte der bedrückte Mensch dagegen einwenden, er sei dafür zu schwach, sollte er sich fragen, wie wichtig ihm die Veränderung seines Zustandes ist.

Umstände ändern

Sehr oft ist Niedergeschlagenheit eine Reaktion auf Umstände, die man partout nicht will.

Beispiele dafür gibt es wie Sand am Meer.
Was ist zu tun? Ist das nicht klar?
Und wenn sich die Umstände nicht ändern lassen?
Sind sie tatsächlich nicht veränderbar?

Doch wenn sie nicht (rasch) veränderbar sind, gilt es, die Einstellung zu den Dingen zu ändern, denn, so sagen es z. B. die bekannten Verhaltenstherapeuten A. und C. Lazarus mit Recht: »Unsere Emotionen werden nicht einfach von Ereignissen bestimmt, sondern eher von dem, was wir über die Ereignisse denken.«[106]

Ob das schwer oder leicht zu realisieren ist?

Das hängt davon ab, ob wir uns ein Gefühl für die Qualität von Leben erhalten und begriffen haben, daß wir viel freier sind, als wir uns in der Regel zumuten. Allerdings: Freiheit ist kein Trieb, auf Freiheit muß man sich ausrichten. Den Teilnehmern der »Schule des Lebens« gebe ich diese Anregungen für eine Wertimagination:

Schließen Sie die Augen.
Lassen Sie die Gedanken abfließen, so gut es geht.
Öffnen Sie sich für das Wort *Freiheit*.
Lassen Sie sich Einfälle und Bilder zu dem Wort kommen.
Strecken Sie Ihre »inneren Arme« seitwärts nach oben, so
daß sie einem Trichter gleichen.
Lassen Sie die Bilder der Freiheit in sich hineinfließen.

Das Beispiel einer Teilnehmerin:
Sie wird ganz ruhig. Es wird ihr weit ums Herz. Das Sonnengeflecht wird warm. Die Atmung vertieft sich.

Dann findet sie sich auf einem Marktplatz vor. Viele ihr bekannte Menschen stehen um sie herum, reden auf sie ein,
zeigen mit dem Finger auf sie, lachen sie aus, doch nur für
kurze Zeit.

Während sich Weite und Wärme in ihr ausbreiten, richtet
sich ihre Gestalt auf. Kraftvoll steht sie da und schaut mit
klarem Blick in die Runde. Die Menschen bücken sich, ziehen
sich langsam zurück und verschwinden. Helles Licht liegt
über dem Platz.

Gedanken sind Mächte

Es gibt ein Gespräch, das niemand hört und kaum jemand
kennt. Es findet an einem Ort statt, den jeder kennt, und
der doch nicht jedem vertraut ist. Es findet ständig statt.
Ich denke an das Zwiegespräch der eigenen Seele, an das
Für und Wider der Gedanken, an das Hin und Her zwischen Zögern und Entscheiden. Es ist das Gespräch zwischen dem Lebensbejaher in uns, dem Inneren Verbündeten, der Leben will und sucht, und dem Lebensverneiner
in uns, dem Inneren Gegenspieler, der sich weigert, zu
hoffen und zu glauben, daß Leben geht und gut sein kann.

Gedanken sind Mächte, weil sie, sofern sie Menschliches betreffen, unmittelbar auf die Gefühle einwirken.
Gefühle aber sind nicht nur Emotionen, sondern Ge-

fühlskräfte und deshalb nicht selten sich selbst erfüllende Prophezeiungen. Das gilt für die negativen ebenso wie für die positiven Gedanken. Das bedeutet: Viele Gedanken, die wir denken, und viele Worte, die wir sagen, werden zu Leitgedanken, die negativen aber entwickeln sich zu *Leid-Gedanken.*

Wahrscheinlich kennen Sie das: Da sind Gedanken, von denen Sie sich, wie es scheint, nicht befreien können. Die Gedanken fließen einfach nicht weiter. Sie halten Sie besetzt. Sie kommen davon nicht los. Sie können sie nicht überspringen. Sie können sie nicht unterdrücken. Sie können sie nicht verbieten. Sie lassen sich nicht abweisen. Je mehr Sie Ihnen zu widerstehen versuchen, desto mehr drängen sie sich Ihnen auf.

Das, womit Sie sich beschäftigen wollen, kommt Ihnen nicht nahe. Sie kreisen nur um das eine: um ein scheinbares oder tatsächliches Versagen, um eine alte Schuld, darum, daß Sie nichts wert sind, daß Sie alles nicht schaffen, daß Ihr Partner Sie wahrscheinlich doch nicht liebt, daß Ihre Berufskollegen Sie unterschätzen, daß Ihr Nachbar sich Ihnen gegenüber »irgendwie« anders verhält, daß Sie keine Perspektive und daher keine Zukunft haben. Sie werden selbst wissen, was das sein kann, worüber wir hier sprechen.

Menschen, die niedergeschlagen sind, neigen dazu, besonders ihre bedrückenden Gedanken auszusprechen und sie dadurch noch zu verstärken. Sie sagen Sätze wie: Ich bin nichts wert. Ich kann das nicht. Das schaffe ich nie. Das wird nicht gutgehen etc.

Nun haben neuere Forschungen gezeigt, daß aller Wahrscheinlichkeit nach bestimmte Gedanken von bestimmten Hirnstrukturen gesteuert werden. Diese Strukturen entwickeln sich in dem Maße weiter, in dem sie beansprucht werden. Je häufiger man also belastende, deprimierende oder angstauslösende Gedanken denkt, desto mehr werden jene Hirnregionen gestärkt, die diese gedanklichen Vorgänge leiten. Damit aber erhöht sich die Wahrscheinlichkeit, daß sich die negativen Gedanken verdichten und weiter ausbreiten.

Was für die negativen gilt, gilt umgekehrt auch für die positiven. Je mehr man sich auf erfreuliche Gedanken einläßt, desto mehr stärkt man die für sie maßgeblichen Hirnregionen.

Was ist zu tun?

- Es ist wichtig, seine Gedanken- und Wortfeinde zu kennen, denn sie führen uns, wohin wir nicht wollen. Doch weil sie widerspenstig sind, wenn sie sich einmal in die Seele eingegraben haben, ist es wichtig, sie zu notieren und sich immer wieder vor Augen zu führen, damit sie rasch erkennbar sind, wenn sie ihre seelenzerstörende Arbeit aufnehmen. Denn jede Bewußtmachung schafft bereits eine gewisse Distanz zu ihnen.
- Andererseits: Gedanken solcher Art leben davon, daß wir ihnen *zuviel* Beachtung schenken. Wir ärgern uns über sie, weil wir ihnen ausgeliefert zu sein scheinen. Wir sind es jedoch nicht, jedenfalls dann nicht, wenn wir sie uns wie einen inneren Film anschauen, mit dessen Inhalt wir selbst nichts zu tun haben, wenn wir sie wie ein interessantes Objekt studieren und uns fragen, was uns wohl gleich zu diesem Thema einfallen wird.
- Weiterhin ist es wichtig, gute Leitgedanken und Worte in unser Denken und unsere Sprache aufzunehmen, damit sie ein Gegengewicht zu den niederziehenden Kräften entwickeln, etwa diese: Nun reicht's! Heute ist ein neuer Tag! Heute setze ich mich durch! Das schaffe ich! Wenn nicht jetzt, wann denn? Das wird schon gutgehen.
- Es kann auch eine Hilfe sein, den lästigen Gedanken einfach zuzustimmen und zu sagen: Ja, das ist wohl so, das trifft zu. Denn wenn wir ihnen nicht widerstehen, vermindern wir die Spannung zwischen ihnen und uns. Dann reduzieren wir ihre besitzergreifende Macht.

Dann ziehen sie sich zurück. Dann weicht von uns der Druck. Dann werden wir wieder freier für das, worum es uns eigentlich geht.

Sollten diese Hinweise nicht weiterführen, kann der folgende Punkt weiterhelfen:
Der Innere Gegenspieler sucht im Menschen nicht das Helle, nur das Dunkle. Er deckt das Schwache auf, nicht das Starke. Von Güte weiß er nichts, auch nicht von Großzügigkeit. Trotz seiner scheinbar tiefen Moralität geht es ihm nicht um Wahrheit oder Liebe, sondern allein darum, ihn zu unterdrücken, kleinzumachen, auszuhöhlen. Es geht ihm um die Zerstörung von Glück.

Wenn mir mein inneres Zwiegespräch bewußt geworden ist und ich erkannt habe, welch zentrale Rolle *ich selbst* dabei spiele, kann ich daraus eine elementare Hilfe für mein ganzes Leben gewinnen. Konkret: Wenn mir dunkle Gedanken kommen und ich sie als »Quälgeister« des *Inneren Gegenspielers* enttarne, kann ich so mit mir umgehen:

> Ich schließe die Augen und nehme die einzelnen Gedanken zur Kenntnis.
> Ob sie mir tatsächlich nichts Hilfreiches sagen wollen?
> Wenn nicht, was denn beabsichtigt der Gegenspieler mit ihnen?
> Ob es ihm wirklich um »Wahrheiten« geht?
> Ob er mich nur peinigen will?
> Ich lasse mir Zeit für diese Fragen.
> Dann wende ich mich dem *Inneren Verbündeten* zu. Wahrscheinlich wird er sich nicht gleich äußern, denn er treibt mich nicht, sondern erwartet, daß ich mich auf ihn ausrichte. Er wird sich melden, wenn ich mich ihm bewußt zuwende. Dann höre ich seine befreienden, gütigen Sätze.
> Ob ich ihm, dem Verbündeten, vertrauen kann?

Ob er es gut mit mir meint?
Ob es ihm um Wahrheit geht?
Wieder lasse ich mir Zeit für diese Fragen.
Danach wende ich mich *beiden* zu und lasse beide auf mich wirken.
Ich stehe vor der Entscheidung, auf wen ich hören will.
Ich habe die Wahl.

Sollte ich mich für den Verbündeten entscheiden, wird das mein Leben verändern, heute spürbar, auf Dauer gründlich. Wenn allerdings aus lästigen Gedanken zwangsneurotische werden, sollte unbedingt fachliche Hilfe gesucht werden.

Phantasien können Flucht und Hilfe sein

Niedergeschlagene Menschen neigen dazu, sich in (selbst-) aggressive Phantasien zu flüchten, in Bilder von Größenwahn oder Wut, Einsamkeit, Ausweglosigkeit oder Sterben. Denken Sie an das oft beschworene dramatische Bild vom Grab, an dem die Angehörigen stehen, weinend und voll von Schuldgefühlen, während der »Tote« sie mit grimmiger Lust betrachtet.

Phantasien solcher Art nehmen dem Leidenden mehr noch als bisher die Bodenhaftung. Sie höhlen ihn aus. Sie verhindern, daß er Stellung bezieht, worum es hier und jetzt geht. Sie verbreitern den Graben zwischen Realität und Wunschwelt. Sie vertiefen seine inneren Spannungen. Phantasien anderer Art könnten dagegen eine Hilfe sein, solche nämlich, die reale Möglichkeiten avisieren.

Ein Beispiel:
Was wäre, wenn ich heute abend bei der Party ein Gast wäre wie jeder andere auch? Dann wären Gedanken und Bilder möglich wie etwa diese:

Man wird mich freundlich empfangen. Das Buffet wird hervorragend sein. Wahrscheinlich wird man wieder den exzellenten »Blauen Burgunder« anbieten. Niemand wird mich bemitleiden. Ich werde schon meine Frau/meinen Mann stehen. Ich gehe aufrecht durch die schönen Flure. Wahrscheinlich wird jener interessante Mann wieder da sein, mit dem ich mich das letzte Mal fabelhaft unterhalten konnte. Wahrscheinlich lerne ich auch neue Menschen kennen ...

Es gibt auch die gute Traurigkeit

Manchmal sind wir eingetaucht in eine Traurigkeit, von der wir nicht wissen, woher sie kommt. Manchmal spüren wir einen inneren Schmerz, von dem wir nicht wissen, von wo er aufgestiegen ist. Wir fühlen uns nicht allzu schwach. Wir sind auch nicht verzweifelt. Wir sind einfach nur traurig. Vieles tut uns weh. Manches weint aus uns heraus.

Es kann sein, daß die Traurigkeit ein Stück unserer inneren Vereisung wegschmelzen möchte. Mag sein, daß wir über etwas trauern, was wir bislang nicht wahrhaben wollten – z. B. über alte, noch immer nicht verwundene Verletzungen, über lang gehegte, nie erfüllte Hoffnungen, über Enttäuschungen, darüber, daß wir zu viele Fesseln mit uns herumschleppen. Danach zum Beispiel und nach anderem auch würde ich fragen.

Der Schmerz, der aus der Seele kommt, ist selten unser Feind, eher unser Freund. Er zieht seine Bahn von jenem »Ort« der Seele, an der sie verdunkelt, verletzt, verknotet ist, bis hin ins helle Licht des Bewußtseins, um uns aufzuwecken, aufzurütteln und aufmerksam zu machen auf das, was wir noch nicht zur Kenntnis nehmen, nicht wahrhaben, nicht wahrmachen konnten oder wollten. Der Schmerz der Seele gleicht dem Fieber des Körpers. Beide sind ungeliebt, doch beide wollen nur das eine:

mahnen, warnen und herausfordern zum Leben, solange noch Zeit ist.

Zorn macht frisch

Ein herrliches Mittel, sich von »depressiven« Zuständen zu befreien, ist der Zorn.

Zorn ist gebündelte Kraft. Zorn holt den Menschen heraus aus seinem Kreisen um die eigene Schwäche. Zorn vertreibt im Nu die Dunkelheit der Seele und füllt sie aus mit einem einzigen starken Gefühl. Und hat der Zorn einmal seine Bahn finden dürfen, so dauert es eine ganze Weile, ehe sich die Traurigkeit oder der Schmerz der Seele wieder bemächtigen können.

Jeder niedergeschlagene Mensch hat Aggressionen. Sie sind ihm zwar oft nicht bewußt, doch sind sie da wie seine (unbewußten) Wünsche. Und wie die Wünsche gesucht werden wollen, so auch der Zorn (der manchmal sogar ein »heiliger« ist).

Sie sagen, Sie hätten Angst, ihn zum Vorschein kommen zu lassen?

Ich spreche doch nicht von blinder Wut – ich spreche doch von Ihrem berechtigten Zorn.

Grenzen akzeptieren

Fragen Sie sich, wenn Sie niedergeschlagen sind, ob das, was Sie sich seit langem wünschen und noch immer nicht erreicht haben, für Sie vielleicht utopisch ist.

Vielleicht müssen Sie begreifen, daß das, was Sie wollen oder sich abverlangen, einfach nicht geht. Sie haben sich gedreht und gewendet, Sie haben in Ihrer Seelentiefe geforscht. Sie haben gegen sich gewütet aus Verzweiflung über diese Grenze. Doch alles war umsonst. Die

Grenze bleibt. Sie werden sie nicht los. Sie bleibt Ihnen treu.

Sie wären von großem Druck befreit, Sie wären weniger in sich gefangen, Sie fühlten eine ursprüngliche Freiheit, wenn Sie aufhörten, sich von der Grenze, die offenbar auch zu Ihnen gehört, pressen zu lassen.

Worauf sehe ich?

Menschen, die niedergeschlagen sind, neigen zu Wahrnehmungsstörungen. Sie sehen vor allem das Schwierige, nicht das Mögliche. Sie fixieren sich auf das Mißlingende, nicht auf das Gelingende. Ihr Blick ist einseitig auf das Negative ausgerichtet. Das ist zwar verständlich, deshalb jedoch nicht weniger niederziehend und schon gar nicht notwendig oder schicksalhaft.

Wer einseitig auf die dunklen Pole sieht, dem verengt sich sein Blick für das, was wert ist zu leben. Wer nicht mehr genügend Werte sieht, erkennt immer weniger die vorhandenen Gründe für Sinn. Es ist wichtig, diesen Zusammenhang zu kennen. Wichtiger ist, daraus Schlüsse zu ziehen. Welche?

Sie könnten die Ihnen bereits bekannte Frage zur Leitfrage machen: Worauf sehe ich – auf das Bedrückende nur, auf das Befreiende auch? Die Kostbarkeit dieser Frage wird der zu schätzen lernen, der sie sich täglich »einverleibt«.

Nicht zu viel klagen

Wer sich niedergeschlagen fühlt, neigt dazu, seinen Zustand zu oft und zu eindrucksvoll mit Worten, Blicken und Gebärden mitzuteilen. Das stört die Beziehung zu anderen, das vertieft auch das eigene mißliche Befinden. Wer mit anderen zusammenlebt, könnte deshalb versuchen – vielleicht mit deren Hilfe –, nur zu bestimmten Zeiten seine Klagen zu äußern.

Das Geheimnis dieses scheinbar künstlichen Hinweises besteht darin, daß der, dem es nicht gut geht, dazu herausgefordert wird, in den Grenzen seiner Möglichkeiten seinen Zustand zu gestalten. Die anderen werden es ihm mit ihrer Achtung danken. Achtung ist Wertschätzung, und gerade sie braucht er wie nichts anderes sonst.

Einfache Hilfen können einfach helfen

Manche unscheinbare Gewohnheiten, die uns auch an guten Tagen bekömmlich sind, wirken sich hin und wieder auch an trüben Tagen wohltuend auf unsere Seele aus: ein schäumendes Bad, ein gutes Glas Wein, der Kauf einer sündhaft teuren Bluse ...

Nein, diese Dinge lösen Niedergeschlagenheit nicht auf, doch verhelfen sie hin und wieder zu einer gewissen Distanz zur Eintönigkeit des dunklen Gefühls. Vor allem aber: Jede Freude verstärkt die Energie von Körper und Seele!

Ob Sie wissen, was Ihnen gut täte? Sie haben nicht einmal Lust, danach zu fragen? Sollten Sie so reden, würde ich nachdenklich werden. Nicht alle, die leiden, wollen von ihrem Leiden befreit werden. Nicht alle, die sich bedrückt fühlen, sehnen sich nach einem heiteren Leben. So seltsam können Menschen sein.

Zum Schluß: Um diese eine Frage kommt niemand von uns herum: *ob er leben will oder nicht.* Lautet die Antwort »ja«, dann werden wir erfahren, daß sich uns das Leben erschließt. Dann wird aus dem Ja zum Leben die Liebe zum Leben. Dann zeigen sich uns Werte, die wir vielleicht schon länger nicht mehr sahen.

Lautet die Antwort »nein«, dann vollzieht sich die gegenteilige Entwicklung. Dann verschließt sich uns das Leben. Dann verweigert sich uns der Sinn. »Nur deine Illusionen«, sagte der kluge Anthony de Mello, »hindern dich an der Erkenntnis, daß du frei bist – und immer warst.«[107]

Verlassen werden – zu sich selbst kommen

Hoffnungen nach der Trennung

Zu den betrüblichen Tatsachen des gegenwärtigen gesell-schaftlichen Lebens gehören Trennungen und Scheidun-gen. Sie haben in den letzten Jahrzehnten in erschrecken-der Weise zugenommen. Ich bin jedoch davon überzeugt, daß sich unter bestimmten Voraussetzungen manches ge-trennt lebende Paar wiederfinden und mancher Geschie-dene mehr als bisher zum Frieden kommen könnte. Von diesen Voraussetzungen soll im folgenden die Rede sein.

Die Krise – Gefährdung und Chance

Die unfreiwillige Trennung von einem Partner, vor allem die von einem geliebten Menschen, ist ein tiefer Ein-schnitt ins Leben. Selbst dann, wenn sie schon längere Zeit befürchtet wurde, bedeutet die Realität für den, der verlassen wird, ein Widerfahrnis, dem er zunächst kaum gewachsen ist. Abschied nehmen, das ist immer ein wenig sterben.

Der Verlassene steht vor einer gänzlich neuen, von ihm keineswegs gewollten Lebenssituation und reagiert dar-auf zunächst hilflos. Seine bisherige Einstellung zum Le-ben ist durch die unfreiwillige Trennung überholt, sein Gefühl für den Wert von Leben vielleicht erloschen. Seine Bereitschaft, zu einer der neuen Situation angemessenen Einstellung zu gelangen, ist zunächst denkbar gering. Er befindet sich in einer tiefen Krise. Krisen sind jedoch beides: Gefährdung und Chance. Sie sind bedrohlich, zugleich aber fordern sie zur Veränderung des Lebens heraus. Wer einen geliebten Partner verloren hat, steht am Scheideweg. Vom Verlauf der Trennungszeit hängt jedoch häufig nicht nur die Gestaltung der näheren, sondern auch der ferneren Zukunft und die Deutung der ganzen Lebensgeschichte ab.

Darin aber liegt die Chance in dieser scheinbar nur trostlosen Zeit: daß der Verlassene mehr als bisher zu sich kommt, mehr zur Persönlichkeit mit eigenem Profil wird und mehr als bisher sein eigenes Leben zu führen beginnt. Und – vielleicht – liegt in seiner Veränderung der Grund, daß der Partner, der gegangen ist, sich eines Tages zurückzusehnen beginnt. (Ob er dann noch gewollt wird, ist eine andere Sache).

Am Beginn der Trennungszeit und im Leben überhaupt ist diese Erkenntnis Gold wert: Nicht bestimmte Enttäuschungen, Verletzungen, Verluste, nicht eine bestimmte Not ist letztlich für den Fortgang der Lebensgeschichte entscheidend, sondern die Art und Weise, wie sich der Verlassene darauf einstellt und damit umgeht. Nicht darauf kommt es letztlich an, was er an Schwerem erlebt hat, sondern darauf, wie er das Schwere annimmt und gestaltet.

Der Verlassene und das soziale Umfeld

Weil wir nicht nur Individuen, sondern auch soziale Wesen sind, brauchen wir Zeugen nicht nur für unser Glück, sondern auch für unsere Not. Daher brauchen Verlassene vor allem Menschen, die ihnen zuhören – aufmerksam, mitfühlend, nicht bewertend.

Viel zuwenig wird allerdings die Tatsache beachtet, daß sich der Verlassene oft mit »Freunden« umgibt, die gegen den abtrünnigen Partner hetzen. Einseitig und naiv schüren sie die Wut des Gekränkten, bedenken den, der gegangen ist, mit herben Begriffen und bemerken gar nicht, daß sie ihre eigenen nicht eingestandenen Ängste, verlassen zu werden, auf den Abtrünnigen projizieren.

Einerseits tut dem gekränkten Partner die scheinbare Solidarität der anderen gut, weil er durch die Trennung stark verunsichert ist. Andererseits wird er durch die von den »Freunden« angefeuerten Aggressionen daran gehindert, seine eigenen problematischen Anteile zu analysieren und zu verarbeiten. Darüber hinaus kann sich die in ihm angeheizte Wut verselbständigen und sich gegen den ehemaligen Partner richten, mit dem er innerlich vielleicht noch immer verbunden ist. Nicht wenige Partnerschaften gehen deshalb endgültig zu Bruch, weil »Freunde« den Bruch forcieren. (Die Wut erzeugenden »Freunde« sind eine Parallelerscheinung der Trauer erzeugenden »Klageweiber« von einst, die ihrer Lust an eigenen Emotionen freien Lauf ließen – ohne Rücksicht auf die Empfindungen und Gefühle der vom Leid Betroffenen).

Wieviel hilfreicher dagegen sind jene echten Freunde, die behutsam den Verlassenen begleiten, ihn nicht ständig belagern oder abzulenken versuchen, die ihn leise trösten, ihm freundlich die eine oder andere Frage nach den eigenen Problemanteilen stellen – und auch einmal ein gutes Wort über den fallen lassen, der fortgegangen ist.

Nun ist bekannt, daß auch diejenigen, die ihren Partner verloren haben, nicht nur geschont werden. Daher ist es verständlich, wenn sie, zumal sie geschwächt sind, das Urteil anderer fürchten. Ganz bestimmt fallen im Freundes- und Bekanntenkreis nicht nur Sätze über den, der gegangen ist, sondern auch über den, der verlassen wurde – Sätze, bar jeder Sensibilität und Menschlichkeit. Die meisten bleiben dem Betroffenen glücklicherweise erspart, weil er sie nicht hört. Um ihn zu verunsichern, reichen jedoch jene, die ihm zugetragen werden.

Macht es nicht nachdenklich, daß gerade die in einer Partnerschaft Gescheiterten das mit Abstand »beliebteste« Klatschthema sind? Sage mir, worüber du dich am meisten aufregst, und ich will dir sagen, was Dich offenbar selbst bedrängt!

Über eine gewisse Zeit das beliebteste Thema »der Leute« zu sein, kann allerdings auch dazu herausfordern, freier als bisher der Meinung anderer standhalten zu lernen.

Sich den Gründen der Trennung stellen

Wer verlassen worden ist, muß sich dem stellen, was zu den Gründen der Trennung geführt hat. Je mehr er verschleiert, verleugnet, verdrängt, je mehr er die Augen vor dem verschließt, was geschehen ist, desto mehr Kraft verliert er, die er dringend für die Bewältigung seiner Krise braucht. Auch wenn das, worum es geht, schmerzt, auch wenn das Hinsehen auf die inneren und äußeren Ereignisse zunächst Turbulenzen auslösen wird, auch wenn die anderen ihn von seiner Not abzulenken versuchen (ablenken!):

Wenn er ausspricht, was seiner Meinung nach wahr ist, wird er bemerken, daß seine Seele aufzuhören beginnt, sich selber schwer zu machen. Denn alles, was wir uns bewußtgemacht und womit wir uns auseinandergesetzt haben, bedeutet Zuwachs an Identität. Dazu gehört auch, was nicht gleich nach der Trennung möglich ist – sich der guten Zeiten zu erinnern, die die Partnerschaft mit sich gebracht hat. Dadurch könnte die Bitterkeit der Trennung vermindert werden und sich das Gefühl entwickeln, daß die vergangene Partnerschaft nicht vergeblich gewesen ist.

Sich das Scheitern eingestehen

Das wäre ein weiterer Schritt aus der Krise: wenn sich der Verlassene zum Eingeständnis des vorläufigen oder endgültigen Scheiterns seiner Beziehung entschließen könnte. Das wäre, so seltsam es klingen mag, Ausdruck neuer Freiheit. Das könnte die Wende der Krise anbahnen. Warum?

Weil durch ein solches Eingeständnis die Verdrängung des Gescheitertseins aufgehoben würde. Dann aber würden neue Kräfte frei, weil nichts mehr Kräfte bindet als der Widerstand gegen das, was wahr ist. Wenn der Verlassene sich dazu durchringen könnte, würde sein Blick wieder freier auch für das, was kommen könnte. Nach aller Noterfahrung wäre das Leben wieder offener.

Scheitern gehört zum Leben. Doch nicht das Scheitern selbst ist das Kernproblem, sondern die Weigerung, es als Tatsache anzuerkennen.

Die Intensität des gelebten Lebens zählt

Der Sinn einer Lebenszeit darf nicht nur am Glück oder Unglück einer Partnerschaft festgemacht werden. Sein Maß ist vielmehr die Intensität gelebten Lebens in dieser Zeit. Daher geht es um diese Fragen:

Hast du in der Zeit, die dir verloren zu sein scheint, als Mensch gelebt – also nachgedacht, dich eingefühlt, gehandelt, geliebt? Hast du Trauriges nicht einfach verdrängt, sondern dich ihm gestellt? Hast du dich aufgeregt, wenn Aufregung angebracht war? Hast du das Glück ergriffen, wenn es sich dir anbot? Hast du in jenen Jahren etwas auf die Beine gestellt, bist also nicht nur lasch durch deine Tage gegangen? Hast du Erfahrungen gesammelt und dazugelernt? Hast du das? Wenn du das hast, dann hast du gelebt, hast dich bewegt, bist du dir nahe gewesen und dir nähergekommen. Dann hast du in dieser Zeit Sinn gehabt. Dann war auch die Partnerschaft, wie immer sie war, vermutlich nicht vergeblich.

Sich nicht auf die Not fixieren

Wenn sich der Verlassene über längere Zeit nur auf seine Not fixiert und lediglich auf das sieht, was ihn niederzieht, verkennt er die Vielfalt der Werte, die auch in schweren Zeiten darauf warten, gelebt zu werden. Wird aber ein Wert verabsolutiert, wie die Beziehung zu einem Menschen, dann zieht sich das Leben beleidigt zurück. Die Folgen: Der Werthorizont des sich auf die Not Fixierenden verengt sich. Die Werte, die er weiterleben könnte – etwa Freundschaft, Natur, Kunst, Sport, Arbeit, besondere Aufgaben –, unterliegen dem langen Schatten, den seine Fixierung auf den einen Wert wirft: die Partnerschaft mit ihr oder ihm. Sein Leben verarmt. Es scheint so, als gebe es nur noch sein Unglück.

Am Anfang bleibt dem Verlassenen wahrscheinlich nichts anderes übrig als die Dauerbeschäftigung mit seiner ungewollten Not. Doch darf die Fixierung nicht bleiben.

Kein Mensch ist Besitz eines anderen

Kein Mensch darf einen anderen besitzen wollen. Denn jeder hat für sich selbst Sinn für seinen Weg durchs Leben zu finden. Wer aber meint, der Partner sei sein Besitz, ist nur auf sich bezogen und daher blind für den anderen. Wer so empfindet, ist weit weg von der Einsicht in die selbst zu verantwortenden Ursachen des Verlustes – ist weit weg vom Wendepunkt der Krise – ist weit weg vom Beginn weiterer Persönlichkeitsbildung – und ganz weit weg von der Möglichkeit, den anderen wiederzugewinnen. Mit Liebe hat eine von Besitzstreben dominierte Beziehung nichts zu tun, denn Liebe ist dessen Gegenpol.

Wenn die behauptete Liebe des Verlassenen tatsächlich Liebe wäre, würde er den Verlust des anderen zwar tief beklagen, zunächst darauf auch aggressiv reagieren, er würde ihn jedoch im Lauf der Zeit freigeben, weil er die Trennung auch aus der Sicht des Partners zu sehen begänne.

Ein Mensch kann die Gunst erfahren, für lange Zeit mit einem Partner leben zu können. Daraus jedoch die Forderung abzuleiten, daß er ihm zeit seines gesamten Lebens in der von ihm gewünschten Weise zur Verfügung zu stehen habe, ist Ausdruck von Ichbezogenheit.

»Fehler« in der Trennungszeit

Wer seinen Partner liebt, will ihn nicht verlieren. Das macht ihn gerade in der Trennungszeit für Fehler anfällig. Denn die Angst vor einem endgültigen Verlust verzerrt seine Wahrnehmung, treibt ihn in unüberlegte Handlungen und verhindert die notwendige Auseinandersetzung mit der eigenen Persönlichkeit. Das kann zur Folge haben, daß er die letzte Chance, mit dem anderen neu beginnen zu können, verpaßt. Schon manche begründete Hoffnung ist so zunichte gemacht worden. Eine andere Folge kann sein, daß er in seiner Trauer stagniert und neue Wertmöglichkeiten übersieht. Welche Fehler kann man machen?

Ich nenne Beispiele:
- Wenn der Verlassene dem anderen sagt, er könne ohne ihn nicht leben, bürdet er ihm eine Last auf, die dieser weder tragen kann noch will. Er wird ihm lästig. Droht

er ihm gar mit Selbstmord, wird der Gegangene zwar Angst oder jedenfalls Sorge um den anderen haben, doch die Liebe zu ihm – sie stellt sich dadurch nicht wieder ein.

- Wenn der Verlassene den anderen dadurch festzuhalten versucht, daß er ihm, ob sublim oder offen, Schuldgefühle vermittelt, wird dieser darauf ablehnend, wenn nicht aggressiv reagieren. Ich denke an Vorwürfe wegen der Kinder, an Klagen wegen der Einsamkeit, an die Erinnerung, man habe schließlich dem anderen die Ausbildung ermöglicht. Es gibt viele Anlässe, den »Abtrünnigen« in der Trennungszeit mit Schuldgefühlen unter Druck zu setzen – auch mit Krankheit oder Alter, mit sozialer Angst oder sich anbahnender Depression, mit Moralismen oder zu oft gezeigten Tränen. Die Vorwürfe verfehlen häufig ihre Wirkung nicht, die erhoffte Wirkung aber, die Rückkehr des anderen, wird so in den seltensten Fällen erreicht.

- Wenn der Verlassene den anderen dadurch zurückzugewinnen versucht, daß er ihm jedwede gewünschte persönliche Änderung in Aussicht stellt, wird er wahrscheinlich nur Mitleid ernten. Denn nichts ist weniger attraktiv als Selbsterniedrigung. Das hieße ja Selbstaufgabe und also Verlust der eigenen Originalität.

Wodurch auch immer einer den anderen zur Rückkehr bewegen möchte – für die meisten Menschen, die sich zur Trennung durchgerungen haben, ist der Versuch des alten Partners, ihn festhalten zu wollen, nur eine erneute Herausforderung zur Selbstbefreiung. Und wenn doch einmal ein Versuch zu glücken scheint, kann aus einem partnerschaftlichen Ende mit Schrecken ein aufreibender Schrecken ohne Ende werden.

Oft genug hat der klammernde Partner in der Tat weder die Partnerschaft noch den anderen, sondern nur sich selbst im Blick. Wenn jedoch der Umworbene empfindsam genug ist, wird er die manchmal gar nicht so edlen Motive des anderen durchschauen und endgültig den Schlußstrich ziehen.

Mensch und Partner

Viele, wenn nicht die meisten Menschen, die von ihrem Partner verlassen worden sind, fühlen sich zunächst verletzt und gekränkt und beklagen ihren Verlust an Selbstvertrauen. Sie fühlen sich in ihrem Wert gemindert. Diese negative Erfahrung kann folgenreich sein, nicht nur für die Gegenwart, auch für die Zukunft. Sie kann so tief wirken, daß der Verlassene nicht mehr zu hoffen wagt, jemals wieder eine gelingende Partnerschaft führen zu können. Diese Not ist zwar verständlich. Ist sie auch begründet? Müssen sich zwangsläufig Minderwertigkeitsgefühle entwickeln, wenn der eine den anderen verläßt?

Ich frage: Ist denn der Partner, der sich verabschiedet hat, Maß der Beurteilung des anderen? Diese Vermutung liegt ja nahe, wenn der, der geht, den, der bleibt, mit Minderwertigkeitsgefühlen zurückläßt. Sie liegt auch deshalb nahe, weil wahrscheinlich niemand den Verlassenen so gut kennt wie der, der gegangen ist.

Ich frage dagegen: Was kann denn der Gegangene an dem Verlassenen beurteilen? Diese oder jene Schwächen gewiß. Diese oder jene Stärke auch. Vielleicht weiß er auch von bitteren Stunden, von denen sonst niemand weiß. Daraus jedoch den Schluß zu ziehen, der Gegangene könne den anderen in seinem Wert beurteilen, ist eine verwegene Vorstellung! Was er allein »beurteilen« kann, ist, ob er mit seinem bisherigen Partner weiterleben will oder nicht. Sonst nichts! Und deshalb kann der Entschluß zur Trennung letztlich nur eine Absage an den Partner der Partnerschaft sein, niemals aber ein Urteil über den Wert des anderen Menschen. Deshalb auch ist der Mangel an Selbstvertrauen als Folge der Trennung ein tiefgreifendes Mißverständnis dessen, der nicht zwischen seiner Rolle als Partner – und seinem Sein als Mensch unterscheidet.

Noch einmal: Was kann der eine am anderen beurteilen? Doch lediglich dieses: ob er – er in seiner Subjektivität! – den Verlassenen unerotisch fand oder langweilig oder kratzbürstig oder unangenehm oder machthungrig oder unaufmerksam oder, oder ... Mehr doch nicht! Wie oft sagen Freunde oder Bekannte eines Paares von einer verlassenen Frau oder einem verlassenen Mann: Wie konnte er diese tolle Frau –, wie konnte sie diesen tollen Mann verlassen?

Wenn das so einfach wäre, höre ich manchen sagen. Ist das Selbstvertrauen nicht immer auch davon abhängig, was andere von uns halten, besonders aber davon, was der Partner von uns denkt?

Kein Widerspruch! Nur: Wer in Not geraten ist, kommt nicht darum herum, tiefer als andere zu graben. Wonach? Nach tieferen Einsichten als den bisherigen, nach tieferen Quellen als den bisher erschlossenen. Darin liegt ja die Gunst der Krise. Was heißt das konkret? Ich denke an Fragen, die dem Verlassenen behilflich sein könnten, den durch Trennung entstandenen Minderwertigkeitsgefühlen entgegenzuwirken.

- Kann es sein, daß Sie schon während Ihrer Partnerschaft das Urteil Ihres Partners wichtiger nahmen als Ihr eigenes? Auf Ihr eigenes hörten Sie nicht?
- Sind Sie der Meinung, Sie hätten Ihrem Partner nicht genügt? Es kann nicht sein, daß seine Liebesfähigkeit nicht gereicht hat?
- Sie fühlen sich nach der Trennung minderwertig und können dafür Ursachen nennen? Kann es sein, daß Sie diese problematischen Eigenschaften und Verhaltensweisen, an die Sie jetzt denken, schon während der

Partnerschaft kannten und sich trotzdem akzeptieren
konnten?
• Warum fühlen Sie sich nach der Trennung weniger
  wert? Weil Sie sich selbst diese Meinung gebildet haben
  – oder weil Ihr früherer Partner Äußerungen dieser Art
  gemacht hat? Darüber würde ich lange nachdenken.
• Finden Sie einen anderen Menschen weniger wert, weil
  er verlassen wurde? Ich würde nicht gleich antworten.
• Wonach bemißt sich der Wert eines Menschen? Nach
  dem, was er hat? Nach dem, was er kann? Nach dem,
  was er gilt? Nach seiner Glückserfahrung? Nach seiner
  Leiderfahrung? Gibt es überhaupt ein Maß zur Beurteilung eines Menschen? Und gibt es einen Menschen,
  der es kennt?
• Warum weichen Sie nach der Trennung vor anderen
  aus? Weil die anderen Ihnen Ihre Würde nehmen könnten? Können sie das? Mit jedem Ausweichen vor anderen verstärkt sich Ihre Angst – auch die vor Menschen.
  Mit jedem Nicht-Ausweichen vermindert sich Ihre
  Angst – auch die vor anderen.
• Kann es sein, daß Sie sich wegen der Angst vor der Meinung der anderen neue Wünsche nicht erfüllen? Wenn
  das so sein sollte, werden Sie vielleicht auch bemerkt
  haben, daß Sie Ihr eigenes Leben nach den Vorstellungen der anderen auszurichten begonnen haben.

Jeder Mensch hat die Möglichkeit, sich nicht nur anzunehmen, sondern sich auch abzulehnen und zugleich
seine ihm unbewußten selbstaggressiven Gefühle auf seinen Partner zu projizieren. Diese Tatsache ist der tiefste
Grund für das Scheitern der meisten Partnerschaften. Sie
ist der tiefste Grund für die Turbulenzen in der Trennungszeit. Sie ist der tiefste Grund für den Mangel an
Versöhnungsbereitschaft. Sie ist auch der tiefste Grund
für das Scheitern neuer Beziehungen.[108]

Voraussetzungen für einen Neubeginn

Es gibt glücklicherweise nicht nur die allgemeine Hoffnung, daß das Leben nach der Trennung wieder gut werden kann, sondern auch die konkrete, die auf eine Versöhnung des Paares. Doch wenn das geschieht, müssen günstige Voraussetzungen dafür gegeben sein oder geschaffen werden. Vier mir wichtig erscheinende möchte ich nennen:

- Die wichtigste Voraussetzung ist die »Glut unter der Asche«. Wenn sich zwei Menschen einmal geliebt haben, kann es sein, daß die Liebe auch nach der Trennung nicht erloschen ist. Sie kann durch Enttäuschungen, Verletzungen, Verrat verdeckt und verschüttet sein, doch möglich ist, daß sie noch immer da ist. Es gibt dafür zahlreiche Belege aus der Praxis. Es gibt nicht wenige Träume und Wertimaginationen getrennt Lebender, die diese Annahme bestätigen. Die Seele vergißt eben nie. Je eindrucksvoller die Liebe gelebt wurde, desto tiefer wurde sie in der inneren Welt verwurzelt.

- Eine weitere Voraussetzung ist der Versöhnungswille beider und ihr Entschluß, sich der unangenehmen Aufgabe auszusetzen, nach den eigenen Anteilen zu fragen, die zur Trennung geführt haben. Diejenigen, die bereit sind, sich mit Ernst auf diese Arbeit (Arbeit!) einzulassen, gewinnen vielleicht nicht nur den Partner zurück, sie vertiefen möglicherweise sogar ihre Beziehung. Wahrscheinlich gewinnen beide auch an eigenem Profil. Die folgenden Fragen könnten dabei behilflich sein:

Worin habe ich ihm/ihr am meisten wehgetan?
Worin habe ich ihn/sie am meisten vernachlässigt?
Habe ich mich zuviel oder zuwenig im Blick gehabt – habe
ich ihn/sie zuviel oder zuwenig im Blick?

Mit welchem Problem, mit dem ich nach wie vor zu tun habe, habe ich ihn/sie am meisten belastet? Bin ich bereit, daran zu arbeiten?

Getrennte Partner können sich wiederfinden, wenn sie noch ausreichend »Glut unter der Asche« finden, wenn sie mit Ernst nach den Ursachen und Gründen ihres vorläufigen Scheiterns fragen, wenn sie die genannten »Fehler« in der Trennungszeit vermeiden und nach neuen Wegen gemeinsamen Lebens suchen.

Umgang mit Unabänderlichem

Im Lauf der Zeit schält sich bei den meisten Menschen, die verlassen worden sind, ein eindeutiges Gefühl heraus, ob noch Hoffnung auf die alte Partnerschaft besteht oder nicht. Was kann jemand tun, wenn ihm endgültig klar ist, daß sie unabänderlich vorbei ist?

Es reicht nicht aus, in der Auseinandersetzung mit der daraus resultierenden Not nur über Ereignisse und Tatsachen zu reden oder sich mit den dadurch ausgelösten Gefühlen zu beschäftigen. Es ist auch notwendig, sich *wert*vollen Gedanken zuzuwenden. Warum? So individuell die Noterfahrung des Einzelnen sein mag, so persönlich er nach Wegen zur Überwindung seiner Problematik zu suchen hat –, es gibt auch Erfahrungswerte allgemein menschlicher Art, die wir kennen müssen, wenn Leben wieder gelingen soll. Einige dieser Erfahrungswerte deute ich im folgenden an. Wer sich mit ihnen auseinandersetzt, wird allerdings nur dann Gewinn davon haben, wenn er sie auf sich einwirken läßt. Auch die beste Salbe heilt keine Wunde, wenn sie nur über die kranke Haut gewischt wird.

Jedes Leid, das ein Mensch gestaltet, erweitert seine Persönlichkeit. Die Freiheit dazu haben die meisten, die

Bereitschaft aber, sie auch in schweren Zeiten zu leben, entwickeln so viele nicht. Schicksalhaft ist das nicht. Wer sein Leid gestaltet, fragt danach, woher es kommt und wozu es herausfordert. Er fragt danach, wie er mit ihm hier und jetzt lebendig bleiben kann. Denn wichtiger noch als die Überwindung der Not ist – letztlich – das Ja zum Leben trotz der Not.

Dieses Ja hängt nicht nur davon ab, was einem Menschen an Leid widerfährt. Es hängt auch und mehr noch davon ab, ob er sich fürs *Leben* entscheidet, fürs Leben *entscheidet*.

Manchmal allerdings tut Leben schrecklich weh. Alles schmerzt. Jedes Körperteil, jeder Seelenteil schmerzt. Du weinst, du schreist, du tobst – du bleibst im Schmerz, und der Schmerz bleibt in dir. Du fürchtest um deinen Verstand. Du weißt nicht, wie du das, was du erlebst, aushalten oder gar überleben sollst. Was kannst du dann tun?

Zunächst einmal: Du hast ein Recht auf Trauer und auf Klage. Denn Trauer und Klage sind die erste und menschlichste Antwort auf das Leid. Wenn du jetzt nicht trauertest und klagtest, hättest du deinen Partner nie geliebt. Darum: Wenn es geht, suche zuerst die Nähe eines Menschen, dem du vertraust, und sprich dich bei ihm aus. Manchmal wachsen Menschen über sich hinaus, wenn man sie herausfordert. Und wenn man sie später »Engel« nennt, so ist das vielleicht gar nicht so falsch.

Wenn es geht, schreib auf, wie die Situation ist. Das schriftliche Wort veranlaßt dich zur gedanklichen Klärung oft mehr noch als das gesprochene. Jede Konkretisierung und Klärung dessen, was dich bedrängt, schafft dir Distanz zu dir selbst und dem, was dir Not macht, und kann daher ein erster Schritt auf der Suche nach einem Ausweg sein.

Wenn dir nach Weinen zumute ist, dann weine. Wozu hast du Tränenkanäle? Wenn dich ohnmächtige Wut packt, dann widerstehe ihr nicht. Wenn dich das Leben an die Wand nagelt, dann mußt du dafür sorgen, daß wenigstens die Reste deines Lebens lebendig bleiben.

Manchmal kann es in rabenschwarzen Stunden auch gut sein, nichts mehr, gar nichts mehr zu tun und sich dem, was ist, einfach hinzuhalten und »es« mit sich machen zu lassen, was »es« will. Es ist schon merkwürdig, daß manchmal dann, wenn wir aufhören zu kämpfen oder nach Gerechtigkeit zu schreien, das unheimliche Dunkel um uns herum sich aufzulösen beginnt. Warum das so ist? Müssen wir das wissen? Vielleicht ist das die Stunde, in der uns aufzugehen beginnt, was wir in Wirklichkeit zum Leben brauchen.

Wichtig ist es, die Tatsache des endgültigen Verlustes klar und deutlich auszusprechen. Wer sich ihr stellt, erleidet zwar zunächst tiefen Schmerz, gewinnt dafür aber neues Stehvermögen. Er dringt durch zum inneren »Raum« der Klarheit. Er weiß nicht nur, er hat es auch begriffen: Der Partner kommt nicht mehr zurück. Ein neuer Lebensabschnitt beginnt, ob ich es will oder nicht, ob ich den Himmel stürme oder nicht. Der Mensch, den ich liebe, hat meinen Lebenskreis verlassen, und das für immer.

Dann kann es sein, daß sich die Spannungen und Überspannungen der letzten Wochen und Monate zu lösen beginnen, daß das Grübeln nachläßt, daß die vergeblichen Bemühungen um Wiederversöhnung aufhören. Dann kann das bange Hoffen auf die konkrete Wunscherfüllung enden und sich die Hoffnung entwickeln, die aufs ganze Leben gerichtet ist.

Umgang mit dem, was unabänderlich ist, ist das größte menschliche Problem und damit die größte Herausforderung. Sie kann gelingen, wenn das, was unabänderlich ist, nicht als Schicksal verstanden wird, das zwangsläufig zur Wertminderung des ganzen Daseins führt. Sie kann gelingen, wenn das Unumkehrbare als Herausforderung zur Erweiterung und Vertiefung des persönlichen Lebens begriffen wird.

Zweifellos gibt es auch Menschen, die sich trotz wechselseitiger Verletzungen, Kränkungen, Distanzierungen und Trennungen in der Tiefe gutbleiben, die auf getrennten Wegen zu jenem »Feuer« gehen, das sie beide suchen. Mag sein, daß sie sich nie wiedersehen und doch innerlich verbunden bleiben. Mag sein, daß sie sich dann und wann begegnen und lange davon zehren. Wem ein solches Schicksal beschieden ist, wird wahrscheinlich immer wieder Sehnsucht nach dem anderen haben – und immer wieder auch den Wunsch verspüren, in einer »normalen« Beziehung leben zu können. Doch kann es sein, daß die beiden auf ihr seltsames Geschick niemals verzichten möchten, weil sie das Wichtigste im Leben kennen: die Liebe.

Plädoyer für Versöhnung nach der endgültigen Trennung

Viele Paare, die sich trennen, nehmen sich ernsthaft vor, fair und freundschaftlich auseinanderzugehen. Davon ist meistens die Rede, wenn die Trennung noch nicht vollzogen ist. Doch von dem Tage an, an dem sich die Wege trennen, entsteht häufig eine Kluft, werden aus Gegnern Feinde. Daher ist in vielen Fällen die Trennung nicht die Beendigung der Auseinandersetzungen, sondern deren Verschärfung. Dann rückt die Versöhnung, nach der sich die meisten getrennten Paare im Grunde sehnen, zunächst in weite Ferne. Das gilt nicht nur für verheiratete, das gilt auch für unverheiratete Paare, wenngleich letztere es in der Regel leichter haben, weil die rechtlichen Probleme eine geringere, vielleicht gar keine Rolle spielen.

Es gibt bekanntlich zwei Formen von Versöhnung: die zwischen den beiden Partnern – und jene, um die sich ein Partner für sich allein bemüht. Welche Form die wünschenswertere wäre, bedarf wohl keiner Erklärung. Wozu aber überhaupt Versöhnung, wenn die beiden nach der Trennung ohnehin getrennte Wege gehen?

Liebe und Haß sind unteilbare Gefühle. Sie beschenken oder treffen nie nur den anderen, sondern zugleich die eigene Seele. Wer einen anderen liebt und ihm das Gefühl vermittelt, warm, weit, frei und angenommen zu sein, fühlt sich selbst warm, weit, frei und angenommen.

Das gleiche gilt für den Haß: Wer einen anderen haßt, fühlt sich, wenn er sich seinen Gemütszustand näher anschaut, selbst vom Haß verfolgt. Er hat keinen Frieden. Die Folge: Er verkennt die Chancen der neuen Zeit und zerstört möglicherweise seine neue Beziehung.

Die Lösung?

Je tiefer sich ein Mensch kennenlernt, desto tiefer begreift er, daß er sich qualitativ keineswegs von seinem Partner unterscheidet und daher seine Rundumverurteilung Ausdruck seines Mangels an Selbsterkenntnis ist. Niemand kann letztlich wissen, warum der eine freier, heiterer, offener, disziplinierter ist als der andere. Niemand hat letztlich Einsicht in die Seele des Gescholtenen, warum dieser so triebhaft, aggressiv, egoistisch oder motivationsmüde ist.

In großartiger Einfachheit hat Hermann Hesse diese Unmöglichkeit beschrieben:

»Stelle dir dein Wesen als einen tiefen See mit kleiner Oberfläche vor. Die Oberfläche ist das Bewußtsein. Dort ist es hell, dort geht das vor sich, was wir denken heißen. Der Teil des Sees aber, der diese Oberfläche bildet, ist ein unendlich kleiner. Er mag der schönste, der interessanteste Teil sein, denn in der Berührung mit Luft und Licht erneuert, verändert, bereichert sich das Wasser. Aber die Wasserteile selbst, die an der Oberfläche sind, wechseln unaufhörlich. Immer steigt es von unten, sinkt von oben, immer geschehen Strömungen, Ausgleichungen, Verschiebungen, jeder Teil Wassers will auch einmal oben sein. – Wie nun der See aus Wasser, so besteht ... unsere Seele ... aus tausend und Millionen Teilen, aus einem stets wachsenden, stets wechselnden Gut von Besitz, von Erinnerungen, von Eindrücken. Was unser Bewußtsein davon sieht, ist die kleine Oberfläche. Den unendlich größeren Teil ihres Inhalts sieht die Seele nicht.«[109]

Wut- und Zornausbrüche in der Trennungszeit sind verständlich, müssen manchmal sein. Wenn aber noch lange nach dem Abschied der Haß und seine dunklen Geschwister alle anderen Gefühle dominieren, wird deutlich, daß sich der Hassende selbst zuwenig kennt. Dann hat er ein Problem, das durch den Verlust des Partners zwar ausgelöst, nicht aber verursacht worden ist.

Worum könnte es sich dabei handeln? Eventuell darum, daß er sich seiner aggressiven Grundstimmung nicht bewußt ist und deshalb nach immer neuen Aggressionsobjekten sucht. Oder darum, daß er den *Verlust eines Elternteils* noch immer nicht überwunden hat und sein damaliges Erleben mit dem Verlust seines Partners in Beziehung bringt. Oder darum, daß sein Besitzstreben übermächtig ist und er deshalb »sein Eigentum« womöglich bis zum Tod mit seiner aggressiven Forderung verfolgen möchte.

Sicher ist, daß jemand, der nach der Trennung auf Dauer nicht zum Frieden kommt, dringend fachliche Hilfe braucht.

Bedingungen für ein gelingendes Gespräch

Das wertorientierte Gespräch

Ob und wieweit ein Mensch sinnvoll lebt, hängt in erster Linie davon ab, wie er mit anderen umgeht. Die Qualität aber des Umgangs wird vor allem davon bestimmt, wie er mit ihnen spricht. Deshalb können gute Gespräche zu guten Beziehungen und damit zu guten Sinnerfahrungen führen.

Worte können wirken

Sprache ist Ausdruck von Seele und Geist. Sie ist Ausdruck unserer Beziehung zu uns selbst und anderen Menschen. Sie ist Ausdruck unserer eigenen Wirklichkeit, und sie schafft neue Wirklichkeiten. Welche Macht Sprache hat, zeigen viele Redewendungen zur Sprache und zum Wort, dem einzelnen Element der Sprache:

> Worte können Menschen anstacheln, aufregen, ärgern, verletzen, trennen, ins Herz treffen, umhauen.
> Worte können Menschen packen, aufrütteln, umstimmen, trösten, überzeugen, erfreuen, ergreifen, aufrichten, erlösen, beglücken, heilen.
> Worte können berauschen, langweilen, bewegen, verführen, verunsichern, beruhigen.
> Worte können einen Menschen in Wut bringen, Balsam für seine Seele sein, wie ein reinigendes Gewitter auf ihn wirken, ihn wie einen Keulenschlag treffen. Worte können klären.

»Ich gebe dir mein Wort«, sagt der eine zum anderen und verpflichtet sich damit zu einem bestimmten Verhalten.

»Bei dem, was du sagst, wird mir heiß und kalt«, äußert jemand und bringt damit zum Ausdruck, wie tief er durch das Gesagte betroffen ist.

»Ich wünsche, du hättest das nie gesagt!«, klagt einer den anderen an und gibt damit zu verstehen, welche Wut, welches Entsetzen oder welche Erschütterung der andere in ihm ausgelöst hat.

»Sag das noch einmal!«, empört sich jemand und drückt damit aus, in welcher Gefühlsaufwallung er sich befindet.

»Was du sagst, macht mich ganz krank«, beklagt sich einer und erklärt damit zugleich, daß Worte sich sogar auf den ganzen Menschen auswirken können. Das gleiche gilt selbstverständlich auch für beglückende Worte.

»Das sagst du mir?!«, schreit oder staunt ein Mensch und teilt dem anderen so mit, wie tief er bewegt ist.

»Das stimmt!«, entfährt es jemandem, und er fühlt sich erleichtert, weil er nun Klarheit hat.

»Ich bin verstimmt, weil du das gesagt hast«, bekennt jemand und deutet damit an, daß sein gegenwärtiges Leben durch die Äußerungen des anderen in Unordnung geraten ist.

»Ich verlasse mich auf dein Wort«, sagt ein anderer zum nächsten und richtet sein Leben darauf aus.

»Dein Wort wurde meine Speise«, singt der Psalmist bei seinem Rückblick auf tiefe Not.

»Im Anfang war das Wort«, schreibt Johannes im Prolog seines Evangeliums.

Grundlegendes für ein wertorientiertes Gespräch

Mit wertorientiertem Gespräch ist weder Small talk noch bloße Konversation gemeint, sondern eines, in dem die Partner Wichtiges miteinander zu besprechen haben, in dem sie gemeinsam vor- oder nachdenken, nach Klärungen und Lösungen suchen.

1. Jedes gute Gespräch ist mehr als ein Gespräch zwischen Menschen, die sagen, was sie im Augenblick denken, empfinden und fühlen und so nur sich zum Ausdruck bringen, und auch das nur sehr begrenzt. Ein solches Gespräch lebt vor allem von bisher Gedachtem und Gefühltem.

2. Ein weiterführendes Gespräch lebt im besonderen von dem, was die Gesprächspartner bisher noch nicht gedacht, empfunden und gefühlt haben: von neuen Gedanken, Empfindungen und Gefühlen, von der Erweiterung des inneren Horizontes. Es lebt von der Ausrichtung auf neue Wert- und Sinnerfahrung. Erst dann, wenn sich die Beteiligten dafür offenhalten, erleben sie ein befreiendes Gespräch.

3. Die Seele ist polyphon, äußerst vielstimmig, vielmeinend und vielsagend. Sie ist ein »Speicher« und Netzwerk von Gedanken- und Gefühlsvarianten mit unermeßlicher Weite. Das bedeutet, daß das, was ein Mensch zunächst zum Ausdruck bringt, ein Bruchteil dessen ist, was in ihm vorgeht. Daher bedarf ein Gespräch, das mehr als bloße Unterhaltung sein soll, bestimmter Voraussetzungen.

Voraussetzungen für ein wertorientiertes Gespräch

- Nur dann, wenn beide (oder mehrere) Gesprächspartner ein Gespräch führen *wollen* und also dazu motiviert sind, kann es gelingen.
- Nur dann gelingen Gespräche, wenn die Partner voreinander *Achtung* haben. Wenn sie einander achten, sprechen sie den anderen nicht primär auf seine Schwächen, sondern auf seine Stärken an. Achtung verlangt *Offenheit*. Wer offen ist, »mauert« nicht, versteckt sich nicht, macht sich vom anderen keine Vorstellungen, ist offen für neue Ideen, Gedanken und

Gefühle. Die Voraussetzung für Offenheit ist *Wahrhaftigkeit*. Sind die Gesprächspartner wahrhaftig, vermeiden sie Taktik, Strategie, Verschleierung, Diplomatie u.ä. Dann zeigen sie sich selbst. So entsteht *Vertrauen*.

- Gelänge es, so wenig wie möglich die eigene Problematik auf andere zu projizieren, wären Gespräche ein Genuß. Projektion ist die allgemeine Bezeichnung für einen *unbewußten* seelischen Vorgang, bei dem ein Mensch Reize aus der Umwelt, die seinen Bedürfnissen, Interessen, Motiven, Einstellungen, Wünschen, Erwartungen, emotionalen Zuständen entsprechen, aufnimmt und darauf mit einem bestimmten Verhalten reagiert. Der Projizierende sieht und interpretiert die soziale Wirklichkeit durch seine »*eigene Brille*«. Er verleugnet das, womit er selbst nicht zurechtkommt. Je weniger Gesprächspartner dieser zwar menschlichen, doch allzu menschlichen Neigung nachgeben, desto weniger finden Rivalitäts- und Machtkämpfe statt, desto weniger fühlt sich der eine über- und der andere unterlegen, desto offener, wahrhaftiger und vertrauensvoller verläuft das Gespräch.

- Sich in die Sprache und Worte des anderen einhören, ihm zuhören, auf das, was er sagt, hinhören, ihm *aufmerksam* begegnen – diese Verhaltensweisen sind weitere Voraussetzungen für ein gutes Gesprächs. Die meisten Mißverständnisse sind Folge des Mangels an aufmerksamem Hören.

- Wesentlich ist, nicht *zu* einem Menschen, sondern *mit* ihm zu sprechen. Denn ein monologisches »Gespräch« verhindert, einander zu verstehen.

- Jedes gute Gespräch lebt von *guten Fragen*. Und fragen soll man, »wie man einen Reisenden fragt«. Gute Fragen sind *vertrauensbildend*. Denn wer den anderen fragt, gibt ihm zu verstehen, daß er sich für ihn interessiert und *offen* ist für das, was er ihm zu sagen hat.

- Wichtig ist die Bewußtmachung der Tatsache, daß der andere nicht meinen, sondern *seinen* Blickwinkel hat. Jeder Mensch ist eine einzigartige Person mit einer einzigartigen Geschichte. Oft haben Gesprächspartner auch einen unterschiedlichen Typus und denken, fühlen und handeln daher unterschiedlich. Je bewußter diese Tatsache ist, desto leichter ist die Verständigung.
- Wer seine *eigene* Sprache spricht – keine psychologische, keine kaufmännische, keine, die gerade »in« ist, spricht sich selbst aus, ist und wirkt authentisch. Er macht es dem Gesprächspartner leicht, ihn zu verstehen.
- Hilfreich ist es, in Bildern zu sprechen. Denn Bilder sind die Wurzeln der Worte. Am Anfang des »Welterfassens« steht die Anschauung, nicht die Reflexion.
- Besonders in unserer Zeit erscheint es mir wichtig, wieder die Kultur der *Wortsuche* zu pflegen. Das bedeutet, sich dafür Zeit zu nehmen, nach einem bestimmten Wort zu suchen, bis es den anderen trifft oder berührt. Ebenso wichtig ist es, ihm Zeit zu geben, ein Wort, das offensichtlich bei ihm »angekommen« ist, auf sich *wirken* lassen zu können.
- Gute Gespräche erlauben die Möglichkeit, auch einmal *schweigen* zu dürfen. Das ist zwar unüblich, aber hilfreich. Denn das Schweigen kann eine Quelle neuer Gedanken und Ideen sein. Mehr noch: Wenn Gesprächspartner sich zu schweigen erlauben, entsteht nicht selten eine tiefere Beziehung.
- Manche Gespräche werden erst dann gut, wenn sich die Beteiligten nach dem Gespräch Zeit zum *Nach-Denken* nehmen. Denn in der aktuellen Begegnung arbeitet der Verstand oft rascher als das Gefühl, das Gefühl aber reicht in tiefere Schichten des Verstehens hinein. Wer einem Gespräch nachdenkt, gleicht dem Goldsucher, der nicht gleich beim ersten Fund nach Hause geht.
- Manches Gespräch, in dem es um Konfliktbewältigung geht, wird nur dann befriedigend enden, wenn die Part-

ner *lösungsorientiert* sind. Geist ist intentional und daher nur dann kreativ, wenn er sich auf Ziele und Werte ausrichtet.

- Hilfreich ist ein Gespräch dann, wenn *neue Wirklichkeiten* entstehen. Denn wenn es nicht eine bloße Unterhaltung oder ein »Sprachereignis« sein soll, wird aus dem Gespräch Handlung.

Sich auf ein wichtiges Gespräch vorbereiten

Wenn ich mich auf ein wichtiges Gespräch vorbereite, suche ich die Stille. Denn die Stille ist der »Ort«, an dem sich die Seele sammelt und sich deutlicher als sonst zur Sprache bringt.

Was geschieht da?

Vernachlässigte Gedanken und Gefühle gewinnen wieder Raum. Das Tor zur Intuition weitet sich. Bilder des Geistes werden sichtbar, Gründe für Leben fühlbar. Die Wurzeln der Wörter zeigen sich. Die Worte werden elementar, echt, unmittelbar.

In der Stille lasse ich das Gesicht dessen, dem ich begegnen werde, kommen. Eine innere Beziehung zu ihm entwickelt sich. Mir kommen Einfälle, Ideen, Worte für ihn.

Fragen und Gedankenanstöße

»Fragen lernen heißt, über das hinauszufragen, was die Leute für selbstverständlich halten und womit sie sich abgefunden haben.«[110]

- Sehe ich meinen Gesprächspartner an, wenn er spricht? Schenke ich ihm Ansehen?
- Lasse ich ihn ausreden?

- Möchte ich hören, was der andere sagt? Möchte ich ihn überhaupt verstehen? Liegt mir daran, daß er mich versteht?
- Möchte ich Neues von ihm erfahren?
- Meine ich *ihn* mit dem, was ich sage?
- Halte ich mich zu stark zurück, dränge ich mich ihm zu stark auf?
- Bin ich zu oft bei meinem Lieblingsthema?
- Welche Themen fürchte ich?
- Bemerke ich meine Über- und Untertreibungen, meine Floskeln?
- Ich denke auch an mich?

- Frage ich ihn, um ihn besser verstehen zu können?
- Frage ich ihn, damit er sich selbst besser versteht?
- Frage ich, um nicht selbst antworten zu müssen?
- Stelle ich auch solche Fragen, die zwar unangenehm, aber hilfreich sind?
- Frage ich aus Neugier?
- Frage ich, um den anderen von mir zu distanzieren?
- Höre ich, welcher Typus aus dem anderen spricht? Neigt er zu Recht, Ordnung und Perfektionismus? Sich nicht helfen zu lassen, nur anderen helfen zu wollen? Mittelpunkt zu sein? Ein Besonderer zu sein? Andere auf Abstand zu halten? Sich vor allem in einer Gemeinschaft wohl zu fühlen? Nur die heiteren Seiten des Lebens sehen zu wollen? Macht an sich zu reißen? Konflikten aus dem Wege zu gehen? Was ist seine besondere Stärke? Geduld und Gelassenheit? Liebe, die auch den anderen meint? Wahrhaftigkeit? Echtheit? Weisheit? Mut? Heiterkeit? Güte? Verantwortlichkeit? Höre ich, was er nicht nur als Typus, sondern auch persönlich sagt?
- Von welchem »Ort« in mir (körperlich) begegne ich dem anderen: vom Kopf, vom Bauch, vom Herzen? Von der Mitte nicht? Und: Sagt mein Kopf, was mein Herz fühlt? Fühlt mein Kopf, was mein Herz sagt?

Das »dichte« Gespräch

Wenn ich mit einem Menschen spreche, versuche ich, ein »dichtes« Gespräch mit ihm zu führen. Ich habe es im Laufe langer Jahre immer mehr zu schätzen gelernt.

Das »dichte« Gespräch ist kein künstliches Gespräch, obwohl es zunächst so erscheint. Es ist vielmehr Ausdruck dessen, daß die Seele polyphon, also vielstimmig und vielsagend ist.

Daraus ergeben sich drei »Anweisungen zur Tat«:

1. Wenn ich mit einem Menschen spreche, bleibe ich so nah wie möglich bei dem, was er mir mitteilt. Ich denke und fühle dem nach, was er sagt, was er nicht sagt und wie er auf mich wirkt. Manchmal halte ich ihm seinen Satz noch einmal hin, so daß er das, was er gesagt hat, selbst besser versteht und neu formuliert. Zugleich bleibe ich so nah wie möglich bei meinen eigenen Gedanken und Gefühlen und versuche wahrzunehmen, ob wir uns verstehen.

2. Was ein Mensch von seinen Gedanken, Empfindungen und Gefühlen äußert, ist in aller Regel zunächst nur *ein* Gedanke, nur *eine* Empfindung, nur *ein* Gefühl. Daher ist es wichtig, weiter zu fragen: »Ist da noch ein Gedanke, noch eine Empfindung, noch ein Gefühl? Ist da ein weiterer Gedanke, eine weitere Empfindung, ein weiteres Gefühl?« So seltsam diese Dreifachfrage erscheinen mag – sie ermöglicht mir, sofern sie nicht überstrapaziert wird, in kurzer Zeit eine Annäherung an das, was der andere in Wirklichkeit denkt, empfindet und fühlt. Es kann sein, daß auch er im Lauf der Zeit diese Art der Kommunikation gern übernimmt.

3. Zum »dichten« Gespräch gehört weiterhin die Beachtung von drei wichtigen Fragen:
   • Ist das, was der Gesprächspartner sagt, das, was er auch denkt, empfindet und fühlt?

- Ist das, was der andere tun möchte, das, was er auch tun will, soll und kann?
- Ist das, was der andere vom Besten in sich ahnt, das, was er auch leben will? Und: Will er überhaupt wissen, was er ahnt?

Wie ein solches Gespräch verlaufen könnte, möchte ich an einem idealtypischen Beispiel, einem Ausschnitt eines Gesprächs zwischen Ehepartnern, zeigen. Idealtypisches läßt sich in der Wirklichkeit selbstverständlich immer nur bruchstückhaft realisieren.

Beispiel für ein idealtypisches wertorientiertes Gespräch

Sie: *Ich muß mal mit dir sprechen.*
Er: *Warum denn das? Wir reden doch ständig miteinander.*
Sie: *Ständig? Miteinander?*
Er: *Willst du etwa sagen, daß wir's nicht tun?*
Sie: *Reden schon, aber sprechen?*
Er: *Das ist ja Haarspalterei!*
Sie: *Siehst du – das ist es, worüber ich mit dir sprechen möchte: Ich sage etwas und habe dann den Eindruck, daß du mir nicht wirklich zuhörst oder gleich etwas dagegen einwendest.*
Er: *Das bildest du dir nur ein.*
Sie: *Da ist es wieder. Es sieht so aus, als ob du auch jetzt gar nicht wissen willst, warum ich mit dir sprechen möchte.*

Schweigen.

Er: *Schau mal, Liebes, Du weißt genau, wie stark ich zur Zeit beruflich belastet bin. Natürlich kann es da schon mal passieren, daß ich mit meinen Gedanken woanders bin.*
Sie: *Ob ich dafür kein Verständnis habe? Nur, daß du mir oft nicht zuhörst oder gleich konterst, ist – so sehe ich es jedenfalls – zum Dauerzustand geworden.*
Er: *Nenn mir doch ein Beispiel!*

Sie: *Wir haben doch gerade hier und jetzt zwei oder drei Bei-*
spiele erlebt. Auch der Satz von der Belastung ist ein Bei-
spiel dafür. Es sieht so aus, als dächtest du in unseren Ge-
sprächen nur an dich.

Schweigen, dann:

Er: *Das tut mir leid.*
Sie: *Was tut dir leid?*
Er: *Daß du mit mir nicht zufrieden bist?*
Sie: *Das tut dir leid?*
Er: *Genügt das nicht?*

Schweigen.

Er: *Nun sag schon, was hab ich denn jetzt schon wieder falsch*
gemacht?
Sie: *Dir tut leid, daß ich, wie du sagst, mit dir nicht zufrieden*
bin. Nur das?
Er: *Natürlich auch, daß ich dich offenbar gekränkt habe.*
Sie: *Verzeih, daß ich nachhake: Gekränkt womit?*
Er: *Daß ich dir immer ins Wort falle.*
Sie: *Nur das?*
Er: *Was denn sonst noch?*
Sie: *Möchtest du wirklich wissen, was mich bekümmert?*
Er: *Natürlich!*
Sie: *Und warum bist du jetzt so ungeduldig?*

Schweigen.

Er: *Vielleicht sagst du mir mal, was dir nicht gefällt?*
Sie (legt ihm die Hand auf den Arm, beugt sich ein wenig vor,
dann): *Seit längerer Zeit hab ich den Eindruck, daß du*
mich nur noch flüchtig ansiehst, daß du mit deinen Ge-
danken ganz woanders bist, daß du heilfroh bist, wenn
ich dich in Ruhe lasse. Kann das sein?
Er (nach längerem Schweigen): *Das kann sein ... Das ist wohl*
so. (Er sieht sie lange an, nickt, dann): *Das ist so. Ich*
fange an, dich zu verstehen ...

Schweigen.

Er: *Hilfst du mir, das zu ändern?*

Sie: *Was zu ändern?*

Er: *Meine Unaufmerksamkeit.*

Sie: *Ob es darum geht?*

Er: *Worum denn sonst?*

Sie: *Vielleicht darum, daß deine Aufmerksamkeit vor allem dir selbst und deinem Beruf gilt.*

Er: *Ich verstehe. Aber was soll ich tun?*

Sie: *Was möchtest du tun?*

Er: *Mehr Zeit für dich haben.*

Sie: *Möchtest du das?*

Er: *Ja, natürlich! Warum fragst du?*

Sie: *Ob du es auch willst?*

Schweigen.

Er: *Ich weiß noch nicht, wie ich das mit dem Job vereinbaren kann.*

Sie: *Was?*

Er: *Das mit dir und der Arbeit?*

Sie: *Das mit mir?*

Schweigen.

Sie: *Was geht jetzt in dir vor?*

Er: *Ich schäme mich ein bißchen.*

Sie: *Ist da noch ein anderes Gefühl?*

Er: *Auch Hilflosigkeit.*

Sie: *Noch etwas anderes?*

Er: *Auch Trotz.*

Sie: *Wogegen?*

Er: *Gegen den verdammten Druck im Job.*

Sie (legt ihm wieder die Hand auf den Arm, sieht ihn warm an, sagt): *Ich bin dir sehr nahe.*

Er: *Hilfst du mir?*

Sie nickt.

Erfreuliche Aspekte des Alters

Zwei Sichtweisen des Alters

Vom ersten Tag an werden wir älter. In Kindheit und Jugend scheint Älterwerden ein Gewinn zu sein, weil wir, durchpulst vom Glück der Entfaltung, gelockt von den Fährten der Hoffnung, das Leben vor uns sehen, als wäre es die Ewigkeit, ein Land ohne Grenzen. Doch irgendwann wird für viele das Älterwerden zum Problem, wenn mit dem Ablauf der Zeit nicht nur die Tage der Zukunft abnehmen, sondern auch die gewohnten Lebensmöglichkeiten, wenn sich konkrete Nöte und Einschränkungen einstellen, Krankheiten, Einsamkeit, Gefühle der Wertlosigkeit, des Angewiesenseins auf andere, Angst vor dem Tod.

Deshalb fällt es auf, wenn das Älterwerden in jüngerer Zeit in den Medien positiv beschrieben wird. So antwortete die ehemals für Senioren zuständige Bundesministerin Christine Bergmann auf die Frage, wie sie die gesellschaftlichen Vorurteile gegenüber älteren Menschen beurteile: »Älter sein, heißt nicht zwangsläufig, gebrechlich und hilfsbedürftig zu sein. Die meisten älteren Menschen heutzutage sind in der dritten Lebensphase in der Regel gesünder, besser ausgebildet, materiell unabhängiger und aktiver als frühere Generationen. Der größte Teil der älteren Bevölkerung ist in den ersten 15 bis 20 Jahren nach dem Ausscheiden aus dem Berufsleben nicht auf Hilfe oder Pflege angewiesen. 80 Prozent sind noch weit über das 70. Lebensjahr hinaus zu einer fast selbständigen Lebensführung in der Lage.«[111] Auf weiteres Nachfragen eines Journalisten, worauf denn das gestörte Verhältnis der Gesellschaft zum Alter beruhe, antwortete die Ministerin: »Von einem gestörten Verhältnis würde ich nicht sprechen. Daß in der Werbung und in den Medien überwiegend Jugendlichkeit propagiert wird, ist ein Phänomen des Zeitgeistes. Tatsächlich sehen die meisten in der dritten Lebensphase neue Chancen, die sie nutzen wollen.« Diese und viele andere Äußerungen über das Alter beziehen sich allerdings vor allem auf äußere Möglichkeiten.

Ganz anders dagegen äußert sich Christiane Singer, die in ihrem leidenschaftlich geschriebenen Buch »Zeiten des Lebens« sagt: »In einer Gesellschaft, in der die einzigen Wertmaßstäbe die eines plumpen Materialismus sind und in der der Merkantilismus bestimmt, welche Lebensalter wie vertreten sind, ist klar, daß das fortgeschrittene Alter wenige Trümpfe zu bieten hat. Gesellschaftsfähig ist nur das Alter, das noch aktiv konsumiert. ... Der ökonomisch Schwache aber verkörpert das absolut Böse«. Daher sei, so war an anderer Stelle zu lesen, das Alter die Hölle. Die Hölle?

Nein, nicht das Alter selbst, sondern die Vorstellung, die wir uns von ihm machen! Doch »wer sein Leben lang seiner Seele ein Grab geschaufelt hat, wird sich dort auch hineinlegen«, so Christiane Singer, denn, fährt sie fort: »Allein die Vorstellung des Verfalls zieht bereits unwiderruflich sein Eintreten nach sich. Wir leben von und sterben an unseren Bildern.«[112] Deshalb möchte auch ich in diesem Abschnitt des Buches weithin positiv vom Alter sprechen – allerdings nicht nur über die ihm verbleibenden Aktivitäten.

Leistungsveränderung und Leistungsverfall

Ein zentraler Grund für die negative Einschätzung des Alters liegt in der Verwechslung von Leistungsveränderung und Leistungsverfall. Wie diese Verwechslung zustande kommen kann, läßt sich – auf körperlicher Ebene – eindrucksvoll am Beispiel der Alterssichtigkeit zeigen:

Im Laufe des Lebens schiebt sich der Punkt des schärfsten Sehens vom Auge fort. Beträgt für einen Zehnjährigen die normale Sehdistanz etwa zehn Zentimeter, so beim Dreißigjährigen dreißig Zentimeter. Im Alter entwickelt sich daraus die Alterssichtigkeit. Die Brille wird notwendig, nicht aber, weil sich die Sicht verschlechtert, sondern weil sie sich verändert.

Daß Veränderung von Leistung mit Abfall von Leistung unzulässig identifiziert wird, ist auch auf psychischer Ebene ersichtlich. Häufig ist und fühlt sich der alternde Mensch durchaus noch leistungsfähig. Doch wenn er sich den negativen Erwartungen seiner Umwelt anpaßt, hat das zur Folge, daß sich seine Leistungsfähigkeit tatsächlich vermindert, weil niemand mehr Leistung von ihm erwartet.

Selbst dann, wenn von Leistungsabnahme gesprochen werden muß, ist das nicht in jedem Fall negativ zu bewerten. Denn verringern sich auch die Möglichkeiten der Sinneswahrnehmungen und Sinnesfähigkeiten, werden die Bilder, die der alte Mensch von der Welt gewinnt, zwar blasser und unvollständiger, doch können sie zugleich transparenter und konzentrierter werden. Deshalb entdeckt man bei Alterswerken bedeutender Maler zwar weniger Details, das Wesentliche aber kommt eindeutiger und klarer als in früheren Werken zum Ausdruck.

Was von den Möglichkeiten der Sinneswahrnehmungen und -fähigkeiten gilt, gilt auch für geistige Fähigkeiten, insbesonders deshalb, weil der Geist – im Gegensatz zum Psychophysischen – nicht altert, denn er ist nicht im Psychophysischen verwurzelt.[113] Zwar ist er nicht unabhängig davon, wie sich das Psychophysische befindet, doch verliert er nicht seine Eigenständigkeit. Das bedeutet, daß sich der alte Mensch geistig zwar weniger mit Einzelheiten beschäftigt, dafür beachtet er jedoch mehr als in früheren Zeiten das Elementare, das wirklich Wichtige. Auch diese Entwicklung läßt sich bei großen alten Denkern nachvollziehen.

Diese positiven Aspekte beschreiben selbstverständlich nicht die Realität aller alten Menschen, wohl aber die realen Möglichkeiten vieler. Voraussetzung dafür ist allerdings die kontinuierliche Weiterbildung der Persönlichkeit, die nicht erst mit Beginn der Rente begonnen werden darf.

Licht im Dunklen?

Was aber ist mit den pathologischen Formen des Alterungsprozesses, wie z. B. mit den chronisch delirösen Psychosen, mit Rückentwicklungs-Paranoia, mit atrophischen, präsenilen und senilen Wahnsinnserscheinungen? Sind nicht gerade solche realen Möglichkeiten des Alters tatsächlich ein Grund, vom Verfall zu sprechen und daher zu fürchten?

Aus der Sicht des Gesunden wahrscheinlich, aus der des Kranken auch? Wieder sehr nachdenklich macht mich Christiane Singers andere Sicht dieser Probleme: »Selbst noch inmitten der bewußtseinsleeren Senilität können wir auf keinen Fall Vermutungen darüber anstellen, was der alte Mensch, der mit ihr geschlagen ist, wirklich erlebt.«[114] Was erlebt er denn?

Zweifellos ist seine Kommunikation mit anderen gestört. Zweifellos erfährt er kaum etwas, vielleicht gar nichts von den möglichen Zuwendungen der Menschen in seiner Nähe. Wahrscheinlich »kommen« sie bei ihm nicht mehr an. Bedeutet das nicht zwangsläufig das Getrenntsein des Kranken auch von sich selbst? Nein! Denn »die unauffällige Rückkehr zum ›normalen‹ Bewußtsein, die man bei manchen sehr alten Menschen beobachten kann, läßt erkennen, daß die langen Phasen, die für sie jede Kommunikation mit ihren Nächsten ausschließen, keinesfalls mit einem ›Nichterleben‹ gleichzusetzen sind.«[115]

Diese Sicht der gestörten alten Menschen ist mehr als ein Hoffnungsschimmer, der auf sie fällt. Sie ist ein Grund, sie als Menschen ernstzunehmen wie in den früheren Zeiten. Sie ist darüber hinaus ein Grund, das Alter weniger fürchten zu müssen.

Der eigene Wert des Alters

Menschliches Leben gleicht den Jahreszeiten: die Jugend dem Frühling, die Mitte dem Sommer, die späteren Jahre dem Herbst, das Alter dem Winter. Diese Zeiten, im Jahr und auch im Leben, sind untrennbar miteinander verbunden, bilden eine Einheit in ihrer Verschiedenartigkeit. Sie gehören zusammen. Jede Zeit hat ihre eigene Art und ihren eigenen Wert. Keine Zeit ist mit einer anderen vergleichbar. Darum ist jede Zeit für sich gleich wertvoll, voll von Leben – wenn wir sie annehmen als Zeit für uns zum Leben. Keine Zeit ist »besser« als die andere. Keine birgt mehr Glück in sich und keine mehr Unglück, weil nicht primär die Zeit, sondern unsere Einstellung zu ihr darüber entscheidet, wer wir sind und wie wir leben.

Der Auf- und Abbau, den es in jedem Lebenslauf gibt, ist keineswegs geradlinig verteilt. Die Entwicklungen greifen ineinander. Leben erneuert und verändert sich auf komplexe Weise. Und jede neue Stufe stellt einen Fortschritt dar, jedenfalls potentiell. Die wichtigste Aufgabe an der Übergangsstelle zum Alter ist diese: die verbliebenen, die veränderten und die neuen Möglichkeiten zu verbinden und ein freies Ja zur neuen Zeit zu finden.

Loslassen

Die Offenheit für die neuen Möglichkeiten der dritten Lebenszeit werden für den Menschen größer sein, der bewußt von der voraufgegangenen Lebensstufe Abschied genommen und sich auf die neue Zeit vorbereitet hat, innerlich und äußerlich.

Bei jedem Übergang von einer Lebensstufe zur anderen ist das Loslassen von größter Wichtigkeit. Es wird von alten Menschen oft gleichzeitig gefordert (Beruf, Familie, Wohnung, Gesundheit), und das kann schwer sein. Viele aber erleben das Loslassen keineswegs nur als bittere Notwendigkeit. Sie entdecken auch die beglückende Fähigkeit, loslassen zu können. Vieles, was sie einmal begehrt haben, ist nicht mehr wichtig. Anderes, was unentbehrlich zu sein schien, erweist sich als längst nicht mehr so bedeutungsvoll wie früher. Sie entdecken, daß sie in dem Maße, in dem sie loslassen können, neue Freiheit gewinnen.

Es gibt Fähigkeiten, die man in jeder Lebensphase braucht, die jedoch besonders in der dritten gelebt werden können, besonders, neben den bereits erwähnten, diese: Im Rückblick auf sein bisheriges Leben erschließen sich dem alten Menschen größere Zusammenhänge. Details und Kleinigkeiten treten zurück. Schwierigkeiten der alten Zeit gewinnen die ihnen angemessene Einordnung. Leid erhält den ihm zustehenden Stellenwert. Weitsicht ist möglich. Gelassenheit nimmt zu.

Sinnvolles Leben trotz Beendigung des Berufslebens

Als Beispiel für die Gefährdungen, die der Wechsel von einer Lebensstufe zur anderen auslöst, und die neuen Möglichkeiten, die er mit sich bringen kann, spreche ich das Ende des Berufslebens an.

Die Möglichkeit, »schöpferische« Werte« (Frankl) zu verwirklichen, ist in der Regel vor allem im Berufsleben gegeben. Welche Bedeutung jedoch der Beruf als Möglichkeit von Sinnerfahrung hat, geht vielen erst auf, wenn sie sich von ihm verabschiedet haben. Dann klagen sie über Initiativlosigkeit, Apathie, Depressivität, Gereiztheit, besonders aber über Mangel an Sinn. Sie fühlen sich wertlos, weil sie, wie sie sagen, keine Werte mehr schaffen. Sie fühlen sich nutzlos, weil sie, wie sie sagen, für die Öffentlichkeit nicht mehr von Nutzen seien, es sei denn, sie konsumierten und bezahlten, was die Jüngeren ihnen an »Produkten« anbieten.

Ihre nicht mehr durch den Beruf gefüllte Zeit erleben sie als innere Unausgefülltheit, als »existenzielles Vakuum« (Frankl). Sie fühlen sich existenziell frustriert. Sie fühlen keine Gründe zum Leben mehr. Solche Gefühle aber können im Lauf der Zeit krankmachen, seelisch und körperlich. Was ist zu tun?

- Sich in aller Klarheit einzugestehen, daß das Berufsleben unwiderruflich vorbei ist, ist der erste, notwendige Schritt. Da ist niemand mehr, der im Geschäft, in der Behörde, am Arbeitsplatz auf die alte Kollegin, den alten Mitarbeiter wartet. Er wird dort nicht mehr gebraucht. Es ist wichtig, eine Weile den Schmerz darüber zuzulassen. Denn solange er sich nicht zeigen darf, gibt er keine Ruhe.
- Eine Rückschau auf das Berufsleben, auf gute ebenso wie auf problematische Abschnitte, kann den Einstieg in die neue Lebensphase bereits erleichtern. Wer auf der Schwelle zur neuen Zeit die alten Bilder noch einmal auf sich wirken läßt, nimmt sie zur Kenntnis und verdrängt sie nicht. Wer sie nicht verdrängt, drängt sie auch nicht in den neuen Lebensabschnitt hinein. Wer noch einmal die alten Bilder anschaut und überblickt, dem ordnen sich die Eindrücke der vergangenen Zeit

und erscheinen ihm in einem gewissen Zusammenhang. Wer sich von seinem Berufsleben bewußt verabschiedet, wird freier für seinen neuen Lebensabschnitt.

- Wichtig ist dieses Thema: Der Wert eines Menschen hängt nur partiell davon ab, was er tut. Der Beruf ist zwar ein wichtiges, keineswegs aber das einzige Lebensgebiet, auf dem Wert- und Sinnerfahrung möglich ist. Wer den Beruf zum Leitwert macht, macht ihn zur Hauptsache in seinem Leben. Zweifellos gibt es Menschen, die sich aus Überzeugung für ein solches Leben entschieden haben. Für die meisten jedoch gilt das nicht. Viele, die ihren Beruf zur alleinigen Hauptsache gemacht haben, fliehen vor der Realisierung anderer Werte, vor der Liebe, der Freiheit – und vor der Weiterbildung ihrer Persönlichkeit.

Jeder Mensch hat seine ganz persönliche Lebensaufgabe, weil jeder eine unverwechselbare Persönlichkeit ist. Der alte Mensch muß sich deshalb fragen, ob er diese Aufgabe in seinem Beruf verwirklichen konnte. Es könnte ja sein, daß sie noch immer darauf wartet, gelebt zu werden. Darüber wäre lange nachzudenken.

Jeder Mensch hat darüber hinaus auch zu verschiedenen Zeiten persönliche Aufgaben, und es ist gut, sie zu kennen.

Dazu ein Beispiel aus der Praxis:

Vor längerer Zeit suchte mich eine alte Dame auf. Sie kam aus einem psychiatrischen Krankenhaus, in dem sie wegen einer schweren Depression behandelt worden war. Eingesetzt hatten die Störungen wenige Wochen nach dem Auszug aus einem großen Haus, in dem sie gemeinsam mit ihrem Mann für viele Menschen wichtig gewesen war. Nach der Pensionierung hatten sich beide eine kleine Wohnung in einer anderen Stadt gesucht. Nachdem sie sie eingerichtet hatten, begann die Depression. Nach einigen Gesprächen konnten wir uns verabschieden. Was hatte ihr geholfen?

Vor allem ein Gedanke: Ich sagte ihr, in der Zeit ihres langen und wichtigen Arbeitslebens habe sie bewiesen, daß sie anderen hervorragend habe helfen können. Vielleicht bestehe ihre Lebensaufgabe jetzt darin, auch ohne diese honorige Tätigkeit dem Dasein gute Seiten abzugewinnen. Die kommende Aufgabe sei jedoch zweifellos schwieriger zu bewältigen als die vergangene.

Sie verstand, was ich ihr sagen wollte. Ihr Zustand veränderte sich rasch. Als ich ihr später, nach dem Tod ihres Mannes, zufällig noch einmal begegnete, ging es ihr trotz ihres Schmerzes über den Tod des Gatten relativ gut.

Das Ausscheiden aus dem Beruf kann Möglichkeiten eröffnen, die bislang nicht gelebt wurden. Die eine wäre, die Erfahrungen eines langen Berufslebens anderen zukommen zu lassen, Institutionen zum Beispiel, Gesellschaften, Vereinen. Glücklicherweise spricht sich allmählich herum, daß diese Erfahrungen gar nicht hoch genug einzuschätzen sind. Wichtiger erscheint mir die Beschäftigung mit dem »ungelebten Leben«. Seitdem ich dieses Wort gehört habe – Viktor von Weizsäcker hat es geprägt –, läßt es mich nicht mehr los. Es beunruhigt mich. Es läßt mich hoffen. Es macht mich melancholisch. Es fordert meine gute Sehnsucht heraus. Vor allem macht es mich wach und fordert mich dazu heraus, konkret nach meinem ungelebten Leben zu fragen. Diese herausfordernde Frage wünsche ich jedem, der sich von seinem Berufsleben zu verabschieden hat.

Und die Antwort? Wie findet man sie?

Der wird sie finden, der sich genügend Zeit nimmt, nach den alten verharschten Wünschen zu fragen, denn Wünsche können Lotsen zum Sinn sein. Wer sie gefunden hat, wird den einen oder anderen Wunsch leben können, sofern die Ideen, die ihm kommen, nicht utopisch sind.

Auch unsere nimmermüden Träume spielen uns, oft über viele Jahre, Bilder ungelebten Lebens vor – in der

Hoffnung, daß wir endlich begreifen möchten, wonach unsere Seele in Wirklichkeit verlangt.

Mit der Zeit gehen

In einem Interview über »Die Kunst des Lebens« gab der 85-jährige C. G. Jung auf die Frage, wie ältere Menschen am besten das Leben bestehen könnten, u. a. zwei wichtige Antworten:

1. Erstens: Wenn außer den gewohnten Dingen nichts Neues mehr vor einem liege, könne sich das Leben nicht mehr erneuern. Es werde schal, gefriere und erstarre wie Frau Lot, die ihren Blick nicht von den althergebrachten Werten habe abwenden können. Doch ganz unspektakuläre Phantasien könnten in sich den Keim von wirklich neuen Möglichkeiten oder neuen Zielen tragen, die es zu erreichen lohne. Es gebe immer Dinge, die vor uns lägen. Daher könne man alten Menschen den Rat geben, mit der Zeit zu gehen und zu begreifen, daß die Zeit ihnen alle Neuheiten bringe, derer sie bedürften.

2. Zweitens sei eine immer tiefer werdende Selbsterkenntnis wohl unerläßlich für die Weiterführung eines wirklich sinnvollen Lebens im Alter. Denn in der Selbsterkenntnis werde einem alles das aufgedeckt, was man sei, wozu man bestimmt sei, und alles, wovon und wofür man lebe.[116]

Zwar ist es wichtig, die Zeit nach dem Ausscheiden aus dem Berufsleben nicht aktionistisch »füllen« zu wollen, denn das entspräche nicht dem »wohlverdienten Ruhestand«. Doch ist es empfehlenswert, nicht nur den Körper, sondern auch den Geist in Schwung zu halten. Denn, so A. und C. Lazarus, wenn ein Mensch Neues lerne, veränderten die Nervenenden der Hirnzellen ihre Eigenschaften, so daß die Impulsübertragung gesteigert werde. Es gebe eindeutige Hinweise darauf, daß das Gehirn in seiner Funktion äußerst wandlungsfähig sei und wir deshalb – das gelte auch noch für den alten Menschen – über eine ungeheure Lernfähigkeit (Neuroplastizität) verfügten. Manches weise sogar darauf hin, daß bei Menschen, die bis ins hohe Alter geistig aktiv blieben, Gedächtnisstörungen wie die Alzheimersche Krankheit seltener aufträten.

Als Möglichkeiten, sich geistig zu betätigen, nennen die Autoren die Beschäftigung mit einer neuen Sprache, das Anreichern des Wortschatzes, Denkspiele unterschiedlichster Art, plastisches Arbeiten, Bildhauerei, Malerei.[117]

Jede Gegenwart birgt Sinn in sich

Darf ich noch einmal an den bereits zitierten Buber-Satz erinnern?

»Es gibt etwas, was man an einem einzigen Ort in der Welt finden kann. Es ist ein großer Schatz, man kann ihn die Erfüllung unseres Daseins nennen. Und der Ort, an dem dieser Schatz zu finden ist, ist der Ort, wo man steht.« Das, was mir heute begegnet, was mir heute vom Schicksal zugeteilt wird, was mich heute zum Leben herausfordert, ist die Gelegenheit, mein Dasein zu bereichern – hier an diesem Ort, jetzt in dieser Zeit. Das gilt auch für das Alter.

Was soll man dann tun?

Das, was sich hier und heute an Leben zeigt, anzunehmen und davor nicht auszuweichen.

Und wenn man keine Kraft mehr dazu hat?

Dann gilt, im Rahmen des Möglichen zu tun, was zu tun möglich ist.

Wie setzt man den Satz um?

Es kommt darauf an, zu begreifen, daß er ein leidenschaftliches Plädoyer für das Suchen nach Freiräumen innerhalb bestimmter Grenzen ist.

Hilfreiche Vorstellungen

- Stellen Sie sich vor, Sie müßten auf die dritte Jahreszeit Ihres Lebens verzichten ...
- Stellen Sie sich vor, Sie hätten Zeit, viel Zeit und könnten endlich all die Dinge tun, die Sie schon immer hatten tun wollen ...
- Stellen Sie sich vor, der Leistungsdruck wäre weg ... Sie müßten sich selbst und anderen nichts mehr beweisen ... Sie bräuchten sich selbst nicht mehr so wichtig zu nehmen ...
- Stellen Sie sich vor, Sie entdeckten neue Wünsche, neue Interessen, neue Themen ...
- Stellen Sie sich vor, Sie würden manche Aufgabe, wozu Sie früher vor allem Kraft brauchten, fortan mit Ihrer Erfahrung lösen ...
- Stellen Sie sich vor, Sie entwickelten mehr noch als bisher die Gabe des Zuhörens ...
- Stellen Sie sich vor, Sie entwickelten mehr noch als bisher Humor ...
- Stellen Sie sich vor, Sie lernten mehr noch als bisher das Leben zu bejahen: Ihre faltige Haut, Ihren nicht mehr ganz so eleganten Gang, die Angehörigen, die Pfleger, die Ärzte, die neue Wohnung, die Kulturangebote Ihres Wohngebietes, die jeweilige Jahreszeit. Stellen Sie sich vor, Sie gehörten zu jenen »Alten«, die durch ihr Leben beweisen, daß der Winter des Lebens unverzichtbar ist. Bejahung des Lebens, das ist Liebe zum Leben. Liebe zum Leben, das ist die Hauptsache im Leben. Und diese Hauptsache bleibt eine Möglichkeit, die erst im Tode endet.

Der gereifte Mensch

In jedem von uns lebt nicht nur ein ursprüngliches Bild, sondern auch eines des gereiften Menschen. Es zeigt sich in Wertimaginationen als Symbol für das, was wir in Freiheit aus unseren Genen, unserer Lebensgeschichte, unserer Umgebung und unserer Zeit herausgelebt haben oder noch herausleben könnten.

Ein Beispiel:

»Auf meiner inneren Wanderung gelange ich (eine Frau in mittleren Jahren) zu einem herrschaftlichen Gebäude. Ich schreite die Treppe hoch in das Obergeschoß. Dort betrete ich einen großen Saal. In der Mitte des Saales sitzt aufrecht, jedoch mit dem Rücken zu mir, eine alte Frau mit weißen Haaren. Der Saal hat auf der rechten Seite keine Außenwand. Ich stelle mich hinter die Frau. Sie blickt nach draußen. Ich sehe in dieselbe Richtung. Dort ist Nacht. Ein dunkler, sehr intensiver Sternenhimmel wölbt sich über der Erde. Wie eine Spiegelung des nächtlichen Himmels sieht man auf der Erde viele Häuser mit Lichtern. Als wir beide eine Zeitlang hinausgesehen haben, zeigt sich hinter den Häusern am Horizont ein prachtvolles Feuerwerk. Nachdem es erloschen ist, wenden wir uns einander zu.

Ich stehe der alten Dame gegenüber und erkenne mit Staunen in ihrem Gesicht mein eigenes. Unsere Blicke suchen sich. Es geht viel Wärme, Verstehen, Offenheit, Weite und Güte von ihr aus. Als ich sie so wahrnehme, zeigt sich ihr Herz (ganz plastisch) an der »richtigen« Stelle. Ich schaue in die Mitte dieses Herzens, und es zeigt sich ein kleiner Diamant. Er »tropft« aus dem Herzen »heraus« und fällt in ihren Schoß. Auf einmal tropft es nur so von Diamanten, und alle sammeln sich in ihrem Schoß.

Kurz darauf geht die Tür des Saales auf, und es kommt ein Strom von Menschen aller Altersgruppen herein. Sie gehen an der alten Dame vorbei. Jedem legt sie einen Diamanten in die Hand. Danach verlassen die Menschen den Saal durch eine andere Tür.

Als der Menschenstrom aufhört, wenden wir uns wieder einander zu. Die alte Frau lächelt und sagt: »Du mußt die Menschen lieben, wenn du sie ändern willst.« Dann blicken wir beide wieder nach draußen. Am Horizont zeigt sich die Morgenröte. Danach geht die Sonne prachtvoll auf.

Ich bin tief erschüttert über dieses gewaltige Ereignis, und in mir erwacht eine Ahnung vom Übergang aus der Zeit in die Ewigkeit.«

Bedenken, daß wir sterben müssen

Nachdenklich wurde ich kürzlich, als ich in einer Wertimagination einen religiös wenig interessierten Mann den Satz sagen hörte: »Es gibt Tote, aber nicht den Tod.«

Obwohl wir vielfach hören, der Tod gehöre zum Leben, so ist er doch für viele nur der schwarze Vater ihrer Angst. Deren tatsächliche Wurzeln liegen jedoch im Leben. Denn wer sein Leben nicht ausgelebt hat, wird den Tod nicht akzeptieren. Für andere ist der Tod, trotz seiner dunklen Fremdheit, das letzte Neue, das ein Mensch erfährt – und darum auch die letzte neue Hoffnung. Wenn nun der Tod trotz seiner dunklen Fremdheit wirklich nichts anderes wäre als das letzte Neue, das der Mensch erfährt – und darum gar die letzte *neue Hoffnung?*

Denkbar wäre dieser Gedanke allerdings nur dann, wenn unser Dasein von einem übergreifenden Sein umspannt wäre und es als lebensbejahend gedacht und gefühlt werden könnte. Doch auch dieser Gedanke würde uns nur dann Hoffnung machen, wenn dieses Sein mehr wäre als ein bläßliches metaphysisches Prinzip. »Es steht«, sagt Bonhoeffer, »eine Macht hinter unserem Leben und unserem Sterben. ... Für uns Menschen sind die Unterschiede zwischen Tod und Leben ungeheuer – für Gott fallen sie in eins zusammen. Für Gott ist der Mensch nicht mehr und nicht weniger, nicht ferner und nicht näher, ob er lebt oder stirbt...«[118] Und wenn das so wäre, käme es wieder darauf an, ob dieser Gott ein Gott der Liebe oder der Zerstörung wäre. Letzteres glaube ich nicht.

Eines ist sicher: Wer an das Leben denkt und nicht *auch* an den Tod – , wer an den Tod denkt und nicht *auch* an das Leben, kennt beide nicht und kommt mit beiden nicht zurecht. Deshalb ist es wichtig, so weit wie möglich sich aufs Leben einzulassen und die Gedanken an den Tod zuzulassen. Die Zeit aber des Lebens kann man so füllen, daß auch die Zeit vor dem Tod nicht angstvoll sein muß. Dazu einige Anregungen:

- Lernen, immer mehr in der Zeit zu leben und mit den Grenzen der Stunden, Tage und Jahre vertraut zu werden,
- nicht einseitig leben und dem, was notwendig oder schön ist, sein Recht zu geben: z. B. der Arbeit und dem Schlaf, dem Spiel und dem Nachdenken, dem Warten und dem Sich-Freuen, dem Lachen und dem Weinen,
- versuchen, bekannte »Fehler«, die schon so manches Mal das Leben beschwert haben, nicht ständig zu wiederholen,
- sich darum bemühen, mit seinem inneren Grundproblem, z. B. der Antriebsschwäche, der Angst oder der Überheblichkeit, immer souveräner umgehen zu lernen,
- so viel wie möglich sich und anderen verzeihen,
- sich immer weniger wichtig nehmen und sich mit anderen immer weniger vergleichen,
- so weit wie möglich die Sorge »entsorgen« und darauf vertrauen, daß das Leben immer mehr ist als die Probleme, die es mit sich bringt,
- nach dem Wesentlichen und Wichtigen Ausschau zu halten,
- das Schwierige nicht übersehen, den Blick jedoch vor allem auf das richten, was das Leben liebenswert macht.

Anhang:
Brief an einen süchtigen Freund

Einführende Gedanken

Während ich den »Brief an einen süchtigen Freund« schrieb, habe ich so manches Mal an ein längeres Praktikum während meines Studiums in einer Klinik für alkoholkranke Menschen gedacht. Das Besondere an diesem Aufenthalt war, daß ich nicht Alkoholiker kennen lernte, sondern Menschen, die an Alkoholismus erkrankt waren. In den vielen persönlichen Gesprächen, die mir jene Männer erlaubten, erfuhr ich nicht nur tiefe Not, sondern auch viel Menschlichkeit. Die Erfahrungen von damals – sie haben mein berufliches Leben sehr geprägt.

Die Sucht hat viele Gesichter, aber nur ein Wesen. Daher glaube ich, daß die folgenden Seiten für jede Suchtproblematik Geltung haben.

Den Brief habe ich nicht nur für Betroffene geschrieben, sondern auch für deren Angehörige und all jene, denen das Massenphänomen Sucht nicht gleichgültig ist. Selbstverständlich ersetzt er keine Therapie. Ich habe jedoch die Hoffnung, daß er für den einen oder anderen Menschen zum Anlaß wird, sich helfen zu lassen. Ausdrücklich möchte ich noch darauf hinweisen, daß Suchttherapie ausschließlich von Therapeuten wahrgenommen werden darf.

Lieber Freund,
ich komme heute zu dir mit einem langen Brief. Auf die Idee, ihn zu schreiben, kam ich, als wir uns das letzte Mal sahen. Es ging dir gar nicht gut, und das sagtest du

auch. Ich empfand, daß wir keine Nähe zueinander finden konnten. Du warst zwar freundlich wie immer, trotzdem war mir, als lebten wir in ganz verschiedenen Welten.

Nur einmal – du warst aufgestanden, um irgend etwas zu holen – sahst du mich längere Zeit an. Da sah ich dich. Da warst du *bei dir* und auch bei mir. Da schien es, als wolltest du mir etwas Bestimmtes sagen. Doch dein Blick zog sich wieder in die Dunkelheit zurück. Wie gern wäre ich mit dir ins Gespräch gekommen!

Warum ich nichts gesagt habe? Ich habe darauf gewartet, daß du das erste Wort sagtest. Es geht ja um *dein* Leben, das nicht so ist, wie du es willst. Deshalb habe ich darauf gewartet, daß du beginnst.

Auf dem Heimweg wechselten Bilder von dir vor meinen inneren Augen. Mal sah ich dich so, wie ich dich vor Stunden verlassen hatte. Mal kamen mir Bilder aus der Anfangszeit unserer Freundschaft: strahlende, ernste, übermütige, liebevolle Gesichter, dann solche aus späterer Zeit: sorgenvolle, verzweifelte, müde oder abgestumpfte. Doch welches Bild ich auch sah: meine freundschaftlichen Gefühle für Dich blieben auch dann, wenn ich eins aus den letzten Wochen sah.

Warum diese Gefühle? Ich kann es dir nicht genau sagen. Wahrscheinlich hat es damit zu tun, daß ich das irgendwann begriffen habe: Das, was ein Mensch sagt und was er von sich zeigt, ist immer nur ein Ausdruck der jeweiligen Situation oder der Zeit, in der er sich befindet. Nur selten, wenn überhaupt, zeigt er sich ganz. Und wenn er krank ist, dann ist auch das, was sich auf seinem Gesicht zeigt, nur *ein* Aspekt aus der Fülle dessen, was in ihm vorgeht oder was er im Grunde ist. Auch Du bist für mich jetzt kein anderer als der, den ich als Freund kennen lernte. Du hast dich in deinem Verhalten verändert, nicht aber in deinem Wesen. Dein Wesen ist zwar seit längerem durch die Sucht verdeckt, vielleicht sogar verschüttet, und doch bist du derselbe, der du immer warst.

Aber, das weißt du selbst – deine Sucht behindert dich, so zu sein und zu leben, wie du im Grunde bist. Sie behindert dich in deinem Denken, Fühlen und Handeln. Sie behindert dich in deiner Weiterentwicklung, und mehr noch: Sie nimmt dir große Teile deines gewonnenen »inneren Landes« wieder weg. Und das tut mir weh! Dagegen rebelliert »es« in mir. Das bringt mich in Verzweiflung. Das ist für mich, den Freund, manchmal kaum auszuhalten.

Sitzen wir dann beieinander, möchte ich dir meinen Protest gegen die Sucht entgegenschreien. Doch kein Wort kommt mir über die Zunge. Das wäre vielleicht auch falsch. Das würde wahrscheinlich nichts bewirken. Das würde dich wohl noch mehr verschließen. Denn solange du den Protest nur hörst, nicht aber verstehst, was in Wirklichkeit in dir vorgeht und mit dir geschieht, wirst du nichts tun, um zu ändern, was zu ändern ist.

Der Brief wird, vermute ich, sehr lang werden, wohl deshalb, weil ich nichts Wichtiges von dem, was mir durch den Sinn geht, auslassen möchte. Er wird auch an einigen Stellen leidenschaftlich sein, weil das, was ich an dir sehe, mir (und vor allem dir!) viel Leiden schafft. Ich will dir nicht »akademisch« schreiben, denn nichts bewegt Menschen weniger als Reden, die nur der Kopf hält. Stör dich nicht daran, daß die Abschnitte Überschriften haben wie in einem Buch. Ich brauche Klarheit, wenn ich mir Zusammenhänge bewußt mache, und Klarheit brauchst auch du.

Wozu dieser Brief überhaupt? Ich möchte dir behilflich sein, daß du dich in deiner Sucht tiefer verstehst. Ich möchte dich locken, dich wieder zu fragen, wer du in Wirklichkeit bist, was dir fehlt, was du brauchst und was du willst. Leg ihn nicht gleich beiseite. Lies ihn durch. Halt manchmal an und laß den einen oder anderen Satz auf dich wirken. Laß dir auch mal ein Bild von mir kommen, wenn ich so mit dir rede. Und denk daran, daß ich dein Freund bleibe, was immer auch geschieht.

Du bist mehr als dein Problem

Was kann das heißen?

Kein Mensch ist nur gesund, und keiner ist nur krank. Keiner ist nur gebunden, und keiner ist nur frei. Keiner ist nur ein Engel und keiner nur ein Teufel. Denn die Seele jedes Menschen ist weit wie das Meer. Sie nimmt vieles auf, was nicht zu ihr gehört, und ist doch weit genug, um sich von dem, was an Fremdem in sie einfließt, nicht gänzlich ausfüllen zu lassen.

Darum bleibt auch in dem, der süchtig ist, vieles lebendig, was menschlich ist: das Bangen und *auch* das Hoffen, die Scham und *auch* der Stolz, die Schwermut und *auch* das Aufbegehren, die Verzweiflung und *auch* die Sehnsucht nach einem anderen Leben – und vieles andere mehr. Sicher, die »positiven« Gefühlskräfte können tief verdeckt und verborgen sein, auflösen werden sie sich nie! Jeder Mensch ist mehr als sein Problem. Das sagen auch die Träume, die lebendigen Zeugen der inneren Welt, die nicht moralistisch sind und nur eines wollen: dich und mich herauslocken zu dem uns entsprechenden Leben.

Die Sucht und ihre Faszination

Du weißt: Die Sucht hat viele Gesichter, aber nur ein Wesen. Es gibt kaum etwas, wonach wir nicht süchtig werden könnten, doch sind die Quellen die gleichen.

Man kann von Drogen, Alkohol und Nikotin abhängig sein, von Glücksautomaten, vom Essen und vom Fernsehen. Man kann nach einem Menschen süchtig sein, nach Arbeit und Erfolg. Man kann nach allem süchtig sein, was beruhigt und fasziniert, was Schweres überdeckt und Leichtes zugänglich macht, was Gefühle verändert und scheinbar vertieft, was Gewinn zu versprechen scheint, Mißgefühle überspielt, Kraft suggeriert, Glück oder Erfolg verspricht.

Alles, was uns anreizt, den bisherigen Stimmungszustand nachdrücklich zu verändern, alles, was uns Gewinn von Leben zu versprechen scheint, kann zur Sucht werden. Und süchtig ist ein Mensch, der einem zwanghaften Drang nach einem Suchtmittel oder einem bestimmten Verhalten folgt, dem er, wie es scheint, nicht widerstehen kann und das sein gesamtes Leben wesentlich dominiert.

Suchtmittel ziehen an, sind oft lange Zeit attraktiv, sind wie Magneten. Wer sich auf sie einläßt, braucht sich nicht selbst anzutreiben, wird mit Macht gezogen. In einer Zeit, in der viel von Antriebsarmut die Rede ist, haben sie deshalb Hochkonjunktur. Suchtmittel verändern in der Tat – zunächst einmal – die menschliche Seele, weil sie dem tiefen Wunsch des Menschen entgegenkommen, *anders* sein und anders werden zu können. Der Preis jedoch für solche Veränderungen ist hoch, viel zu hoch. Er entspricht auch nicht dem, was der Mensch *eigentlich* ist: ein Wesen, das seinen Wunsch nach Veränderung selbst verwirklichen könnte.

Du weißt selbst, daß deine Sucht dich ruinieren kann. Das muß ich dir nicht sagen. Du weißt auch, daß du vor der Einsicht ausweichst, Körper, Seele und Geist könnten einmal – viel mehr noch als jetzt – nur noch ein Schatten ihrer Möglichkeiten sein. Und deshalb frage ich dich:

Ist der Gewinn, den du von deinem Zaubermittel hast, so groß, daß du seinen Verlust mehr fürchtest als die Schatten der Angst? So faszinierend ist für dich, woran du hängst? So wichtig und so wesentlich?

Wenn das so ist:

Was macht denn das, woran du hängst, so unverzichtbar für dich?

Du bist weniger gehemmt, weniger geängstigt?

Du fühlst dich freier, souveräner?

Dich treibt der Rausch in bunte Höhen?

Du fühlst dich endlich ausgefüllt?

Du fühlst dich ganz bei dir?

Nenn beim Namen, was dich so tief empfinden läßt, du
könntest ohne das, wonach dich verlangt, nicht sein,
schon gar nicht leben.

Das Sinnlosigkeitsgefühl als Grund der Sucht

Wie kommt es nur zu diesem starken Abhängigkeitsge-
fühl? Warum nur machen Menschen das mit sich? Laß
mich das so deutlich wie möglich sagen:

Süchtige Menschen haben kein Vertrauen, weder zu
sich noch zum Leben. Deshalb haben sie Angst. Weil sie
Angst haben, fühlen sie sich nicht frei. Weil sie sich nicht
frei fühlen, haben sie größte Mühe, Sinn im Leben zu finden. Weil aber der Wunsch nach Sinn der stärkste unter
allen Wünschen ist und der Sinn selbst das Wichtigste,
was wir im Leben brauchen, entwickelt sich in denen, die
daran Mangel verspüren, eine starke Sehnsucht. Und deshalb greifen sie nach dem, was ihnen ein Sinngefühl zu
versprechen scheint, was es auch sei und wie es damit
auch ende.

Im Grunde sind süchtige Menschen Liebhaber des Lebens, Liebhaber jedoch, die Leben zerstören. Sie sind
Sehnsüchtige nach Sinn, Sehnsüchtige jedoch, die Unsinn
leben. Und das deshalb, weil sie ihr Suchtmittel zur
Hauptsache in ihrem Leben machen.

Stimmst du mir zu?

Die Sucht als Hauptsache

Hast du dich schon einmal eingedacht und eingefühlt, dir vorgestellt und vergegenwärtigt, daß dein Suchtmittel die Hauptsache in deinem Leben geworden ist? Ob du spürst, daß fast alles in dir um das Eine, um diese eine Hauptsache kreist, um das, wovon du abhängig bist?

Nicht um dich kreist du, nicht um dich selbst – damit meine ich dein Wesen und das, was es zu seiner Entfaltung braucht –, sondern um das, was deine Sehnsucht nach Leben nur noch verstärkt.

Was die Hauptsache ist?

Die Hauptsache in unserem Leben ist das,
* was uns am meisten angeht,
* was uns am meisten bestimmt,
* was uns am meisten bewegt,
* wofür wir uns am meisten interessieren,
* worum wir uns am meisten bemühen,
* worum am meisten unsere Gedanken, Empfindungen, Gefühle und Handlungen kreisen,
* wonach wir am meisten streben,
* wofür wir alles andere vernachlässigen,
* wofür wir die größten Opfer bringen,
* woran wir vor allem unser Herz hängen,
* was wir am meisten lieben – und manchmal auch am meisten hassen, wenn diese Hauptsache zu unserem Hauptfeind geworden ist.

Ob du die Hauptsache lebst, die du leben willst? Ob du hauptsächlich lebst, was du gar nicht leben willst?

Wie merkwürdig sind wir Menschen doch, daß wir manchmal auf Freiheit verzichten und also auf Sinn und Glück und lieber den großen schwarzen Vögeln folgen, wohl ahnend, wohin sie uns locken.

Der schwere Abschied von der Sucht

Du weißt besser als ich, mein Freund, wie schwer es ist, sich von dem Suchtmittel, das zur Hauptsache geworden ist, zu trennen, selbst dann, wenn es Verderben und Tod bringen kann. Und warum ist das schwer? Was sagst du?

Ist es deshalb so schwer,
- weil du dich allzusehr daran gewöhnt hast,
- weil du Gewinn hast trotz der Not, die dich bedrängt,
- weil du dir ein Leben ohne dieses Eine immer weniger vorstellen kannst,
- weil dir im Lauf der Zeit die Frage nach einer anderen Hauptsache immer mehr entschwunden ist,
- weil dir die Hoffnung auf ein erfülltes Leben immer mehr schwindet,
- vielleicht auch, weil nicht wenige Menschen deiner Umgebung dich abgestempelt, abgeurteilt, abgelehnt und abgeschrieben haben?

Was es auch sei – nimm dir Zeit, herauszufinden, was dir die Verabschiedung von deiner Hauptsache so problematisch macht. Alkohol, Drogen, Tabak, Glücksspiele, Karriere, Sex usw. als Hauptsache, als Mitte dieses einen Lebens, das wir haben? Wie um alles in der Welt kommen Menschen nur dazu, das zu wollen?

»Innerer Gegenspieler« und »Innerer Verbündeter«

Als wir uns das letzte Mal trafen, sagtest du, ich meinte es zwar gut mit dir, verstehen jedoch, wie schwer es sei, von der Sucht loszukommen, könnte ich wohl kaum. Doch da bin ich mir nicht so sicher.

Du weißt, daß ich die »Wertimagination« entwickelt habe. Darüber möchte ich dir jetzt einiges sagen. Denn ich glaube, daß, wenn du diesen Abschnitt gelesen hast, du dich vor allem selbst besser verstehen wirst.

Also:

In vielen Märchen ist die Rede vom Prinzen, der sich auf den Weg macht, um in einem fernen Schloß seine Prinzessin, d. h. sein Glück, seinen Schatz, seinen Sinn, sein Leben zu finden. In diesen Märchen ist sowohl von zerstörerischen als auch von hilfreichen Wegbegleitern die Rede. Es liegt an ihm, dem Prinzen, welchen Wegbegleitern er sein Vertrauen schenkt und auf welche er sich einläßt. Zum Ziel gelangt er, wenn er die zerstörerischen Gestalten erkennt und prüft, sich jedoch nicht auf sie einläßt, sondern die hilfreichen erkennt, prüft und sich ihnen anvertraut.

Märchen sind alles andere als bloße Phantasiegebilde. Sie sind vielmehr Spiegelungen der inneren Welt, des Unbewußten. Sie spiegeln in erstaunlicher Deutlichkeit wider, was in der Seele geschieht.

Und was geschieht da?

Die Seele lebt im Spannungsfeld der Polaritäten, im Spannungsfeld zwischen den *zerstörerischen* und den *aufbauenden* Gefühlskräften. Die zerstörerischen haben Namen wie Aggression, Hochmut, Verlogenheit, Melancholie, Sinnlosigkeit, Angst, Maßlosigkeit, Machtlust, Seinsfaulheit. Auch die aufbauenden – ich nenne sie die spezifisch menschlichen Werte – haben Namen: Geduld, Liebe, Tatkraft, Echtheit, Weisheit, Mut, Heiterkeit, Güte, Verantwortung.

Das, was uns die Märchen sagen, wird durch die Wertimaginationen eindrucksvoll bestätigt. Sie sind (begleitete) »Wanderungen« zu bestimmten Zielen der inneren Welt, in der ein Mensch sowohl die zerstörerischen als auch die aufbauenden Kräfte bewußt erlebt, sich mit ihnen auseinandersetzt bzw. sie sich aneignet.

Die Wertimagination ist einem herbeigerufenen Traum vergleichbar. Anders als im Traum wird jedoch das Bewußtsein nicht ausgeblendet. Der Imaginand erlebt die inneren Bilder nicht nur, er nimmt auch selbst auf sie Einfluß und damit Einfluß auf seine Gefühle und Gefühlskräfte, z. B. auf den Mut, die Freiheit, die Liebe – oder die Angst, die Aggression oder die Verzweiflung.[119] Vor jeder Imagination verabrede ich mit meinem Gesprächspartner ein Ziel, an dem er seine Problematik erkennen und Lösungen erfahren kann.

Die zerstörerischen Kräfte zeigen sich am deutlichsten in der Gestalt des *Inneren Gegenspielers*. Er ist die Personifizierung des negativen Pols im Menschen und vereint in sich alle glücks- und sinnverweigernden Kräfte. Alle wichtigen seelischen Gefühlskräfte haben die Tendenz, sich in Gestalten zu zeigen.

Ebenso deutlich jedoch zeigt sich der *Innere Verbündete*, die Personifizierung des positiven Pols, also der lebensbejahenden Kräfte.

Läßt sich nun ein Imaginand auf die innere Welt ein, dann erlebt er in der Begegnung mit dem Inneren Gegenspieler – wahrscheinlich wie nie zuvor in seinem Leben –, was ihn tatsächlich davon abhält, so zu leben, wie er es im Grunde möchte. Ebenso begreift er, was der Innere Verbündete mit all seinen beglückenden und wertvollen Aspekten im Grunde uns wünscht: nämlich die volle Bejahung des Lebens.

Innerer Gegenspieler und Innerer Verbündeter – das sind die Großmächte der Seele. Sie symbolisieren Zerstörung und Liebe, Lebensverneinung und Lebensbejahung. Beide sind Gegebenheiten des Menschen, beide gehören zu ihm, beide können sein Leben bestimmen. Welche Großmacht jedoch ein Leben vor allem bestimmt, hängt davon ab, womit sich die Person – das Freie im Menschen, das mündige Ich – verbindet. Daher »schlagen« eigentlich nicht zwei, sondern drei Seelen in unserer »Brust«.

Nun wird es spannend. Denn ich möchte dir zeigen, wie der Innere Gegenspieler agiert. Dazu habe ich dir konkrete Erfahrungen aus Imaginationen herausgesucht, die ziemlich gut wiedergeben, womit wir es im Grunde zu tun haben, wenn wir mit dem Leben nicht mehr fertig werden. Die folgenden Aussagen geben nur einen schmalen, jedoch typischen Ausschnitt der Erfahrungen verschiedenster Menschen wider. Danach aber – und auf den Teil freue ich mich besonders – will ich dir vom Verbündeten erzählen und dem, was er dir und uns allen anzubieten hat.

Zunächst zum Inneren Gegenspieler: wie er auf den »Wanderer« der inneren Welt wirkt, was er ihm sagt und aus welchem seelischen »Land« er stammt.

Die Gestalt des Inneren Gegenspielers und seine Ausstrahlung (Beispiele):

Er zeigt sich oft als eine riesige, furchterregende, häßliche Gestalt, als eine Mischung aus Mensch und Urtier, der gegenüber sich der Imaginand klein, winzig und zunächst völlig ohnmächtig empfindet. Von ihm geht große Schwere aus. Sein Lachen, das grausam und teuflisch ist, hallt von allen Seiten wider. Oft grinst er höhnisch und prahlt: »Du siehst, welche Künste und Mächte ich habe!« Sein Machtanspruch ist ungeheuerlich. Er wirkt kalt, verächtlich, zynisch, sadistisch, diktatorisch, brutal, hämisch, erpresserisch, gemein, vor allem unbesiegbar. Er versperrt alle Wege. Manchmal zeigt er sich auch als wutentbranntes »Rumpelstilzchen« oder als Giftzwerg.

Ein konkretes Beispiel:

Der Giftzwerg will den Lebensbaum eines Imaginanden vergiften. Andere Zwerge, die ihm dabei helfen, müssen selbst Schutzmasken tragen, um nicht vom Gift getötet zu werden. Die Zwerge gleichen Piranhas, die alles zerstören. Sie versprühen unsichtbare Bakterien, so daß sich die Wurzeln des Lebensbaumes zusammenziehen. Die Zwerge scheinen sich immer neue Gemeinheiten auszudenken. Bald scheint es, als verkalkten die Adern des Baumes, als werde der Blutkreislauf zersetzt. Der Baum verliert seine Farbe; häßliche Töne ziehen bis in die Blätter hoch. Die Giftzwerge freuen sich über jeden Teilerfolg. Der Imaginand mag seinen eigenen Lebensbaum nicht mehr berühren.

Möglich ist aber auch, daß sich der Gegenspieler nicht brutal, sondern verführerisch oder vernünftig gibt. Er kann auf allen Instrumenten spielen, doch hat er immer nur das eine Ziel: den Menschen dorthin zu führen, wohin dieser selbst überhaupt nicht will.

Was der Innere Gegenspieler dem Imaginanden sagt (Beispiele):

Immer wieder zieht er sämtliche Register möglicher Beschimpfungen, Verunglimpfungen, Forderungen und Behauptungen: Du bist nichts wert. -Du bist nicht richtig. – Du bist ein Nichts. – Deine Vorfahren waren wie du, und du wirst ihr Schicksal teilen. – Du bist so kümmerlich. – Du willst bloß nicht. – Du mußt. Du mußt. Du mußt. – Glaub ja nicht, daß du davonkommst. – Du bist schuld. Sieh hier, das Gesetz! – Du kannst ja Leid nicht ertragen. Ich werde dich am Leiden wundscheuern. – Leben bejahst du nur, wenn es gut geht; wird es schwer, bist du feige. – Das Leben will dich nicht. – Ich zerschlage alles und auch dich. – Ich bin der Herrscher – und du entgehst mir nie!

Wie das (seelische) Land des Gegenspielers aussieht (Beispiele):

Das Land wirkt dunkel, neblig, öde, kahl. Unter dem Land lebt die Angst. Oder: Das Land ist rechteckig, gerade, lieblos, überall liegen Akten, Gesetzesbücher und Abbildungen von Gesetzestafeln. Es scheint, als gebe es für alles ein Richtig oder Falsch. Hier hat man nie ausprobiert, was krumm und doch lebendig ist. Oder: Immer wieder wird ein Gerichtssaal sichtbar; den Vorsitz des

Gerichts hat der »Großinquisitor«, dessen Hauptsatz lautet: »Wer anders denkt, sei verflucht. Das dient dem Schutz der Lehre.« Oder: Nirgendwo sind Pflanzen, Bäume, überall nur stehendes Wasser. Nichts wächst mehr. Oder: Das Land ist überzogen von verzehrendem Feuer, ist manchmal auch eine einzige Lava-Höhle. Oder: Das Land ist eine geröllige Gebirgslandschaft, die von mächtigen Gewittern heimgesucht wird, die ein gewaltiges Echo auslösen. Oder: Das Land wird von Orkanen, Erdbeben und Überschwemmungen gebeutelt. Oder: Das Land wird von Folterkammern und Scheiterhaufen bestimmt. Das Land des Gegenspielers ist ein Land der Sinnlosigkeit und des Todes.

Ob du, mein Freund, ahnst, was diese Befunde bedeuten? Wahrscheinlich ist, daß viele süchtige Menschen eine Disposition zur Sucht haben. Sicher haben die meisten Schwierigkeiten in der Kindheit oder in späteren Jahren zu beklagen. Doch das größte Problem besteht – daran zweifelt niemand mehr, der Bekanntschaft mit den zerstörerischen Mächten gemacht hat – im Zulassen der Macht des Inneren Gegenspielers.

Sicher, wer keine Imaginationen dieser Art macht, wird ihn bewußt nicht so drastisch erleben, wie ich ihn gerade beschrieben habe. Doch liegt gerade darin seine »Chance«, daß er anonym und unbemerkt seine traurige Wirkungsgeschichte entfalten kann. Je tiefer jemand seiner Sucht verhaftet ist, desto leichter gewinnt der Gegenspieler die Herrschaft über ihn, was wiederum zu verstärktem Suchtverhalten führt.

Was sagst du dazu? Bist du erschüttert, skeptisch, vielleicht ablehnend dem gegenüber, was ich dir da zugemutet habe? Das könnte ich verstehen, weil Erkenntnisse dieser Art ja erfahren werden müssen, um akzeptiert werden zu können. Deshalb bleibt mir zunächst nur die Hoffnung, daß du deinem im Beruf und im Leben inzwischen ergrauten Freund ein wenig Vertrauen schenkst.

Lies also bitte weiter, damit du auch von der anderen Seite des Lebens erfährst.

Läßt sich ein Mensch auf die innere Welt ein, dann erlebt er in der Begegnung mit dem *Inneren Verbündeten* – wahrscheinlich auch wie nie zuvor in seinem Leben –, was ihm seine Seele im Grunde an Glücks- und Sinnmöglichkeiten anbietet. Wieder frage ich, wie er auf den »Wanderer« der inneren Welt wirkt, was er ihm sagt und aus welchem seelischen »Land« er stammt.

Die Gestalt des Inneren Verbündeten und seine Ausstrahlung (Beispiele):

Der Innere Verbündete wechselt nicht so häufig wie der Innere Gegenspieler sein Aussehen. In der Regel zeigt er sich als eine helle Gestalt mit weißem Gewand. Warm und wohlwollend sind seine Augen. Oft streckt er dem »Wanderer« seine Hände entgegen.

Er wirkt freundlich, frei, kraftvoll, selbstbewußt, verständnisvoll, Vertrauen erweckend, großherzig, gütig, versöhnlich, liebevoll. Er beschönigt die Vorwürfe des Gegenspielers nicht, sondern stellt sie in einen weiteren, verstehbaren Zusammenhang. Er pocht nicht auf Regeln oder Gesetze, sondern geht von der Selbstverständlichkeit aus, daß zum Menschsein Fehler, Mängel und die Möglichkeit des Scheiterns gehören. Er vermittelt das Gefühl tiefer Geborgenheit. Er weckt Hoffnungen, er ermutigt, er zeigt neue Wege, er bejaht das Leben und den Menschen, er will sein Bestes.

Was der Innere Verbündete dem Imaginanden sagt (Beispiele):

Er spricht weit weniger als der Gegenspieler. Er sagt z. B.: Gut, daß du da bist, ich habe schon lange auf dich gewartet. – Fürchte dich nicht. – Trau' dich! – Alles wird gut. – Bleib bei mir.

Wie das (seelische) Land des Inneren Verbündeten aussieht (Beispiele):

Sein Land wirkt freundlich. Die Berge sind licht, die Täler grün. Die Bäume und Pflanzen stehen in voller Blüte. Die Flüsse sind klar. Die Luft ist klar, der Wind warm. Überall sichtbar ist eine gute Ordnung. Es ist ein Land der einfachen Wahrheiten.

Du sagst vielleicht, das alles sei zu schön, um wahr sein oder werden zu können. Das kann ich gut verstehen. Ich hätte nicht anders reagiert, bevor ich diese Dinge kennen lernte. Merkwürdig nur, daß selbst die größten Skeptiker unter denen, die Imaginationen erleben, nach dem Erleben dieser »Bilder« tief bewegt – und verändert sind.

Sind Süchtige Opfer?

Süchtige Menschen sind Opfer ihrer Sucht, und sie sind es auch wieder nicht. Sie sind es wie Menschen, die sich von Angst durchzogen und gegeißelt fühlen, wie Menschen, die von ihrer Depression in die Tiefe gezogen werden. Jedoch ist ihre Möglichkeit, frei zu entscheiden, mehr als bei anderen behindert.

Doch sind sie nicht nur Opfer, weil jeder Mensch – und auch der süchtige – »mehr« ist als sein Leiden, so daß die Sucht niemanden ganz bestimmt. Das jedenfalls gilt für lange Zeit.

Da sind nicht nur Gefühle der Ohnmacht oder Angst. Da sind auch andere Gefühle, die stark genug sind, um ihn aus dem Tal der Sucht herausziehen zu können: Da ist die Trauer über verlorenes Leben und die Erinnerung, wer er einst war. Da ist die Kraft der Wut, die Macht des Zorns gegen das heutige, sich auflösende Leben und die Sehnsucht nach dem vollen. Da sind noch immer Kräfte, ganz bestimmt!

Gewiß, wer von einem Suchtmittel abhängig ist, ist

krank, vor allem seelisch krank. Ob er auch körperlich krank ist, hängt, von der Art des Mittels ab, von der Dauer des Mißbrauchs und der körperlichen Konstitution.

Wer süchtig ist, ist krank. Daher kann er sich, ob er nun Opfer ist oder nicht, trotz aller Bemühungen nicht selbst von ihr befreien. Doch da liegt seine Verantwortung: Mag sein, daß er auch dafür verantwortlich war, auf der Schwelle zur Sucht nicht die Möglichkeit des Rückzugs genutzt zu haben. Sicher aber ist es seine Sache, ob er Hilfe in Anspruch nimmt oder nicht.

Bin ich zu streng geworden? Das hatte ich nicht vor. Doch wenn die Sätze so klingen, dann deshalb, weil du zweifellos ein ernstes Problem hast, du aber dazu neigst, dir angesichts der Not etwas vorzumachen. Ich wäre dir jedoch ein schlechter Freund, wenn ich diese Tendenz unterstützen würde.

Willst du gesund werden?

Du weißt, daß deine Sucht dich einkreist, immer mehr einkreist – heute schon – morgen noch mehr? Ob du Angst hast, vielleicht schon große Angst, ihr nicht mehr entrinnen zu können?

Ob du resigniert bist und nicht mehr an ein anderes Leben glaubst?

Du willst wieder gesund werden? Du *willst* wieder gesund werden? Verzeih meine Eindringlichkeit, aber die Frage ist so wichtig!

Du willst dich von der konkreten Not befreien – auch davon, worin sie ihren Grund hat?

Du hast dir eingestanden, daß du es bist, der süchtig ist?

Was sagt dein Innerer Gegenspieler dazu? Ob er dies sagt?

Du hast dich noch gut unter Kontrolle. Oder: Du kannst zu jeder Zeit aufhören. Oder: Heute wirst du es nicht schaffen. Hör auf, wenn es dir besser geht. Oder: Welches Leben erwartet dich denn, wenn du aufhörst? Oder: Du hast nicht die Kraft aufzuhören. Oder: Es ist ja doch zu spät. Oder, oder ...

Und dein Innerer Verbündeter? Ob du einmal – nur für einen Augenblick – in seine Richtung hörst? Ob er das sagt?

Komm her. Schau mich an. Siehst du, daß Leben gut sein kann? Oder: Spürst du meine Wärme? Oder: Du bist nicht verloren. Oder: Ich weiß, wer du in Wirklichkeit bist. Oder: Jeder kann einmal scheitern, doch ein Neubeginn ist möglich. Oder: Ich zeig dir deine Kraft. Oder: Du bist geliebt, wirklich geliebt, trotz allem. Oder: Ich möchte, daß du lebst. Oder: Du schaffst es, denn ich bin da und helfe dir.

Freund! Du merkst, wie ich um Worte ringe, die dich treffen und berühren könnten. Du durchschaust mich, daß ich alles versuche, um auf irgendeine Weise Zugang zu dem inneren »Ort« in dir zu finden, der Nein sagt zu deiner Sucht, der Ja sagt zum Leben, der sich verändern will. Ich habe dabei jedoch ein redliches Gefühl, weil ich aus Erfahrung weiß, daß die Quellen des persönlichen Lebens zwar verschüttet sein, in aller Regel aber befreit werden können, jedenfalls dann, wenn ein Mensch Hilfe zuläßt.

Verdräng nicht mehr

Verdräng nicht mehr, was dich betrifft. Sprich aus, was in dir ist an Trauer und Hilflosigkeit, an Verunsicherung und Wut, an Angst und Verzweiflung, an Scham und Hoffnungslosigkeit, an Wünschen und Sehnsucht – und Abwehr gegen neues Leben.

Je mehr wir verschleiern, verbergen, verleugnen, verdrängen, was wir sind und was wir tun, je mehr wir die Augen vor dem verschließen, was in der inneren und äußeren Welt passiert, desto mehr verlieren wir die Kraft zum Leben.

Auch wenn uns das, worum es geht, zunächst schmerzt, auch wenn das Hinsehen zunächst zu Turbulenzen führen kann, auch wenn »die anderen« sich ganz anders verhalten: Wer damit beginnt, klarer und geradliniger zu sein als bisher, wird rasch bemerken, daß seine Seele damit aufhört, sich selber schwer zu machen.

Wer nicht mehr verdrängt, was ihn bedrängt, der erhält schon ein Stück Freiheit wieder, dem steigen gute Ahnungen auf aus seinen inneren Räumen, dem zeigen sich, zwar zögerlich zunächst, Bilder von einem anderen Leben, dem wird der Atem wieder tiefer.

Und dann: Wer nicht mehr die Sehnsucht nach Leben verdrängt, beginnt auch zu fragen, was ihn hauptsächlich angeht, was er in Wahrheit braucht für sich und seine Seele. Wer wieder zu fühlen beginnt, was er tatsächlich braucht, hört auf, sich vorzumachen, daß er nicht leben kann ohne das, wovon er abhängt. Wer wieder die Freiheit zu riechen, zu schmecken, zu empfinden und zu fühlen beginnt, wird »süchtig« nach *ihr*, nach ihrer Lust, nach ihrer Kraft und ihrem Sinn.

Lust am Leben?

Was wäre denn die Lust, die dieses Leben anzubieten hat? wirst du fragen. Während ich diese Frage niederschreibe, sehe ich dich vor mir, sehe deine ausgeprägte Stirnfalte, deine Mundwinkel, die jetzt so gar nicht nach oben wollen, deine eher wehmütigen Augen, deine Haltung, die mir so viel von deiner Unsicherheit zeigt. Ach, laß mich doch um dich weiter ringen!

Also, wie sähe diese Lust aus?

Daß ich mich suche und finde, daß ich dahinter komme, wer ich bin, daß ich erfahre, wie weit und tief die

Räume sind, die in mir sind und darauf warten, von mir – und nichts anderem – bewohnt und belebt zu werden, daß ich im Leben nach Quellen suche, von denen her die »Flüsse« strömen, die mir die Liebe bringen, die Freiheit, die Freude, den Mut, den Sinn und auch den guten Schmerz, daß ich am Leben um mich herum teilhabe und teilnehme und also dafür sorge, daß mir der Ort, an dem ich bin, zur Heimat wird.

Ach, lieber Freund, laß einmal deine fade Geste stecken der Müdigkeit und Resignation. Resignation ist Abkehr von Hoffnung, Abkehr von Suche nach Sinn, Abkehr vom pulsierenden Leben. Wer resigniert, verweigert die Möglichkeit neuer Erfahrungen. Wer resigniert, öffnet dem Tod im Leben Tür und Tor. Hör statt dessen einmal hin auf Worte, die von dem Leben sprechen, von dem auch deine Träume wissen.

Es stimmt ja, was du sagst von deiner Not, von dem, was war und jetzt noch immer ist. Doch das, was dich befreien könnte, das, was die »Flüsse« mit sich bringen, – ja, das stimmt auch.

> Das Leben will nicht deine Sucht.
> Will etwa deine Sucht das Leben?

Selbstmitleid und Mitgefühl mit sich selbst

Du sagst, du hast bei den anderen verspielt. Du hörst, daß man dir häßliche Namen gibt. Du hörst den schrillen Chor der Feinde. Du siehst, daß man dich meidet, verurteilt, verdammt. Du spürst auch, daß man Angst hat, dir zu begegnen. Ja, das tut weh. Das glaube ich dir.

Du sagst allerdings auch selbst, du seist »nichts mehr wert«, an dir sei »nichts mehr dran«, mit dir sei »nichts mehr los«. Du sagst, daß du dich selbst anklagst und verdammst.

So ehrlich diese Sätze klingen mögen – da schwingt auch nicht wenig Selbstmitleid mit. Kaum ein Gefühl aber hemmt einen Menschen so stark wie dieses. Es äußert sich in tragischem Gebaren. Selbstmitleid ist richtungslos und kreist nur um den, der daran leidet. Es hat nicht die Tendenz, sich aufzulösen.

Laß nicht zu viel Selbstmitleid zu. Es kostet nicht nur Kraft, die du brauchst, falls du das Spiel doch gewinnen willst. Es hat auch die fatale Eigenschaft, daß es den Blick versperrt für die Hoffnung und die Auswege, die möglich sind. Vor allem aber verlängert es das Maß an ungelebtem Leben.

Ungelebtes Leben

Ungelebtes Leben?

Ist nicht in jedem von uns ungelebtes Leben, wirst du fragen. Kann etwa irgend jemand alles leben? Hindern uns nicht die Umstände, zu sein und zu tun, wie und was wir sein und tun möchten?

Diese und ähnliche Stimmen gehören den Saboteuren in uns, die so wenig von der Gunst zu leben wissen. Sie gleichen dem Dorngebüsch, das sich über junge Pflanzen ausbreitet und sie zu ersticken droht. Sie berufen sich auf negative Erfahrungen. Sie verweisen auf die konkrete und allgemeine Not in der Welt und haben scheinbar alle Argumente auf ihrer Seite. Trotzdem sind gerade sie es, die die Ausbreitung von Leben verhindern, vor allem des eigenen. Und sie unterschlagen, was Lebenserfahrene wissen: daß nichts, was schwer oder zu schwer war, sich wiederholen muß, jedenfalls dann nicht, wenn sich ein Mensch empört gegen das alte, vertrocknete Leben.

Mitgefühl mit sich selbst löst neue Ideen aus

Nicht Selbstmitleid brauchst du, sondern *Mitgefühl* mit dir selbst. Denn wer dieses Gefühl zuläßt, wird sich selbst zum Freund. Er fühlt sich für sich verantwortlich. Er will, daß es ihm gut geht. Er läßt die gute Sorge um sich selbst zu. Er will nicht, daß die Not bleibt. Er sucht Auswege. Er unternimmt alles, um diese Wege gehen zu können.

> Schau in den Spiegel und sieh dich lange an.
> Siehst du, wie es dir geht?
> Siehst du, was deine Augen dir sagen?
> Siehst du, was sie dich fragen?
> Spürst du, was du brauchst?

Kannst du es zulassen, daß der, der dich jetzt anschaut – müde, erschöpft, vereinsamt, hoffnungslos, gequält – so bleibt, wie er ist?

Schau noch einmal in den Spiegel. Ist da kein Wunsch zu sehen – der Wunsch nach Veränderung, nach Überwindung der Not, nach Lebenswende, nach Neubeginn?

Den Mut wiederfinden

Du hast gut reden, hör ich dich sagen. Du bist nicht so kaputt wie ich. Du hast deine Stärke nicht verloren und auch nicht deinen Mut. Das stimmt, mein Freund. Und doch:

Den Mut selbst kannst du nicht verlieren, nur den Zugang zu ihm. Er selbst ist eine zu jedem Menschen gehörende Eigenschaft, die zwar verschüttet, niemals aber verloren gehen kann. Wäre es anders, könnten wir dieses Leben in all seiner Zerrissenheit wohl kaum überleben.

Was ist denn Mut, fragst du müde.

Kannst du dich daran erinnern, daß du damals auf der Straße in H. sahst, daß ein starker Mann auf einen kleineren eindrosch, und du die beiden trenntest?

Weißt du noch, wie du einmal vor versammelter Mannschaft deinem Chef sagtest, sein Verhalten den Mitarbeitern gegenüber sei unmenschlich?

Hast du vergessen, was du nach deinem schweren Unfall alles unternommen hast, um so schnell wie möglich wieder auf die Beine zu kommen? Die Ärzte nannten dich übermütig, doch du warst tatsächlich bald wieder gesund.

Das war damals, wirst du entgegnen. Sicher, aber du bist es, der die Möglichkeit zu solchen Verhaltensweisen noch immer in sich trägt.

Und wie findest du den Mut wieder?

Heute sage ich dir nur so viel: Du wächst in dem Maße über dich hinaus, in dem du in dich hineinwächst. In dem Maße, in dem du mehr als bisher wahrnimmst, wie die Räume deiner Seele in Wirklichkeit aussehen –, und in dem Maße, in dem du fühlst, denkst, sagst und tust, was dir entspricht, findest du wieder Mut, setzt du dich durch, gewinnst du neue Freiheit.

Lohnt es sich, gesund zu werden?

Erinnerst du dich an unser Nachtgespräch vor zwei Wochen, in dem du sagtest, es lohne sich doch gar nicht, gesund zu werden? Du zähltest vieles auf, was du in dieser Zeit schrecklich findest. Du sagtest, Aids, Verbrechen, Kindesmißhandlungen, Ausländerfeindlichkeit, Organhandel, Geldgier, Umweltverschmutzung, atomare Bedrohung, besonders der 11. September und vieles andere mehr lösten in dir eine Angst nach der anderen aus. Leben sei für dich deshalb sinnlos geworden.

Ich hörte dir nur zu. Deine Verzweiflung war zu groß, als daß dich die Worte hätten berühren können, die ich auf der Zunge hatte. Das Gespräch hat mich noch lange verfolgt. Und tausendmal habe ich überlegt, was ich dir dazu sagen möchte.

Wie ich heute darüber denke? Ich leide wie du unter all dem, was dich verzweifelt macht. Auch mir liegt daran, nichts zu beschönigen. Ich sage allerdings nicht wie du, diese Welt sei »falsch konzipiert«. Ich teile nicht deine Meinung, der Mensch sei eine »Fehlkonstruktion«. Ich bin auch nicht so naiv zu behaupten, wenn er nur wolle, könne er die Welt verändern.

Ich will nicht mit dir über Großraumfragen der Weltgeschichte diskutieren. Statt dessen will ich dir sagen, was ich vor allem fürchte. Ich fürchte, daß ich in den Abendstunden meines Lebens einmal sagen müßte:

Ich habe dieses Leben nicht wirklich gewollt.
Ich habe mein Leben nicht wirklich gesucht.
Ich habe dieses Leben nicht wirklich geliebt.
Ich habe mein Leben nicht wirklich angenommen.
Ich habe zuviel ungelebtes Leben zurückgelassen, in der Welt und auch in mir.

Was wäre, wenn du frei wärest?

Du leidest darunter, sagst du, daß du erst in den Nachmittagsstunden mit deiner Arbeit beginnen könntest.

Stell dir vor, du könntest morgens – zu bürgerlicher Zeit – wieder aufstehen. Du holtest dir frisch duftende Brötchen. Du säßest gut gelaunt beim Frühstück. Du spürtest die Kräfte deines Körpers. Du hättest einen klaren Kopf. Du hättest kein Schuldgefühl, wieder versagt zu haben. Du bräuchtest dir keine Gedanken zu machen, mit wem du abends wieder Brüderschaft geschlossen hättest. Du müßtest dich beim frühen Telefonanruf nicht verleugnen. Du duschtest mit Wohlbehagen. Du hättest das Gefühl, die

Probleme von gestern lösen zu können. Du hättest das Gefühl, nicht das Schlimmste am Tag abwehren zu müssen,
sondern interessante Herausforderungen annehmen zu
können. Stell dir vor, du gingest zu Bett in dem Bewußtsein, heute gelebt, also vieles selbst entschieden und gestaltet, dein Leben »in der Hand« gehabt zu haben.

Jede Idee hat die Tendenz, sich zu verwirklichen. Die
Verwirklichung hängt allerdings von der Klarheit und Intensität ab, mit der du dir die Idee vorstellst, veranschau-
lichst und dich darauf ausrichtest.

Ach, sag jetzt nicht, die Rede sei zu schön und passe nicht
zu dir. Ich weiß doch, was das ist: die Macht der Fesseln und
die Lähmung der Müdigkeit. Ich erlebe sie doch täglich in
der Arbeit mit Menschen und kenne sie auch selbst.

Ich sage dir: Du kennst nicht mehr den Raum der Freiheit, der unter deinen Fesseln liegt und deiner Müdigkeit.
Du kennst nicht mehr den Raum, der frei ist von ver-
brauchtem Leben. Du hast diesen Raum vergessen.

Also – was wäre, wenn du frei wärest von der Sucht?
Du würdest dein Leben wieder lieben – mehr als bisher,
weil du mehr als manch anderer wüßtest, was ungelebtes
und verbrauchtes Leben ist.

Zum Schluß

Lieber Freund, du hast diese Zeilen gelesen. Du hast sie
nicht beiseite gelegt. Was du wohl dazu sagst? Ob du sie
rasch wieder vergißt? Ob sie etwas in dir bewirken? Was
wohl dein Innerer Verbündeter jetzt dazu sagt?

Gerade spüre ich den Wunsch, noch weiter mit dir zu
sprechen. Ich gebe ihm jedoch nicht nach, weil ich weiß,
daß wir immer dann, wenn wir vor wichtigen Lebensent-
scheidungen stehen, mit uns allein sein müssen.

Du weißt, was ich dir wünsche.

Es gibt konkrete Hilfen, das weißt du auch.

Anmerkungen

1 Jörg Zink, Dornen können Rosen tragen, Stuttgart 1997, S. 90

2 C. G. Jung, Ein großer Psychologe im Gespräch. Interviews, Reden, Begegnungen, Freiburg/Basel/Wien 1994, S. 29

3 In: Manfred Sliwka, Werte in unserer Gesellschaft. Warum? Vortrag am 3. Oktober 1997 in Lübeck, S. 7

4 Siehe zu diesem Thema z. B.: Viktor E. Frankl, Das Leiden am sinnlosen Leben. Psychotherapie für heute, 17. Aufl., Freiburg i. B. 1995

5 Siehe dazu z. B. Viktor E. Frankl, Der Mensch vor der Frage nach dem Sinn, 10. Aufl., München/Zürich 1998, S. 15, 21 ff.

6 Alfried Längle, Wertberührung. Bedeutung und Wirkung in der existenzanalytischen Therapie, in: Wertbegegnung, Tagungsbericht Nr. 1 und 2/1991 der Gesellschaft für Logotherapie und Existenzanalyse, S. 25

7 Kürzlich ließen sich 100 Teilnehmer eines Studienseminars auf die genannte Frage ein. Sie waren nur über eines enttäuscht: Ich hatte ihnen zuwenig Zeit gelassen, die sich anbahnenden Gefühlsveränderungen noch länger auszukosten. Die Stunden danach verliefen ungewöhnlich heiter.

8 Eugène Ionesco, Tagebuch. Zitiert nach: Hans Krömmler (Hg.), Horizonte des Lebens. Zur Frage nach dem Sinn des Lebens. Ein Arbeits- und Lesebuch. 2. Aufl., Zürich/Einsiedeln/Köln 1977, S. 37

9 Albert Einstein, Wie ich die Welt sehe, in: Christoph Fehiger/Georg Meggle/Ulla Wessels (Hg.), Der Sinn des Lebens, München 2000, S. 358

10 Werner Bartens, Krank ohne Befund, in: DIE ZEIT vom 8. 2. 2001, Nr. 7, S.11 ff.

11 Friedrich Nietzsche: »Hat man sein *warum* des Lebens, so verträgt man sich fast mit jedem *wie*.« In: Sprüche und Pfeile, aus: Götzen-Dämmerung, in: Sämtliche Werke, Kritische Studienausgabe, München/Berlin/New York 1988, Bd. 6, S. 60-65

12 Siehe auch C. G. Jung: »Es ist ... schwer zu denken, daß diese reiche Welt zu arm sein sollte, um dem Lieben eines Menschen ein Objekt bieten zu können. Sie bietet unendlichen Raum für jeden.« Grundwerk, Bd. 8, 2. Aufl., Olten und Freiburg i. B. 1987, S. 9

13 Viktor E. Frankl, Der leidende Mensch, Grundlagen der Logotherapie und Existenzanalyse, Bern 1984, S. 204

14 Siehe den folgenden Exkurs.

15 Siehe den Abschnitt: Miteinander sprechen können.

16 Siehe den Abschnitt: Wer ist der Mensch? 3. Aspekt, S. 61f.

17 Alfons Rosenberg, Ursymbole und ihre Wandlung. Einführung in das Symbolverständnis, Freiburg i. B. 1992, S. 21 f.

18 Siehe zum Exkurs: Uwe Böschemeyer, Wertorientierte Imagination. Theorie und Praxis, Grundlagen – Methodik – Anschauung, Hamburg 2000 (Books on Demand)

19 Folgt man in einer Wertimagination einer lebensfeindlichen Gestalt ein Stück weit dorthin, woher sie gekommen ist, macht man die Erfahrung, daß ihre Aggressivität abnimmt und Resignation sich entwickelt.

20 Albert Einstein: »Das Schönste, das wir erleben können, ist das Geheimnisvolle. Es ist das Grundgefühl, das an der Wiege von wahrer Kunst und Wissenschaft steht. Wer es nicht kennt und sich nicht mehr wundern, nicht mehr staunen kann, der ist sozusagen tot und sein Auge erloschen.« Zitiert in: Denkanstöße 2000, hrsg. v. Angela Hausner, München/Zürich 1999, S. 186

21 Khalil Gibran, Der Prophet, Freiburg i. B. 1983, S. 42

22 Siehe dazu: Uwe Böschemeyer, Vom Typ zum Original. Die neun Gesichter der Seele und das eigene Gesicht. Ein Praxisbuch zum Enneagramm, Lahr 1994

23 Heiterkeit verstanden als Leben im Maß – so der griechische Philosoph Demokrit.

24 C. G. Jung, Ein großer Psychologe im Gespräch, S. 82 f.

25 Zu »Geist« siehe: Einführung in die Wertorientierte Persönlichkeitsbildung, S. 19

26 Siehe dazu den Abschnitt: Warum wir nicht tun, was wir wollen, S. 97

27 Hugo von Hofmannsthal, Buch der Freunde, Frankfurt a. M. 1985, S. 45

28 In: Uwe Böschemeyer, Zu den Quellen des Lebens. Meditationen für den neuen Tag, Lahr 1995, 21. Januar

29 Pascals »logique du coeur« meint das, was Frankl den »unbewußten Geist« nennt.

30 Böschemeyer, Zu den Quellen des Lebens, 8. März

31 Sigmund Freud, Gesammelte Werke, Band X, S. 113, zitiert in:
Viktor E. Frankl, Ärztliche Seelsorge. Grundlagen der Logo-
therapie und Existenzanalyse, 14. Aufl., Frankfurt a. M. 1987,
S. 102

32 Ortega y Gasset, zitiert in: Das Enneagramm der Weisheit,
hrsg. von Marion Küstenmacher, München 1996, S. 322

33 Hugo von Hofmannsthal, Buch der Freunde, S. 11

34 C. G. Jung, Grundwerk, Bd. 8, Olten 1987, S. 10

35 Gemeint ist damit der Bereich des »unbewußten Geistes«.

36 Viktor E. Frankl, Der unbedingte Mensch. Metaklinische Vorlesungen, in: Anthropologische Grundlagen der Psychotherapie, Bern/Stuttgart/Wien 1975, S. 164

37 Siehe dazu den Abschnitt: Warum wir nicht tun, was wir wollen, S. 97 ff.

38 Blaise Pascal, Gedanken, aus: Über die Religion und einige andere Gegenstände (Pensées), übertragen und herausgegeben
von Ewald Wasmuth, 9. Aufl., Gerlingen 1994, S. 64 – 93

39 Romano Guardini, Über das Wesen des Kunstwerks, Tübingen 1950, zitiert in: Ludger Hohn-Kemler (Hg.), Sinnspuren,
Freiburg i. B. 1989, S. 217

40 Viktor E. Frankl, Der Wille zum Sinn, Bern/Stuttgart/Wien
1972, S. 118

41 Albert Einstein: »Falls Gott die Welt geschaffen hat, war seine
Hauptsorge sicherlich nicht, sie so zu machen, daß wir sie verstehen können.« Zitiert in: Denkanstöße 2000, S. 185. – Derselbe: »Nach dem Sinn des eigenen Daseins sowie des Daseins
der Geschöpfe überhaupt zu fragen, ist mir von einem objekti-
ven Standpunkte aus stets sinnlos erschienen.« In: Wie ich die
Welt sehe, S. 358

42 Siehe dazu auch Viktor E. Frankl, Der Wille zum Sinn, S. 68 f.

43 Hermann Hesse, Lektüre für Minuten, Frankfurt a. M. 1971,
S. 70

44 Siehe z. B.: Viktor E. Frankl, Theorie und Therapie der Neurosen. Einführung in Logotherapie und Existenzanalyse, 7. Aufl.,
München/Basel 1993, S. 131 ff.

45 Ulrich Hommes, Es liegt an uns, Freiburg i. B. 1980, S. 90

46 Karl Jaspers, in: Die Kraft zu leben. Bekenntnisse unserer Zeit,
hrsg. vom Bertelsmann-Verlag, Tübingen 1950, S. 112

47 Karlfried Graf Dürckheim, in: Die Kraft zu leben, Bekenntnisse unserer Zeit, hrsg. vom Bertelsmann-Verlag, Tübingen 1950, S. 56

48 Karlfried Graf Dürckheim, Japan und die Kultur der Stille, 7. Aufl., Bern/München/Wien 1981, S. 9

49 Erzählt in: Hubertus Halbfas, Der Sprung in den Brunnen, Düsseldorf 1981, S. 23 f.

50 Siehe dazu: Uwe Böschemeyer, Die Sprache der Träume, Hamburg 2001

51 Uwe Böschemeyer, Quellen des Lebens, 26. Januar

52 Martin Buber, Der Weg des Menschen nach der chassidischen Lehre, Heidelberg 1986, S. 32 f.

53 Curt Götz hat einmal gesagt, es gebe keine Menschen, die nichts erlebten, es gebe nur solche, die nichts davon merkten.

54 Buber, Der Weg des Menschen, Heidelberg 1986, S. 45

55 Buber, Worte für jeden Tag, Gütersloh 1999, 18. April

56 Dietrich Bonhoeffer, Widerstand und Ergebung, München 1962, S. 59 f.

57 Weitere Beispiele in: Uwe Böschemeyer, Dein Unbewußtes weiß mehr, als Du denkst – Wertorientierte Imagination als Weg zum Sinn, Hamburg 1999, S. 97 ff. (Libri Books on Demand)

58 Max Frisch, Fragebogen, in: Hoffnungstexte, hrsg. von Wolfgang Erk, Stuttgart 1985, S. 7

59 Erica Pluhar, Trotzdem – für Anna, meine achtzehnjährige Tochter, in: Hoffnungstexte, hrsg. von Wolfgang Erk, Stuttgart 1985, S. 60 f.

60 Wilhelm Schmidt, Glück ist Balance, in: Psychologie heute, November 2000, S. 24

61 Rabbi Nachman von Bratzlaw, zitiert in: Buber, Worte für jeden Tag, 46. Woche

62 Siehe dazu den vorigen Abschnitt: Die innere Welt kennenlernen, S.121 ff.

63 Viktor E. Frankl, Grundriß der Existenzanalyse und Logotherapie, in: Frankl, V. E., Gebsattel, V. E. von, Schultz, I. H. (Hg.), Handbuch der Neurosenlehre und Psychotherapie, München 1959, Bd. III, S. 690

64 In: Uwe Böschemeyer, Das Leben meint mich. Meditationen für den neuen Tag, Hamburg 2001, 11.1.

65 Auch der Tanz kann Glück bringen. Siehe dazu: Böschemeyer, Vom Typ zum Original, S. 137

66 Johan Huizinga, Homo ludens, 7. Aufl., Hamburg 1965

67 Arnold A. und Clifford N. Lazarus, Der kleine Taschentherapeut, Stuttgart 1999, S. 63

68 Abt Weilos von Ankyra, zitiert in: Das Enneagramm der Weisheit. Sprituelle Schätze aus drei Jahrtausenden, hrsg. von Marion Küstenmacher, München 1996, S. 340

69 University of California, Berkeley, Wellness Newsletter. Juni 1985, S. 1

70 Eike Christian Hirsch, Der Witzableiter oder Schule des Gelächters, 2. Aufl., Hamburg 1985, S. 9 ff.

71 Philosophisches Wörterbuch, hrsg. von Georgi Schischkoff, Stuttgart 1995, S. 314

72 Zur Psychologie des Komischen, in: Imago 20, 1934, S. 465

73 Peter L. Berger, Auf den Spuren der Engel. Die moderne Gesellschaft und die Wiederentdeckung der Transzendenz, 2. Aufl., Frankfurt a. M. 1972, S. 102

74 Klemens Tilmann, Leben aus der Tiefe, Zürich/Köln 1975, S. 24

75 Siehe dazu das Kapitel: Von der Überwindung des Streß, S. 207 ff.

76 Buber, Worte für jeden Tag, 2. März

77 Hugo von Hofmannsthal, Buch der Freunde, S. 14

78 Bonhoeffer, Widerstand und Ergebung, S. 24 ff.

79 Bonhoeffer, Widerstand und Ergebung, S. 209

80 Bonhoeffer, Widerstand und Ergebung, S. 131

81 Karlfried Graf Dürckheim, Durchbruch zum Wesen, 10. Aufl., Bern 1997, S. 61

82 Siehe dazu auch: Wege zum Glück: Sein »kleines Ich« überschreiten, S. 158 ff.

83 Lutz Müller, Suche nach dem Zauberwort, Stuttgart 1986, S. 71

84 Ursula Gruner, Selbstmitleid ist immer schädigend, in: Psychologie heute, Mai 1991, S. 21 ff.

85 Arthur Schopenhauer, Aphorismen zur Lebensweisheit, V, München 1991, S. 29

86 Ortega y Gasset, zitiert in: Das Enneagramm der Weisheit, hrsg. von Marion Küstenmacher, München 1996, S. 322

87 Sigmund Freud, Gesammelte Werke, Band X, S. 113, zitiert in: Viktor E. Frankl, Ärztliche Seelsorge, Grundlagen der Logotherapie und Existenzanalyse, 14. Aufl., Frankfurt a. M. 1987, S. 102

88 Willy Kramp, Vom aufmerksamen Leben, Hamburg 1958, S. 23

89 Sprachgeschichtlich sind die Begriffe »hetzen« und »hassen« verwandt. D. h.: Wer hetzt, haßt sich.

90 Viktor E. Frankl, Ärztliche Seelsorge, S. 105

91 Die »Liste« stammt aus einem medizinischen Artikel, dessen Autor ich leider nicht mehr ermitteln kann. Ich erlaube mir, sie dennoch in meinen Abschnitt aufzunehmen, weil ich sie für sehr aufschlußreich halte. Ich hoffe, daß der Autor dadurch seine Arbeit gewürdigt weiß.

92 Böschemeyer, Zu den Quellen des Lebens, 24. Januar

93 Zitate aus: Marion Küstenmacher (Hg.), Das Enneagramm der Weisheit. Spirituelle Schätze aus drei Jahrtausenden, München 1996, S. 336

94 Herbert Benson, Interview in: Psychologie heute, Februar 1993, S. 21 ff.

95 A. und C. Lazarus, Der kleine Taschentherapeut, Stuttgart 1999, S. 139 ff.

96 Zur weiteren Anregung siehe: Uwe Böschemeyer, Das Leben meint uns. 111 Ermutigungen für Paare, München 2002

97 In diesem Kapitel ist von *nicht-krankhaften* Ängsten die Rede.

98 Martin Heidegger, Sein und Zeit, 17. Aufl., Tübingen 1993, S. 184 ff.

99 Bonhoeffer, Widerstand und Ergebung, S. 134

100 Buber, Worte für jeden Tag, 3. Woche im Januar

101 Zitiert in: Küstenmacher, Das Enneagramm der Weisheit, S. 218

102 Antoine de Saint-Exupéry, Bekenntnisse einer Freundschaft, Düsseldorf 1955, S. 35 ff.

103 In diesem Kapitel ist von *nicht-krankhafter* Niedergeschlagenheit die Rede.

104 Siehe dazu auch: Einführung in die Wertorientierte Persönlichkeitsbildung, S.19 f.

105 Siehe dazu: Uwe Böschemeyer, Sinnerfahrung bei unabänderlichem Schicksal, in: Neu beginnen! Konkrete Hilfen in Wende- und Krisenzeiten, Lahr 1996, S. 131 – 146

106 A. und C. Lazarus, Der kleine Taschentherapeut, S. 51. Sie zitieren auch auf S. 51 Epiktet und auf S. 52 Shakespeare. Epiktet: »Nicht die Dinge selbst beunruhigen die Menschen, sondern die *Vorstellungen* von den Dingen.« Shakespeare: »Denn nichts ist gut oder schlecht, das nicht erst unser Denken dazu macht.«

107 Anthony de Mello, Warum der Schäfer jedes Wetter liebt, Freiburg i. B. 1995, S. 182

108 Siehe auch den Abschnitt: Wie gewinne ich Selbstvertrauen?
S.187 ff.

109 Hermann Hesse, Prosa aus dem Nachlaß, hrsg. von Ninon
Hesse, Frankfurt a. M., S. 219

110 Halbfas, Sprung in den Brunnen, S. 74

111 Interview mit Christine Bergmann, in: Hamburger Abendblatt, 5. 10. 2001

112 Christiane Singer, Zeiten des Lebens. Von der Lust sich zu
wandeln, 2. Aufl., München 1992, S. 136 f.

113 Siehe dazu die Schriften Viktor E. Frankls, z. B. in: Der unbedingte Mensch, in: Anthropologische Grundlagen der Psychotherapie, Bern 1975, S. 109 ff.

114 Singer, Zeiten des Lebens, S. 141

115 ebd.

116 C. G. Jung, Ein großer Psychologe im Gespräch, hrsg. von
Robert Hinschau/Lela Fischli, Freiburg i. Br. 1994, S. 300 ff.

117 A. und C. Lazarus, Der kleine Taschentherapeut, S. 25. Eine
weitere »Ideensammlung« siehe dort S. 26

118 Dietrich Bonhoeffer, Treue zur Welt, 3. Aufl., München 1981,
S. 71

119 Siehe dazu: Uwe Böschemeyer, Wertorientierte Imagination.
Theorie und Praxis. Grundlagen, Methodik, Anschauung,
Hamburg 2000

Literatur

Berger, Peter L., Auf den Spuren der Engel. Die moderne Gesellschaft und die Wiederentdeckung der Transzendenz, 2. Aufl., Frankfurt a. M. 1972

Bonhoeffer, Dietrich, Widerstand und Ergebung, München 1962

– : Treue zur Welt, 3. Aufl., München 1981

Buber, Martin, Der Weg des Menschen nach der chassidischen Lehre, Heidelberg 1986

– : Worte für jeden Tag, Gütersloh 1999

de Saint-Exupéry, Antoine, Bekenntnisse einer Freundschaft, Düsseldorf 1955

Einstein, Albert, Wie ich die Welt sehe, in: Christoph Fehiger/ Georg Meggle/Ulla Wessels (Hg.), Der Sinn des Lebens, München 2000

Ditfurth, Hoimar von, Aspekte der Angst. Starnberger Gespräche, Stuttgart 1965

Dürckheim, Karlfried Graf, Die Kraft zu leben. Bekenntnisse unserer Zeit, hrsg. vom Bertelsmann-Verlag, Tübingen 1950

– : Japan und die Kultur der Stille, 7. Aufl., Bern/München/ Wien 1981

– : Durchbruch zum Wesen, Bern 1997

Erk, Wolfgang (Hg.), Hoffnungstexte, Stuttgart 1985

Frankl, Viktor E., Grundriß der Existenzanalyse und Logotherapie, in: Frankl, V. E./Gebsattel, V. E. von/Schultz, I. H (Hg.), Handbuch der Neurosenlehre und Psychotherapie, München 1959, Bd. III

– : Der Wille zum Sinn, Bern/Stuttgart/Wien 1972

– : Der unbedingte Mensch. Metaklinische Vorlesungen, in: Anthropologische Grundlagen der Psychotherapie, Bern/Stuttgart/Wien 1975

– : Der leidende Mensch, Bern 1984

– : Ärztliche Seelsorge. Grundlagen der Logotherapie und Existenzanalyse, 14. Aufl., Frankfurt a. M. 1987

– : Theorie und Therapie der Neurosen, Einführung in Logo-
    therapie und Existenzanalyse, 7. Aufl., München/Basel 1993
– : Das Leiden am sinnlosen Leben. Psychotherapie für heute,
    17. Aufl., Freiburg 1995
– : Der Mensch vor der Frage nach dem Sinn, 10. Aufl., Mün-
    chen/Zürich 1998
Frey, William, Wellness Newsletter, Juni 1985, University of Cali-
    fornia, Berkeley
Gibran, Khalil, Der Prophet, Freiburg i. B. 1983
Halbfas, Hubertus, Der Sprung in den Brunnen, Düsseldorf 1981
Hausner, Angela, Denkanstöße 2000, München/Zürich 1999
Heidegger, Martin, Sein und Zeit, Tübingen 1993
Hesse, Hermann, Lektüre für Minuten, Frankfurt a. M. 1971
Hirsch, Eike Christian, Der Witzableiter oder Schule des Geläch-
    ter,. 2. Aufl., Hamburg 1985
Höffe, Otfried (Hg.), Lesebuch der Ethik. Philosophische Texte
    von der Antike bis zur Gegenwart, 2. Aufl., München 1999
Hofmannsthal, Hugo von, Buch der Freunde, Frankfurt a. M.
    1985
Hohn-Kemler, Ludger (Hg.), Sinnspuren, Freiburg i. B. 1989
Hommes, Ulrich, Es liegt an uns, Freiburg i. B. 1980
Huizinga, Johan, Homo ludens, 7. Aufl., Reinbek/Hamburg 1965
Jaspers, Karl, in: Die Kraft zu leben. Bekenntnisse unserer Zeit,
    hrsg. vom Bertelsmann-Verlag, Tübingen 1950
Jung, C. G., Ein großer Psychologe im Gespräch. Interviews, Re-
    den, Begegnungen, hrsg. von Hinschau, Robert/Fischli, Lela,
    Freiburg/Basel/Wien 1994
Kramp, Willy, Vom aufmerksamen Leben, Hamburg 1958
Kris, Ernst, Zur Psychologie des Komischen, in: Imago 20, 1934
Krömler, Hans (Hg.), Horizonte des Lebens. Zur Frage nach dem
    Sinn des Lebens. Ein Arbeits- und Lesebuch, 2. Aufl., Zürich/
    Einsiedeln/Köln 1977
Küstenmacher, Marion (Hg.), Das Enneagramm der Weisheit. Spi-
    rituelle Schätze aus drei Jahrtausenden, München 1996
Längle, Alfried, Wertberührung, Bedeutung und Wirkung in der
    existenzanalytischen Therapie, in: Wertbegegnung, Tagungsbe-
    richt Nr. 1 und 2/1991 der Gesellschaft für Logotherapie und
    Existenzanalyse
Lazarus, Arnold A. und Clifford N., Der kleine Taschentherapeut,
    Stuttgart 1999
Müller, Lutz, Suche nach dem Zauberwort, Stuttgart 1986

Nietzsche, Friedrich, Sprüche und Pfeile, aus: Götzen-Dämmerung, in: Sämtliche Werke, Kritische Studienausgabe, München/Berlin/New York, Bd. 6

Pascal, Blaise, Gedanken, aus: Über die Religion und einige andere Gegenstände (Pensées), übertr. und hrsg. von E. Wasmuth. 9. Aufl., Gerlingen 1994

Petrilowitsch, Nikolaus (Hg.), Die Sinnfrage in der Psychotherapie, Darmstadt 1972

Rosenberg, Alfons, Ursymbole und ihre Wandlung. Einführung in das Symbolverständnis, Freiburg i. B. 1992

Schischkoff, Georgi (Hg.), Philosophisches Wörterbuch, Stuttgart 1995

Schmid, Wilhelm, Glück ist Balance, in: Psychologie heute, November 2000, S. 24 ff.

Schopenhauer, Arthur, Aphorismen zur Lebensweisheit, München 1991

Singer, Christiane, Zeiten des Lebens. Von der Lust sich zu wandeln, München 1992

Sliwka, Manfred, Werte in unserer Gesellschaft. Warum? Vortrag, Lübeck am 3. Oktober 1997

Tillmann, Klemens, Leben aus der Tiefe, Zürich/Köln 1975

Zink, Jörg, Dornen können Rosen tragen, Stuttgart 1997

Weiterführende Literatur von Uwe Böschemeyer

Vom Typ zum Original. Die neun Gesichter der Seele und das eigene Gesicht. Ein Praxisbuch zum Enneagramm, Lahr 1994

Zu den Quellen des Lebens. Meditationen für den neuen Tag. Ein Jahrbuch, Lahr 1995

Neu beginnen! Konkrete Hilfen in Wende- und Krisenzeiten, Lahr 1996

Und jetzt bin ich wieder allein. Hoffnungen und Chancen nach der Trennung, Stuttgart 1998

Dein Unbewußtes weiß mehr, als du denkst. Wertorientierte Imagination als Weg zum Sinn, Hamburg 1999 (Books on Demand)

Wertorientierte Imagination. Theorie und Praxis. Grundlagen – Methodik – Anschauung, Hamburg 2000 (Libri Books on Demand)

Das Leben meint mich. Meditationen für den neuen Tag. Ein Jahrbuch, Hamburg 2001

Das Leben meint uns. 111 Ermutigungen für Paare, München 2002

Sich selbst bejahen, Hamburg 2002

Die Sprache der Träume, Hamburg 2002

Sinn für mein Leben finden, Hamburg 2002

Die Kraft deiner Gedanken, Hamburg 2002

Informationen

über die Veranstaltungen des »Hamburger Instituts für Existenzanalyse und Logotherapie« – auch über die Ausbildung in »Wert-
orientierter Persönlichkeitsbildung« – erhalten Sie über das Sekre-
tariat:

Barckhausenstraße 20
21 335 Lüneburg
Telefon: 04131/403844
Telefax: 04131/403845
e-mail: sekretariat@boeschemeyer.de
www.logotherapie-hamburg.de
www. wertorientierte-persoenlichkeitsbildung.de

Die 30 wichtigsten Lektionen über das Leben

Wie erkenne und nutze ich meine Chancen?

Hermann Scherer

Glückskinder

Warum manche lebenslang
Chancen suchen – und
andere sie täglich nutzen

Piper Taschenbuch, 240 Seiten
€ 9,99 [D], € 10,30 [A], sFr 14,90*
ISBN 978-3-492-30280-7

Der Fisch springt nicht an den Haken und das Reh läuft nicht vor die Flinte. Genauso will auch die Chance gejagt sein. Statt darauf zu warten, dass ihnen das Gute in den Schoß fällt, setzen Glückskinder ihre Chancenintelligenz ein: die Fähigkeit, Chancen zu erkennen und zu nutzen – und zwar die richtigen! Klingt banal? Warum sind wir dann nicht alle Glückskinder? Hermann Scherer erzählt von Menschen, die Chancen in scheinbar unbedeutenden oder gar ausweglosen Situationen gesehen und ergriffen haben.

Leseproben, E-Books und mehr unter www.piper.de